MARCELO DE BARROS SOUZA
JOSÉ LUIS CARAVIAS
Theologie der Erde

D1723144

BIBLIOTHEK THEOLOGIE DER BEFREIUNG
DAS LEBEN IN DER GESELLSCHAFT

MARCELO DE BARROS SOUZA
JOSÉ LUIS CARAVIAS

Theologie der Erde

PATMOS VERLAG DÜSSELDORF

Die Veröffentlichung der »Bibliothek Theologie der Befreiung«
wird unterstützt durch einen Förderkreis, dem angehören:
Horst Goldstein, Norbert Greinacher, Friedhelm Hengsbach,
Elmar Klinger, Johann Baptist Metz, Andreas Müller,
Theodor Schneider, Michael Sievernich, Hans Waldenfels,
Reinhold Waltermann, Erich Zenger und Rolf Zerfaß

Die Originalausgabe erschien 1988 bei Editora Vozes, Petrópolis
Übersetzung aus dem Portugiesischen und Bearbeitung
für die deutsche Ausgabe: Horst Goldstein
Redaktion der Anmerkungen und der Bibliographie: Dirk Ansorge

CIP-Titelaufnahme der Deutschen Bibliothek
de Barros Souza, Marcelo:
Theologie der Erde / Marcelo de Barros Souza;
José Luis Caravias.
[Übers. aus d. Portug. u. Bearb. für d. dt. Ausg.: Horst Goldstein]. –
1. Aufl. – Düsseldorf: Patmos Verlag, 1990.
   (Bibliothek Theologie der Befreiung: Das Leben in der Gesellschaft)
   Einheitssacht.: Teologia da terra ⟨dt.⟩
   ISBN 3-491-77724-0
NE: Caravias, José Luis:; Goldstein, Horst [Bearb.]

© 1990 Patmos Verlag Düsseldorf
Alle Rechte vorbehalten. 1. Auflage 1990
Umschlaggestaltung: Peter J. Kahrl, Neustadt/Wied
Gesamtherstellung: Boss-Druck, Kleve
ISBN 3-491-77724-0

Inhalt

5

Theologie der Erde

»Land in Sicht!« riefen spanische und portugiesische Seefahrer, als sie im 16. Jahrhundert jenen Teil der Erde eroberten, der heute »Lateinamerika« heißt. »Das Land ist unser Leben!« antworteten die Eingeborenen und verloren nicht nur das Land, sondern mit ihm auch ihr Leben, millionenfach. So ist die Geschichte dieses Erdteils – willkürlich nach einem italienischen Seefahrer in spanischen und portugiesischen Diensten »Amerika« genannt – ab der Invasion bzw., in traditioneller Sprache, ab der Entdeckung eine Geschichte von Habgier und Raub, von Vertreibung und Mord. Die Indianer – wieder so eine begriffliche Klitterung! Sind wir denn in Indien? – dagegen verehren Erde und Land als den Raum ihrer Freiheit, ihrer Kultur, ihrer Götter und ihrer Identität. Bis heute und heute mehr denn je steht das Thema »Erde, Land, Grund und Boden«* für eine Hölle von Demütigung und Gewalt, von Entrechtung und Massenmord.

Angesichts der Verquickung zwischen Eroberungideologie und Ausbreitung des Glaubens, aber auch des prophetischen Protestes entschiedener Missionare in der Vergangenheit ebenso wie der vorzugsweisen Option der sich erneuernden Kirche in der Gegenwart ist die »Theologie der Erde« eine der größten Herausforderungen für die Glaubwürdigkeit des Christentums heute.

Die beiden Autoren, ausgewiesen durch jahrelanges Zusammenleben mit Landarbeitern und Kleinbauern, gliedern ihr Buch in fünf Kapitel. Sie beschreiben (1) das drängende Problem der Erde heute in Lateinamerika, fragen (2) wie in den verschiedenen Kulturen des Erdteils die Realitäten von Erde und Land erfahren werden, geben (3) dem Thema in der Bibel des Alten und des Neuen Testaments nach, beleuchten (4) geschichtliche Aspekte (frühe Kirche, Mittelalter, 16. Jahrhundert, Gegenwart) und tragen schließlich (5) Elemente einer

---

* In der deutschen Übersetzung benutzen wir verschiedene Wörter für das portugiesische »terra« bzw. das spanische »tierra«: Land, Erde, Grund und Boden. Damit versuchen wir den verschiedenen Bedeutungen der iberischen Wörter in ihren unterschiedlichen sprachlichen Bezügen gerecht zu werden.

9

Pastoral und Spiritualität des Landes zusammen. Am Herzen liegt ihnen dabei besonders das Heer von »Märtyrern des Reiches Gottes«, das die Habgier der Mächtigen allein in den letzten Jahren in verschiedenen Ländern gefordert hat.

»Theologie der Erde«: wahrlich eine Herausforderung aus der Dritten Welt für Kirche und Theologie im Zentrum des Systems.

Horst Goldstein

Abkürzungen

AAS	Acta Apostolicae Sedis, Rom 1909 ff.
BThB	Bibliothek Theologie der Befreiung
REB	Revista Eclesiástica Brasileira, Petrópolis 1941 ff.
SEDOC	Servicio de Documentación, Salamanca 1968 ff.
	Serviço de Documentação, Petrópolis 1968 ff.
Stimmen der Weltkirche	Stimmen der Weltkirche, hrsg. vom Sekretariat der Deutschen Bischofskonferenz, Bonn 1975 ff.
Utz/Groner	Arthur Fridolin Utz / Joseph Fulko Groner, Aufbau und Entfaltung des gesellschaftlichen Lebens. Soziale Summe Pius' XII., 3 Bde., Freiburg/ Schweiz 1954–1961
Verlautbarungen	Verlautbarungen des Apostolischen Stuhls, hrsg. vom Sekretariat der Deutschen Bischofskonferenz, Bonn 1975 ff.

I. Das Problem des Landes in Lateinamerika

Seit ältesten Zeiten brachen große Seefahrer, so die Geschichtsbücher, in europäischen Häfen auf, um neue Ufer zu entdecken und neue Länder zu erobern. Ihren Auftrag sahen sie als erfüllt an, wenn sie »Land in Sicht« rufen und das Banner ihres europäischen Staates in den Boden von Ländern wie den unseren rammen konnten, in denen Millionen von Menschen als deren rechtmäßige Besitzer lebten. In Gegenden wie Mexiko oder Peru, Ekuador oder Bolivien gab es Zivilisationen mit einem Stand an Entwicklung, Kultur und Wissenschaft, der in mancher Hinsicht höher war als zur gleichen Zeit in Portugal, Spanien oder Holland.

Seitdem sich die Kolonisatoren auf diese Weise gebärdeten, ist die Geschichte Lateinamerikas von Konflikten um Grund und Boden geprägt. In aller Regel geht die Unterdrückung eines Volkes, eines Stammes oder eines Menschen darauf zurück, daß sein Land irgendwann in der Geschichte besetzt wurde.

Das vorliegende Buch will das Augenmerk zunächst auf die gegenwärtige Situation auf dem Land wie auf die Befindlichkeit der Landbevölkerung richten; denn dafür, daß eine Theologie der Erde, des Landes gelingen kann, ist Voraussetzung, daß man um die soziale, wirtschaftliche und politische Situation des Landes und der Landbevölkerung, einschließlich der Ursachen und Folgen, weiß. In einem zweiten Teil betrachten wir die Glaubenswirklichkeit von Landarbeitern und Kleinbauern in bezug auf das Land. Sodann konfrontieren wir diese doppelte (das heißt: die wirtschaftlich-politische und die kulturell-religiöse) Realität mit der Botschaft von Bibel und Kirche, um auf diese Weise pastorale Schlußfolgerungen ziehen zu können.

Im folgenden ersten Teil erörtern wir die Landproblematik in lateinamerikanischen Dimensionen, was ein schwieriges Unterfangen ist, da sich die Lage auf sämtlichen Ebenen überaus vielfältig darstellt. Bestimmte Verallgemeinerungen stehen in der Gefahr, schlicht selbstverständlich oder gar falsch zu sein. Dessen unbeschadet ist es historisch und geographisch sinnvoll, von Lateinamerika als von einem Ganzen zu sprechen. Bestimmte Verhaltensmuster wiederholen sich allerorten, sowohl auf wirtschaftlicher und politischer als auch auf religiöser und kultureller Ebene. Wir wollen versuchen, uns innerhalb dieser ganz Lateinamerika oder zumindest einem großen Teil von Lateinamerika gemeinsamen Grenzen zu halten.

1. Verteilung des Landes

Wir beginnen mit der äußeren und greifbaren Seite des Problems: Wie ist das Land verteilt? Was auf den ersten Blick am meisten schockiert, ist die Tatsache, daß wenige viel und viele so wenig davon haben, daß sie gerade überleben können. Die Ursachen und Folgen dieser Sachlage werden wir eingehender weiter unten betrachten.

a. Konzentration von Grund und Boden.

– In ihrer Denkschrift »Die Kirche und die Problematik von Grund und Boden« aus dem Jahre 1980 überschreibt die Brasilianische Bischofskonferenz den Sachverhalt mit der Formulierung: »Das Land aller als Land für wenige«.[1] Im Jahre 1986 bringt sie in den Arbeitsmaterialien zur »Kampagne der Brüderlichkeit« das Problem auf folgenden Nenner:

»Der gesunde Menschenverstand sagt uns, daß es in einer Welt, die Gott geschaffen hat, genügend Land geben müßte für alle, die es bearbeiten wollen. In der ganzen Welt gibt es aber mehr als 100 Millionen Landarbeiter ohne eigenes Land und mehr als 700 Millionen Landarbeiter und Kleinbauern, die reine Subsistenzwirtschaft betreiben.

Die Lage der Landarbeiter ist in den Ländern der südlichen Hemisphäre als geradezu dramatisch zu bezeichnen, da sie gezwungen sind, sich der Entwicklungspolitik der Länder des Nordens anzuschließen, was in Stadt und Land die Bereicherung einer Minderheit und die Verelendung der Mehrheit zur Folge hat.

In Lateinamerika können wir beobachten, daß beispielsweise in Peru 1960 68% des Landes in der Hand von 4% der Grundbesitzer waren. In Ekuador besaßen 0,4% der Grundbesitzer 54% der landwirtschaftlichen Nutzfläche. In Paraguay machen die landwirtschaftlichen Betriebe mit einer Fläche von mehr als 100 000 Hektar 43% des gesamten Staatsgebietes aus. In El Salvador sind 67% des Landes in der Hand von 4% der Grundbesitzer . . .

---

[1] missio-Informationen 3/1980, 3–24, hier 4.

Brasilien gehört zu den Ländern mit der größten Landbesitzkonzentration der Welt. 1,2% der Landbesitzer (sie besitzen Flächen von 1000 Hektar und mehr) verfügen über 45,8% der landwirtschaftlichen Nutzfläche, während 50,4% der Landbesitzer (sie besitzen Flächen unter 10 Hektar) nur 2,4% der landwirtschaftlichen Nutzfläche einnehmen. 1980 hat sich die Situation im Vergleich zu 1970 nur noch verschlechtert.«[2]

In Bolivien gehören etwa 99% der fruchtbaren Böden des Tieflandes zu Betrieben mit 500 bis 10 000 ha.[3] Und so könnte man die Liste der Landkonzentration noch endlos fortsetzen.

Offenbar führen auch heute noch viele »Abenteurer«, die es nach Geld und Macht gelüstet, jenen ersten Schrei der Seefahrer um Kolumbus im Mund: »Land in Sicht«, ohne sich einen Deut um die zu kümmern, die auf und von diesem Land leben. Damals wie heute hüllt sich ihr Monopol in das schöne Mäntelchen von Seriosität und Fortschritt.

»Das Grundmerkmal der Agrarstruktur in Lateinamerika ist die Konzentration riesiger Ländereien, das heißt das Latifundium, in der Hand einer kleinen Minderheit, während die große Mehrheit leer ausgeht oder allenfalls auf winzigen Stückchen, sprich: Minifundien, sitzt. 7% der Bevölkerung besitzen heute 93,8% des Landes. Doch ist die übertriebene Ballung von Grund und Boden in der Hand einiger weniger in Wirklichkeit noch größer, als an den Statistiken abzulesen ist, weil ein einziger Großgrundbesitzer bzw. dessen Familie in der Regel mehrere Landgüter hat.«[4]

Am Anfang waren die »Kommenden«. Aus den Kommenden entwickelten sich die Landgüter. »Der weitere Fortgang fand seinen kritischen Höhepunkt zur Zeit der Republik. Als die Liberalen mit ihren Vorstellungen von Individualismus und Privateigentum auf den Plan traten, wurden Indianer und Kleinbauern, mit dem Segen der Philosophie, von ihren Gebieten vertrieben ... In den Augen der Liberalen besaßen und benutzten die Indianer Landstriche, die dem Staat gehörten, und konnten mithin unter Berufung auf die großen nationalen Interessen von ihnen vertrieben werden.«[5]

Wir werden im folgenden Kapitel sehen, daß sich dieser Prozeß gegenwärtig noch erheblich verdichtet und verschärft.

[2] *Brasilianische Bischofskonferenz* (Hrsg.), Land Gottes – Land der Brüder. Arbeitsgrundlage zur »Kampagne der Brüderlichkeit« 1986, Aachen 1986, Nr. 33.
[3] *R. May,* Los pobres de la tierra, San José 1986, 9.
[4] Ebd. 2.
[5] Ebd. 4.

Die Durchschnittsgröße der traditionellen Großfarmen nimmt zwar seit einiger Zeit ab, doch wird das Phänomen durch Vielfachbesitz und vor allem durch die Schaffung großer bzw. riesiger Landgüter an neuen Agrarfronten wieder wettgemacht.[6]

b. Mangel an Grund und Boden.

b. Mangel an Grund und Boden. – Die Folge aus dem Monopol an Grund und Boden ist das Minifundium; es stellt sozusagen die Kehrseite der Münze dar.

Neunzig Millionen Menschen leben in Lateinamerika unterhalb des vertretbaren Subsistenzniveaus. 65% davon sind Landarbeiter und Kleinbauern, von denen wiederum 50 bis 70% kein Land besitzen.[7] Das Schlimmste jedoch ist, daß die Zahl der besitzlosen Landarbeiter stetig wächst und die Minifundien zudem fortwährend kleiner werden. Einige konkrete Beispiele sollen das belegen.

»In Jilotepeque im östlichen Guatemala verloren die Indianer Stück für Stück ihr Land, so daß heute nur noch 5% von ihnen ausreichend Grund und Boden besitzen, um davon leben zu können, und 95% Land von den Mestizen dazupachten müssen.«[8]

In Ekuador wird die durchschnittliche Fläche des Minifundiums immer kleiner: 1950–1,7 ha; 1968–1,5 ha, 1973–1,3 ha.[9]

Die Bischöfe in Südperu klagen darüber, daß »der Mangel an Grund und Boden in den Gemeinden immer tragischer wird«[10].

»In Mexiko ist die Zahl der besitzlosen Landarbeiter gegenüber 1950 auf das Zehnfache angestiegen, so daß heute 14 Millionen Menschen, das heißt: die Hälfte der ländlichen Bevölkerung, nichts an Grund und Boden zu eigen haben oder daß das, was ihnen zur Verfügung steht, ihnen nicht gehört ... An die 5 Millionen Landarbeiter haben an weniger als 90 Tagen im Jahr Arbeit.«[11]

Die Hälfte der brasilianischen Kleinbauern hat weniger als 10 ha und verfügt gerade über 2,4% der landwirtschaftlich nutzbaren Böden.[12] Im verarmten Nordosten leisten die kleinen Eigentümer etwa

---

[6] Vgl. *E. Feder,* Violencia y despojo del campesinado: latifundismo y exploración, Mexiko 1984, 55–56.

[7] *R. May,* Los pobres, 1.

[8] *R. Stavenhagen,* Las clases sociales en las sociedades agrarias, Mexiko 1984, 218.

[9] *CIESE,* Quince años de reforma agraria en el Ecuador, Quito, 61.

[10] *Die Bischöfe der südlichen Anden,* La tierra don de Dios – Derecho del pueblo, Cusco 1986, Nr. 16.

[11] *R. May,* Los pobres, 7.

[12] *Brasilianische Bischofskonferenz,* Land Gottes – Land der Brüder, Nr. 33.

80% der landwirtschaftlichen Arbeit, verfügen aber lediglich über 20% des Bodens.[13]

Statistiken zufolge, die 1970 in Kolumbien veröffentlicht wurden, hatten dort 700 000 Landarbeiter keinen Landbesitz, und ebenso viele besaßen durchschnittlich gerade etwas mehr als zwei Hektar. »Das größte Ungleichgewicht in Sachen ›Grundbesitz‹ besteht zwischen 0,8 ha pro Familie im ärmsten Sektor und 7.014 ha im begütertesten Sektor; das heißt, in Kolumbien gibt es Familien, die 8.767 mal mehr Land haben als andere.«[14] Im Durchschnitt stehen jedem Stück Rindvieh 1,5 ha Weideland zur Verfügung, das heißt, daß »mehr als eine Million Familien weniger Rechte haben als ein einziges Rind«[15].

Das Schlimmste daran ist, daß die Kluft in der Verfügung über den Boden fast überall in Lateinamerika wächst. Anhand von langen, einsichtigen Statistiken kommt Ernest Feder zu dem Schluß: »Damit ist mit hinreichender Materialfülle belegt, daß das Land in allen lateinamerikanischen Staaten heute ungleicher verteilt ist als zu Beginn der Allianz für den Fortschritt.«[16] »Die mittlere Größe der kleinen Einheiten (bis 10 ha) ist von 4,3 ha auf 3,9 ha zurückgegangen, wobei die kleinsten Einheiten die relativ größten Einbußen erfahren haben.«[17]

Aus diesem Grund »ist das größte Problem für die Kleinbauern die Tatsache, daß ihre Parzellen ständig abnehmen . . ., obwohl sie ohnehin schon für die Subsistenz zu klein sind«[18].

Das Bild wird noch trüber, wenn man die schlechte Lage, die geringere Qualität und die fehlende Bewässerung der meisten Böden solcher Minifundien sowie die geringen Kreditmöglichkeiten und die mangelnde Versorgung der Eigentümer mit modernen Techniken berücksichtigt. Hinzu kommt noch, daß den Menschen ein großer Teil ihrer Kultur und ihrer traditionellen Anbautechniken verloren gegangen ist.

Alle diese Daten sind real, und niemand kann vor ihnen die Augen verschließen. Eine Fülle weiterer Zahlen ließe sich beibringen. Daß die kleine Landwirtschaft erdrosselt wird, so die brasilianischen Bischöfe,[19] ist der springende Punkt, von dem jedermann auszugehen hat. Wer diese schmerzende Wunde nicht anrühren oder erst gar nicht

---

[13] *Comissão Pastoral da Terra (CPT)* (Hrsg.), Pela vida do Nordeste, Goiânia 1984, 34.
[14] *J. Díaz,* Liberación campesina en América Latina, Bogotá 1977, 12.
[15] Ebd. 14.
[16] *E. Feder,* Violencia y despojo del campesinado, 51.
[17] Ebd. 57.
[18] Ebd. 59.
[19] Vgl. missio-Informationen, 3/1980, 6.

sehen will, bringt sämtliche Programme zur Lösung der Agrarproblematik zum Scheitern.

Doch das Grundproblem in der Landwirtschaft ist nicht allein die Konzentration der Böden bzw. das Minifundium, wobei letzteres ja nur die Kehrseite von jener ist. So einfach liegen die Dinge nicht. Darüber hinaus gibt es ganze Berge von immer schwereren und immer drückenderen Problemen, die eng ineinandergreifen und sowohl das Land als auch die Stadt betreffen.

»Die landwirtschaftliche Produktion hinkt hinter der Bevölkerungsentwicklung hinterher, und der Import von Nahrungsmitteln steigt. Die Einkommensverteilung konzentriert sich noch mehr in der Mehrzahl der Länder, und großen Teilen der armen Landbevölkerung geht es, absolut gesehen, immer schlechter. Überall bestimmen schlechter Ernährungsstand, Unwissenheit und Armut das Bild. Die große Mehrheit der Landbevölkerung (Landarbeiter wie Minifundienbesitzer) haben nur ganz geringen Einfluß – und in einigen Ländern noch geringeren Einfluß als früher – auf die Entscheidungen, die ihr Leben betreffen. Politische Instabilität und Mißstände auf dem Land sind weit verbreitet. Die Programme zur Bodenreform, mit denen man in den siebziger Jahren angefangen hatte, blieben weit hinter den Hoffnungen und Erwartungen ihrer Initiatoren zurück . . .«[20]

2. Neue Formen der Agrarpolitik

Die Lage ist also – allein schon von außen betrachtet – schlimm. Millionen von Landarbeitern und Kleinbauern haben keinerlei Besitz an Grund und Boden bzw. leben auf unzureichenden Minifundien, während riesige Landgüter einigen wenigen Leuten gehören: »Menschen ohne Land und Land ohne Menschen«. Die Konsequenzen sind, wie wir im folgenden Kapitel sehen werden, bedrückend. Lateinamerika ist ein Erdteil mit einem gewaltigen Reichtum an landwirtschaftlichen Möglichkeiten, aber mit Legionen von ausgemergelten Bewohnern. Doch das Schlimmste bei all dem ist, daß sich die Dinge im Augenblick nicht in Richtung auf reale Lösungen bewegen; die Kluft wird nur noch größer!

---

[20] S. Baraclough, Progreso para quien?, in: Versch., Desarrollo agrario y la América Latina, Mexiko 1981, 385.

Derart große Probleme, die solch gewaltige Scharen von Menschen belasten, müssen eine Ursache haben. In diesem Abschnitt wollen wir die Grund-und-Boden-Problematik von innen her betrachten und den Gründen nachgehen, die sich für die landlosen Bauern dermaßen bitter auswirken.

»Weder Zufall noch Schicksal tragen die Verantwortung für die Lage auf dem Land in Lateinamerika. Das Ganze ist das Ergebnis einer sorgfältig gelenkten Politik, die nach einem spezifischen Modell von Wirtschaftsentwicklung abläuft.«[21]

a. Das agrar-kapitalistische Entwicklungsmodell. – Grund und Boden ist an sich kein Kapital, sondern ein natürlicher Reichtum. Im Lichte des Glaubens betrachtet, ist er ein unverdientes Geschenk Gottes, eine Gabe, die Gott uns zukommen läßt, damit alle leben können. Doch kann man ihn auch ausschließlich unter dem Gesichtspunkt des wirtschaftlichen Profits sehen, den er einem möglicherweise bringt. Ebenso kann Grund und Boden für jemanden eine Quelle von Kapital, Ansehen und persönlicher Macht sein. Dazu aber muß man ihn in großem Maße erwerben. Und will man das Monopol über ihn bekommen, braucht man sogar viel Kapital. Soll das Land schließlich noch technisch produktiv genutzt werden, kommt man wiederum nicht ohne Kapital aus.[22]

Diese Sicht ist, wie wir im zweiten Teil erfahren werden, den indianischen Völkern fremd. Doch seitdem die Europäer an unseren Küsten gelandet sind, breitet sich die merkantilistische Betrachtung von Land, Grund und Boden krebsartig aus. Heute hat das Krebsgeschwür ein solches Ausmaß erreicht, daß es droht, seine Opfer zu erdrücken. Alle Bereiche der Landwirtschaft hat es inzwischen befallen.

Die Schlüsselfunktionen im kapitalistischen Entwicklungsmodell sind Wirtschaftswachstum und Modernisierung. »In der Logik dieses Modells bedeutet Modernisierung die Umgestaltung der sogenannten primitiven und traditionalen Sektoren in einen Kapitalismus, dessen Ziel der Markt und dessen Grundlage die technologische Wirtschaft ist. Absicht ist es, Wirtschaftswachstum bzw. Expansion zu erreichen.«[23]

Merkwürdig daran ist jedoch die Überzeugung, ökonomisches Wachstum brauche nicht allen zugute zu kommen. So etwas sei auch

---

[21] *R. May,* Los pobres, 33.
[22] *K. Kautsky,* Die Agrarfrage, Stuttgart 1899.
[23] *R. May,* Los pobres, 33.

gar nicht möglich. Vielmehr müsse das Kapital in ein paar Händen zusammenbleiben. Nur so könne es in die Industrie, einschließlich der Agrarindustrie, investiert werden. Akkumulation von Kapital und rigoroses Sparen seien Grundvoraussetzungen, wenn man eine stetige Expansion der Wirtschaft erreichen wolle. Angesichts der Tatsache, daß alles von der Investitionskraft abhänge, und in Anbetracht des Faktums, daß die Armen außerstande seien, in hinreichendem Maße zu sparen, gelte es, die Reichen zu begünstigen, daß sie zunehmend reicher würden, und zu verhindern, daß die Armen den Prozeß beeinträchtigten; vielmehr hätten sie ihn dadurch zu unterstützen, daß sie einen Teil ihrer möglichen Einkünfte denen abgäben, die allemal mehr hätten.

Innerhalb dieses Entwicklungsmodells kommt der Landwirtschaft insofern eine besondere Rolle zu, als sie der Industrie billige Arbeitskräfte stellt und harte Devisen bringt.

Nach diesen Plänen sind Millionen von Landarbeitern und Kleinbauern »Überschuß«, will sagen: unproduktive Arbeitskraft, die in die städtische Industrie und industrialisierte Landwirtschaft überstellt werden muß. Hier »können sie für einen Mindestlohn angeheuert werden, mit dem sie zwar kaum ihre Grundbedürfnisse befriedigen können, der aber immerhin hoch genug ist, sie zu veranlassen, aus dem traditionellen Ackerbau auszusteigen. Der Lohn, der ihnen nicht gezahlt wird, ist ihr Beitrag dazu, daß das Land sparen kann. All diese Männer und Frauen sind billige Arbeitskräfte, ein – eventuell sogar unerschöpfliches Reservoir, das dem expandierenden kapitalistischen Sektor jederzeit zur Verfügung steht.«[24] Auf diese Weise enthält die Landwirtschaft dem Arbeiter den Mehrwert vor und wird so zur Produzentin von Kapital.

Aus diesem Grund stellt die Brasilianische Bischofskonferenz fest, auf dem Land herrsche »ein Lebens- und Arbeitssystem . . . das einige wenige bereichert – auf Kosten der Mehrheit, die in Armut und Elend lebt . . . Wir erleben, daß bestimmte Wirtschaftsgruppen in einem weit angelegten Prozeß die Bauern mehr und mehr enteignen. Zu beklagen ist dabei, daß auch die Regierung ihre Politik hinsichtlich Grund und Boden mittels eines gesellschaftlichen Entwicklungsbegriffs definiert, der aus humanistischem und christlichem Verständnis von Gesellschaft unannehmbar ist.«[25]

[24] Ebd.
[25] missio-Informationen, 3/1980, 9.10.

Darüber hinaus funktioniert die Landwirtschaft als Quelle harter Devisen. Durch die vorrangige Produktion von Erzeugnissen mit hoher Nachfrage im Ausland, wie Fleisch, Obst, Soja, Kaffee und Kakao, kann das Problem der Außenverschuldung etwas gelindert werden.

Eine herausragende Rolle kommt in diesem Zusammenhang der Agrarindustrie als Lieferantin von Rohstoffen für die Industrie zu. Deshalb hat sie absolute Priorität. Ihr Hauptzweig ist die Nahrungsmittelherstellung: veredeltes Fleisch, Konserven, Öle und Ölerzeugnisse, Mehle, Getränke und eine ganze Kette von Verarbeitung und Verpackung. Ein weiterer wichtiger Sektor sind Textilien (Baumwolle und Wolle). Zunehmend bedeutsam wird schließlich in Brasilien die Agrarenergie (Äthanol). Alles, ja selbst die einfachsten Dinge müssen mittlerweile durch den Trichter der Vermarktung seitens der großen Handelsfirmen. Doch dazu müssen Eigenbedarf und direkter Verkauf durch die Landbevölkerung ausgeschaltet werden, müssen demzufolge verschwinden.

Die Entwicklung in der Landwirtschaft muß also ganz und gar im Dienste dieses Modells von Wirtschaftswachstum stehen. Ziel ist die Steigerung der landwirtschaftlichen Produktion, damit um so mehr Kapital eingespart werden kann. Alleiniges Mittel dazu sind große mechanisierte landwirtschaftliche Betriebe und das Einschwenken mittlerer Bauern auf dieses System.

Ergebnis des Ganzen ist, daß das kleine Volk leer ausgeht, denn die Bedürfnisse – auch an Nahrung – der Armen zählen nicht. Deshalb heißt es in den Unterlagen zur »Kampagne der Brüderlichkeit« 1986 in Brasilien:

»Es ist so, daß die Entscheidung darüber, was bei uns angebaut wird, von den Erfordernissen des internationalen Marktes abhängt. Die Erfordernisse des internationalen Marktes und der Bedarf an Dollar, um das Funktionieren des brasilianischen Wirtschaftsmodells zu gewährleisten, stellen sich systematisch den Grundbedürfnissen der brasilianischen Bevölkerung im Bereich der Ernährung entgegen. Die großen Pflanzungen mit hohem Mechanisierungsgrad und hoher Produktivität arbeiten ausschließlich für den Export und erhalten dafür die besten steuerlichen Vergünstigungen im Rahmen der Landwirtschaftspolitik der Regierung. Die unmittelbare Folge dieser Politik ist ein Rückgang in der Nahrungsmittelproduktion, da es keine steuerlichen Vergünstigungen für den kleinen Produzenten gibt. Außerdem verschärft die Preispolitik den Kapitalmangel der kleineren Produzenten und verhindert eine Produktionssteigerung in diesem Bereich. Diese Fakten wiegen noch schwerer, wenn man bedenkt, daß es die kleinen Erzeuger sind, die 70% der von den Brasilianern konsumierten Nahrungsmittel erzeugen.«[26]

b. Neue Probleme auf dem Land. – Die lateinamerikanische Landwirtschaft hat heute andere Probleme als in früheren Jahrhunderten und selbst noch in der ersten Hälfte dieses Jahrhunderts. Die kapitalistische Modernisierung spannte die ländlichen Gebiete in einen neuen Rhythmus ein, als sie sie in den im Prozeß der Transnationalisierung befindlichen Weltmarkt hereinholte. Die stürmische Expansion der Agrarindustrie war die treibende Kraft, welche einen großen Teil der Landwirtschaft in das städtisch-industrielle System eingliederte und ihm unterordnete.

In den meisten lateinamerikanischen Ländern setzte die kapitalistische Modernisierung der Landwirtschaft in der Tat mit der Internationalisierung der exportierenden land- und viehwirtschaftlichen Betriebe des 19. Jahrhunderts ein: Fleisch, Wolle und Getreide in Argentinien; Kautschuk, Kaffee und Baumwolle in Brasilien; Kakao und Bananen in Ekuador; Kaffee und Bananen in Kolumbien; Bananen und Zucker in Mittelamerika und auf den Antillen ... Dieser Prozeß kam zu seinem Höhepunkt mit der Transnationalisierung des Marktes und des Produktionsapparates nach dem Zweiten Weltkrieg. So wurde der Weltmarkt zur entscheidenden Kraft, die das Modell des landwirtschaftlichen Wachstums veränderte. Angeführt wurde er vor allem von England und von den USA, so daß die Tendenz zur monopolartigen Kontrolle durch die großen Unternehmen immer stärker wird.[27]

»Einige wenige transnationale Unternehmen kontrollieren 70% der Industrien, 75% der industriell hergestellten Nahrungsmittel und 25% der Ernten und zwingen damit der ganzen Welt das technologische und konsumorientierte System der Metropolen wie auch die Regeln der finanziellen und kommerziellen Abhängigkeit auf: Import von Rohstoffen, Zwischenprodukten und Kapital; Bezahlung (in ausländischer Währung) für technisches Know-how und Rechte (Patente und Marken), besonders in den Sparten Milchprodukte, Kraftfutter, Verarbeitung von Kaffee und Tee bzw. Konservierung, Verpackung und Abfül-

---

[26] *Brasilianische Bischofskonferenz,* Land Gottes – Land der Brüder, Nr. 49–50.
[27] *J. Petras,* Cambios en la estructura agraria de la América Latina, in: Versch., Desarrollo agrario y la América Latina, Mexiko 1981, 100–121.

lung von Obst, Gemüse, Fisch und Meeresfrüchten. Aufgrund ihrer Struktur muß die Nahrungsmittelindustrie mit einer nahezu vollständig ausländischen (80%) Technologie operieren und verfügt über mehr als die Hälfte der bewässerten Oberfläche ...«[28]

Doch dieser ganze »Fortschritt« in der Nahrungsmittelproduktion kommt nur wenigen zugute. Weiten Bereichen in der Landwirtschaft bringt er nichts an Entwicklung, noch führt er zu »einer systematischeren und rationelleren Nutzung der physischen Möglichkeiten der Erde, des Wassers und der Wälder oder zum bestmöglichen Einsatz der ländlichen Arbeitskraft«[29].

Das beschriebene Modell von Modernisierung und Wachstum in der Landwirtschaft führt allerorten in Lateinamerika nur zu neuen Problemen für die Landbevölkerung. Einige dieser Probleme möchten wir kurz beschreiben[30]:

1. In der Mehrzahl unserer Länder beruht die Steigerung der Produktion nach wie vor besonders auf der linearen Ausweitung des Anbaugebietes. Doch stößt die Agrarfront inzwischen an ihre Grenzen. Nirgendwohin kann sie mehr verschoben werden. Hinzu kommt die ökologische Zerstörung, welche die großen Unternehmen zurücklassen, wenn sie das Land unsinnig ausgebeutet haben.

2. Unbeschadet des technologischen Apparats wird das Potential an physischen Möglichkeiten der Erde, des Wassers und des Waldes noch bemerkenswert wenig genutzt. Große Landgüter werden lediglich als natürliches Weideland oder Brache verwendet oder bleiben als Spekulationsobjekte für finanzielle Investitionen einfach ungenutzt. Paradoxerweise gibt es parallel zu einer enormen Nachfrage an Grund und Boden, der nicht entsprochen werden kann, gewaltige Ländereien, die nicht hinreichend genutzt werden.

3. Der Mangel an Nahrungsmitteln steigt. Etwa die Hälfte der Bevölkerung Lateinamerikas ist unterernährt. Die Produktion reicht nicht, um alle menschenwürdig zu ernähren. So müssen bei der augenblicklichen Unterernährung viele Nahrungsmittel importiert werden. Das beweist, daß die gegenwärtige Modernisierung in der Landwirtschaft der Autarkie unserer Länder im Lebensmittelbereich zuwiderläuft. »Während sich die Getreideimporte in den siebziger Jahren auf einen jährlichen Durchschnitt von 5,5 Millionen Tonnen beliefen,

---

[28] A. García, Naturaleza y límites de la modernización capitalista de la agricultura, ebd. 29.
[29] Ebd. 30.
[30] Im folgenden stützen wir uns weithin auf den Aufsatz von A. García.

waren sie 1983/84 auf 24 Millionen Tonnen gestiegen ... Die Autarkie der Gesamtregion an Getreide fällt von 102% im Jahre 1961 auf 91% im Jahre 1980, was alarmierend zu werden beginnt.«[31] Abhängig sind wir auch in den Bereichen Öl, Milch und Fleisch ...

In Ekuador, einem Land, das eindeutig landwirtschaftlich geprägt ist, »stiegen die Nahrungsmittelimporte von 26,2 Millionen Dollar im Jahre 1972 auf 143,3 Millionen Dollar im Jahre 1980, was ein jährliches Wachstum der Importe um rund 16% bedeutet«[32]. Auf der anderen Seite nimmt der Rückgang der Produktion an Nahrungsmitteln dramatische Ausmaße an, bedenkt man, daß zum Beispiel die Produktion an Gerste zwischen 1975 und 1980 um 61% gefallen ist, an Mais um 49,8%, an Weizen um 51,8%, an Kartoffeln um 35,2%, an Maniok um 35,1%, an Wicken, Bohnen und Salat um 49,3% ... Im Jahre 1962 belief sich die Lebensmittelproduktion auf 2,2 Tonnen pro Einwohner, 1974 auf 1,1 Tonnen und 1982 noch auf ganze 0,7 Tonnen ... Im Vergleich dazu importierte das Land 1962 Nahrungsmittel im Wert von 1,60 Dollar pro Einwohner, 1974 von 7,80 und 1982 von 20,00 Dollar pro Einwohner.«[33]

Mexiko, das ein Exporteur von Mais war – Mais ist die Grundsubstanz der Nahrung in Mexiko –, muß inzwischen Getreide importieren. Ähnliche Statistiken könnten wir von fast allen unseren Ländern vorlegen ...

4. Das Modell der Konzentration führt zu Vertreibung und Proletarisierung der Bauernschaft; das Problem klang bereits an. Trotzdem wird mehr als die Hälfte der Nahrungsmittel von Kleinstbetrieben erzeugt. Dadurch sind die Minifundien arbeitsmäßig ungeheuer überlastet, und die Folge ist eine rasche und gefährliche Erschöpfung der Böden.

5. Minifundienbesitzer wie landwirtschaftliche Saisonarbeiter leben in jeder Hinsicht unter Bedingungen von Randexistenzen: Weder zum Markt noch zu Kreditmöglichkeiten noch zur Technik haben sie unmittelbar Zugang. Diese Verrandung kommt auch in der fehlenden Organisation und Mobilisierung der Mehrzahl von ihnen zum Ausdruck. Man hält sie im Status der Unfähigkeit, politischen Druck auszuüben, durch den das landwirtschaftliche Einkommen wie Land selbst anders verteilt werden könnte.

[31] G. Arroyo, La reforma agraria ... pese a todo, in: Christus Nr. 590, Mexiko (November 1985), 25.
[32] CEPAR, Población y planificación familiar. Población y desarrollo, Nr. 4, Quito 1985.
[33] CEPAR, Población y planificación familiar. Hacia una política de población, Nr. 12.

6. In den sechziger Jahren ging man von der Notwendigkeit einer – wie auch immer gearteten – Bodenreform aus. Seit den siebziger Jahren indes betonen die Technokraten, der Weg zur Lösung des Agrarproblems sei die Technologie. Damit aber ist der Gedanke an eine Umverteilung des Landes nach Maßgabe menschlicher Bedürfnisse unmöglich geworden. Alles ist erlaubt, außer Maßnahmen zur angemessenen Neuverteilung des Landes.

Die Modernisierung kapitalistischen Zuschnitts, die Akkumulation und Technologie über alles setzt, geht von der Idee aus, den Klassen der Landarbeiter könne es erst dann besser gehen, wenn die Elite der Großgrundbesitzer zu beträchtlichem Wohlstand gekommen sei. Doch »läßt sich mit mathematischer Präzision beweisen und mit größter Genauigkeit vorhersagen, daß die Modernisierung der Landwirtschaft mitsamt der gegenwärtigen Verteilung von Mitteln und von öffentlicher Macht zwangsläufig zu mehr Armut, Arbeitslosigkeit und Unterdrückung der ländlichen Bevölkerung führen muß«[34].

Das Problem, das wir heute auf dem Land haben, wird nie allein auf der Basis der Technologie gelöst werden können. Wir müssen bis an die Ideologie und bis an die Strukturen des abhängigen Kapitalismus heran, der die Ursache des Problems ist.

Aufgrund all dessen »drängt sich der objektive Schluß auf, daß beim augenblicklichen Stand der Geschichte die Möglichkeit der landwirtschaftlichen Entwicklung in weiter Ferne liegt und gering ist, solange sich nicht die Bedingungen, unter denen der periphere Kapitalismus funktioniert, wie auch die Regeln des ungleichen Austausches ändern, welche die geltende internationale Wirtschaftsordnung bestimmen«[35].

Zum Schluß dieses Abschnitts sei als Zusammenfassung noch einmal Roy May zitiert: »Die lateinamerikanische Landwirtschaft entwickelt sich derzeit zu einem großen kommerziellen Unternehmen, das seinerseits Teil des internationalen agroindustriellen Komplexes ist. In diesem Prozeß bildet sich eine neue Klasse moderner kapitalistischer Großgrundbesitzer heraus, welche die alten sozialen Klassenunterschiede nur noch verschärft und die – häufig gewaltsame – Vertreibung von Landarbeitern, kleinen Bauern und Indianern aus ihren angestammten Gebieten erleichtert. Der kleine Besitzer kann nicht mithalten, hat keine Möglichkeiten und kann die Risiken nicht auffangen.

---

[34] *E. Feder,* Violencia y despojo del campesinado, 287.
[35] *A. García,* Naturaleza y límites, 31.

Entweder geht er auf seiner winzigen Parzelle allmählich zugrunde, oder er zieht wie viele Tausende anderer in die Stadt ...«[36]

Im folgenden möchten wir die Konsequenzen beleuchten, die diese Politik für die Landbevölkerung mit sich bringt.

3. Konsequenzen für die Landbevölkerung

Seitdem die Europäer hier gelandet sind, bekamen zunächst die Indianer und dann auch sämtliche anderen Gruppen der kleinen Landbevölkerung die Folgen einer auf Anhäufung und Ausbeutung abzielenden Politik zu spüren.

a. Keine unbezahlte Arbeit mehr. – Eine erste Konsequenz ist, daß es keine unbezahlte Arbeit mehr gibt. Obwohl die Motive, die dazu führten, nicht gerade edel sind, ist dies insgesamt doch etwas Positives.

Von der Kolonialzeit bis an die Schwelle der Gegenwart gab es jahrhundertelang mißliche Formen der Landarbeit. Die »großen Herren«, die kraft göttlichen Rechtes alles als ihr Eigentum betrachteten, bemächtigten sich des guten Landes und überließen das schlechte den Indianern, die zuvor die rechtmäßigen Eigentümer gewesen waren. Als Bezahlung für diese »Güte« hatten die Ureinwohner über Jahrhunderte hin verschiedene Tage in der Woche umsonst auf den Landgütern zu arbeiten. Diese mehr oder minder kaschierte Form der Sklavenarbeit mußten auch arme nichtindianische Bauern und Mestizen leisten. Mitunter bedeutete die »Sklaverei« darüber hinaus, daß die ganze Familie in den Häusern der Großgrundbesitzer, im Dorf oder auf dem Landgut, anzutreten hatte.

Je nach Land trägt dieses System der getarnten Sklaverei in Lateinamerika unterschiedliche Namen. In Ekuador heißt es *huasipungueros, pegujaleros* auf bolivianischen Landgütern, *yanaconas* in den Bergen Perus, *conuqueros* in Venezuela, *colonato* in Mittelamerika, *inquilinaje* in Chile und *cambão* in Brasilien. In gewisser Hinsicht findet es sich auch auf einigen kommunalen Ländereien in Mexiko.

Dank der Bodenreformen in den verschiedenen Ländern sind heute fast alle Formen von unbezahlter Arbeit verschwunden, und zwar deshalb, weil der Kapitalismus mit Arbeitern ohne Geld in der Tasche

---

[36] *R. May,* Los pobres, 31.

nichts anfangen kann, denn diese wären auf dem konsumorientierten Markt ja gleich null.

. *b. Trennung zwischen Bauern und Land.* – »Mit dem Verschwinden der Minifundien und der Verwendung der besten Ländereien für extensive Viehzucht und mechanisierten Anbau im Stil von Latifundien sieht sich die Landbevölkerung materiell gezwungen, ihren Grund und Boden wegen des Konkurrenzdrucks zu veräußern und sich bei kapitalistischen Agrarbetrieben als Lohnarbeiter zu verdingen.«[37]

Eine der ersten Auswirkungen ist also, daß Millionen von Bauern ihr Land aufgeben müssen, die meisten davon unter Druck. Einige werden auch gewaltsam vertrieben. Andere bleiben als ländliche Saisonarbeiter. Wiederum andere haben auf der Suche nach neuem Land ihre Heimat zu verlassen oder müssen in den Dreck der Vorstädte ziehen.

Die besitzlose Landbevölkerung bildet eine proletarische Masse, die zum Leben nichts anderes hat als die eigene Arbeitskraft; und die muß sie für den Preis verkaufen, den ihr die herrschenden Strukturen zu zahlen gewillt sind.

»Die wachsende Zahl besitzloser Landarbeiter garantiert ein beständiges und immer größeres Heer an billigen Arbeitskräften, deren unsicheres Verhältnis zum Land sie leicht ausbeutbar macht und sie auf dem Niveau der Subsistenz und schwacher Standesorganisationen festhält. In dem Maße, in dem der moderne Agrarkapitalismus fortschritt, nahm auch die Zahl der ländlichen Arbeiter dramatisch zu. Allerdings sind die meisten Arbeiten saisonal, und die Verträge bleiben vage und werden nicht schriftlich geschlossen ... Löhne werden unregelmäßig gezahlt und übersteigen nicht das Subsistenzniveau.«[38]

An einigen Stellen hat sich das ländliche Saisonarbeiterdasein zu einer wahren Sklaverei entwickelt; geradezu mafiaartig werden die Leute vom Verleiher bzw. Unternehmer in Schulden verstrickt und in Schulden gehalten, ohne jede Chance, irgendwann wieder herauszukommen.

Mit ihrer Arbeit werden sie nie zahlen können, was sie den Betreffenden angeblich schulden: »Ein Arbeiter, der versucht zu fliehen, wird fast immer mit einer Strafe belegt, wenn nicht umgebracht. Es gilt das Prinzip: Wer flieht, ist ein Dieb, weil er mitnimmt, was dem Unter-

---

[37] *J. Díaz,* Liberación campesina, 72.
[38] *R. May,* Los pobres, 21–22.

nehmer gehört: die Arbeitskraft, die er dem Unternehmer verkauft hat.«[39]

In einer anderen Form von Sklaverei leben die Bewohner von Vorstädten, die in aller Herrgottsfrühe wie Vieh auf Lastwagen abgeholt werden, um auf den großen Landgütern rings um die Großstädte zu arbeiten. Häufig handelt es sich dabei um Frauen, Kinder und Heranwachsende. Spät abends kommen sie heim, ohne auch nur so viel verdient zu haben, daß sie einen Tag davon hätten leben können. Typisches Beispiel dafür sind die *boias-frias* in Brasilien.[40]

Eine eingehende Darstellung hätte das Problem der Landbewohner verdient, die voller Hoffnung und Angst in die Elendsgürtel der Städte kommen. Hier leben sie zusammengepfercht, ohne jede Grundversorgung und ohne Arbeit, allenfalls unterbeschäftigt, ständig dem Kulturschock ausgesetzt. Die Stadt ist für sie ein unbekanntes, agressives, zugleich aber auch verlockendes Monstrum.

Allmählich gehen den Zuwanderern vom Land Geld, Traditionen und Kampfesgeist aus. In den Elendsquartieren verlieren sie ihre kulturellen Werte und werden zu Individualisten. Um überleben zu können, lernen sie, mit den Kollegen um einen Arbeitsplatz zu konkurrieren, sich üblen Politikern anzuvertrauen und das Beispiel der Gewitzten nachzuahmen. Sie lassen sich von den Gaukeleien der Werbung verführen, weil es ja nirgends mehr einen sicheren Halt gibt, auf den sie sich stützen könnten. Und so gleiten sie oft genug allmählich in das korrupte System ab, das sie umgibt. Das gilt um so mehr für die Kinder, die zum Teil ohne Kultur und Moral aufwachsen. Flucht und Vertreibung der Landbevölkerung in die Elendsgürtel der Städte sind wie das faulige Erbrechen all der »schönen« Spielarten von kapitalistischer Agrarpolitik.[41]

c. *Wachsende Armut.* – Eindeutiger Beweis dafür, daß Landarbeiter und Kleinbauern heute schlechter leben als je zuvor, ist das Heer derer, die sich gezwungen sehen, ihre Scholle aufzugeben, obwohl sie mit Haut und Haar an ihr hängen. Der einzige Grund dafür ist der Stachel

[39] missio-Informationen 3/1980, 13.
[40] *Boia-fria* = landwirtschaftlicher Tagelöhner (eigentlich: kaltes Essen). Statistisches Material dazu bei: *E. Feder,* Violencia y despojo del campesinado, 31–46.
[41] Zur Vertiefung vgl. dazu: *L. A. de Lomnitz,* Cómo sobrevivem los marginados, Mexiko 1985; *Cl. Santos de Moraes,* Población rural y desarrollo capitalista: la marcha hacia las ciudades, in: Versch., Desarrollo agrario y la América Latina, 122–161.

des Hungers, eine ausweglose Lage. Niemand kann wegdiskutieren, daß die Einkünfte der Kleinbauern, gemessen an der allgemeinen Steigerung der Lebenshaltungskosten, fortwährend abnehmen.

Zwar gab es immer schon sehr arme Menschen auf dem Land, aber nicht in solcher Zahl und mit solch gewaltigen Ungleichheiten. Man vergegenwärtige sich nur noch einmal die Angaben zu Beginn des Buches über die immer kleiner werdenden Minifundien oder unsere vorherigen Hinweise auf die wachsende Zahl der besitzlosen Landarbeiter.

Menschen, die in der Bequemlichkeit einer Stadt leben, tun sich schwer, unsere Aussagen zu akzeptieren, und neigen dazu, sie für übertrieben oder gar falsch zu erklären. Im Grunde kommt hier ein Mechanismus zur Verteidigung des eigenen Lebensstils in Gang. Doch wer – wie wir – unter der armen Landbevölkerung lebt und mit ihr unterwegs und im Gespräch ist, weiß nur zu gut, wie wahr und wie beängstigend die wachsende Armut ist. Erfahrung ist evidenter als jede Statistik. Aus diesem Grund möchten wir die Leser nicht mit vielen »technischen« Daten ermüden. Nur: Derartige Untersuchungen liegen vor, und im Anmerkungsapparat zitieren wir auch etliche von ihnen.

Ernest Feder, ein großer Fachmann auf dem Gebiet, stellt fest: »Ohne Zweifel hat die Armut auf dem Lande in Lateinamerika, absolut gesehen, zugenommen und, relativ betrachtet, ist sie zumindest gleich geblieben.«[42] Höchst wahrscheinlich übersteigt die Zahl der lateinamerikanischen Landarbeiter und Kleinbauern, die unterhalb des Existenzminimums leben, gegenwärtig die Grenze von dreißig Millionen. »Zur Verfügung stehendes Zahlenmaterial ... weist auf Einkommensverhältnisse hin, die gerade noch ein Subsistenzminimum ermöglichen, wenn sie nicht darunter liegen.«[43] In zahllosen Fällen liegen die Einkünfte unterhalb der Mindestkosten allein für die Ernährung, so daß für Gesundheit, Erziehung und Sparen nichts übrig bleibt. Für Sonderausgaben muß man Kredite aufnehmen, deren Zinsen einen jedoch nicht selten für das ganze Leben erledigen. »Dies verewigt den Teufelskreis von niedrigem Einkommen, unausweichlicher Notwendigkeit, Nahrungsmittel zu kaufen, um überleben zu können, und dem Zwang, Schulden zu machen, um etwas zu essen kaufen zu können ... Hinzu kommt die Hochinflation, die auf die meisten lateinamerikanischen Länder ständigen Druck ausübt, die Realausgaben zu senken.«[44]

[42] *E. Feder,* Violencia y despojo del campesinado, 13.
[43] Ebd. 21.
[44] Ebd. 23.

Immer seltener wird heutzutage auch der Bauer, der sich selbst versorgt. Die ständig kleiner werdende Fläche seiner Felder, das Auslaugen der Böden durch den immer weiter um sich greifenden Intensivanbau, die von den Umständen aufgezwungenen Monokulturen sowie die von der Werbung geschaffenen Bedürfnisse ließen – abgesehen von den Schwierigkeiten der Vermarktung der Erzeugnisse – das Einkommen der Bauern erheblich sinken. Die chronische Unterernährung ist mittlerweile alarmierend geworden. Was Kleinbauern essen, ist notorisch karg und eintönig. Oft genug müssen sie das wenige, das sie produzieren, verkaufen, um – wirkliche und fiktive – Bedürfnisse erfüllen zu können. Klassisch ist inzwischen der Fall jenes Bauern, der Milch und Eier verkauft, um dafür Nudeln zu erwerben, weil er nur damit die Mäuler der ganzen Familie meint stopfen zu können. Oder noch ärger ist, wenn man seine eigenen Erzeugnisse versetzt, um dafür Coca-Cola zu kaufen. So werden die Leute Opfer der Werbung. Das Klima des Konsumismus macht sie noch ärmer, als sie ohnehin sind.

»Nichts Außergewöhnliches ist ein Jahreseinkommen von umgerechnet vielleicht 250 Dollar; in einigen Gegenden liegt es im Durchschnitt sogar unter 100 Dollar. Einigen Informationen zufolge entspricht das Jahreseinkommen pro Kopf in Teilen der peruanischen Anden 15 bis 20 Dollar.«[45] In einer Welt großen Reichtums und frecher Verschwendung wird solch eine Lage immer gravierender und explosiver. Wir sollten uns an diese Zahlen erinnern, wenn wir uns weiter unten im biblischen Teil mit den Propheten beschäftigen.

Feder kommt zu dem Schluß: Im Rahmen der gegenwärtigen Agrarpolitik »schadet die Modernisierung der Landwirtschaft, so wie sie im Augenblick gehandhabt wird, nur der Landbevölkerung – kleinen Eigentümern, Naturpächtern, Monetärpächtern ebenso wie Landarbeitern«[46]. »Ohne Angst, leere Phrasen zu dreschen, kann man behaupten: Was gut ist für die Latifundienbesitzer, ist schlecht für Lateinamerika.«[47]

d. Verlust der ländlichen Kultur. – Der Bauer fühlt sich im Innersten seines Wesens getroffen und leidet in jeder Hinsicht. Der alte Minderwertigkeitskomplex, den ihm die Unterdrücker jahrhundertelang eingehämmert haben, wird mehr und mehr zum Nutzlosigkeitskomplex.

[45] Ebd. 30.
[46] Ebd. 73.
[47] Ebd. 263.

Überall und unablässig bekommt er zu hören, alles, was ihm ein Leben lang teuer war, tauge nichts mehr.

Junge Leute, die in immer neuen Wellen aus der Stadt kommen, wollen ihm beibringen, was und wie er die Dinge anzubauen habe, und stellen in Abrede, was er von seinen Vätern gelernt hat. Bei alledem haben sie nur Geringschätzung für ihn; und er spürt wohl: alles, was er macht, ist Mist! Sozialarbeiter wollen ihm gar beibringen, wie er zu essen habe. Fährt er in die Stadt, fühlt er sich fehl am Platz, weiß er doch nicht einmal, wie man auf die andere Straßenseite kommt. Will er einen Kredit aufnehmen, wird er mit der ganzen Bürokratie und dem Berg von Papieren nicht fertig. Packt ihn der Zorn ob einer Ungerechtigkeit, lähmen ihn danach Ohnmacht und Frustration. War er zuvor ein Mensch mit weitem Horizont und klarem Blick, muß er jetzt mit ansehen, wie man Mauern um ihn herum errichtet, die er nicht übersteigen kann. Allein schon seine Erzeugnisse zu vermarkten ist ein dermaßen beschwerlicher Weg, daß ihn seine müden Füße nicht zu gehen vermögen. Die schlichte und lautere Moralität seines Familienlebens gilt fortan als Rückständigkeit, über die man nur lächeln kann. Manchmal erteilen ihm sogar die eigenen Kinder solch eine Ohrfeige. Zusehends macht der wachsende Individualismus die traditionellen Gemeinschaftsformen der Landarbeit zunichte. Und als ob das alles noch nicht genügte, zwingt ihn die Werbung rings um ihn herum, Dinge zu kaufen, die er gar nicht braucht, und zwar zu Preisen, die für ihn nicht weniger als wochenlangen Hunger bedeuten.

Sein Stückchen Land reicht nicht mehr, um auch nur satt zu werden – »satt« zu werden vor allem von all den neuen Dingen, die ein »moderner« Mensch angeblich braucht. So sieht er sich gezwungen, von seiner Scholle aufzubrechen und in einer ihm unbekannten und feindseligen Welt eine Arbeit zu suchen, um dann mit etwas Erspartem nach Hause zurückzukommen, das aber gleich von den Schulden verschlungen wird. Die kulturelle Aggression ist besonders schlimm, wenn er seine Heimat ein für allemal verlassen muß. Dann ist die kulturelle Krise total.

Millionen von Menschen haben auf diese Weise ihre ländliche Kultur verloren; heute sehen sie sich von allem entblößt, mit leeren Händen. Von modernen Techniken des Ackerbaus kann der kleine Bauer nur träumen, und die Methoden seiner Vorgänger sind dahin. Verzweifelt und irre geworden, wirft er eines Tages die Flinte ins Korn, gibt alles auf und geht in die Stadt, die ihn als Hort der Zivilisation und Kultur anzieht. So ist er wie der Vogel, der sich von der Schlange hypnotisieren läßt und – trotz allen Piepsens – am Ende doch verschlungen wird. Die Industrie hat einen weiteren Gelegenheitsarbeiter, und das Arbeitsreservoir ist um eine Kraft größer geworden.

e. Verfolgung, Gewalt und Mord. – Die erste große Gewalt, die am tiefsten verletzt, ist die soeben geschilderte: die kulturelle Aggression. Doch Landarbeiter und Kleinbauern fühlen sich auf allen Ebenen angegriffen.

Schutz erfahren kleine Bauern und Indianer nur durch wenige Gesetze, und selbst die werden nur selten erfüllt. Unter rechtlichem Gesichtspunkt befindet sich der Landbewohner in einer prekären Situation und ist jeder Art von Mißbrauch ausgeliefert: unsauberen Geschäften mit seinem Grund und Boden, Betrügereien mit gefälschten Papieren, Weiterverkäufen und Vertreibungen. Das Gesetz begünstigt nur die Großen ...

Ein ganzes Programm von Maßnahmen soll die Bauern hinters Licht führen, und zwar nicht nur durch die Medien, sondern vor allem durch eine ganze Reihe von paternalistischen Entwicklungsplänen. Danach sollen die Menschen auf dem Land allenfalls Krümel abbekommen und gleichwohl ruhig und zufrieden sein. Früher »waren es vernünftige legale Bodenreformen, die der unterentwickelten Landbevölkerung zeigen sollten, daß etwas in ihrem Interesse geschah«;[48] heute sind es Programme zur integralen ländlichen Entwicklung. Worum es im Grunde geht, ist, daß die Machtstruktur auf dem Lande: Grund und Boden, Kapital und Handel, nicht verändert werden soll; und dazu muß der Bauer getäuscht werden. Ziel dieser Programme ist, die Kräfte der Bauernschaft zu neutralisieren und die Landbevölkerung auch weiterhin untertänig, gespalten und unorganisiert zu halten.

Der Kern der Gewalt besteht schon in der Ausbeutung des Bauern, von der wir bereits sprachen: Minifundien, die immer kleiner, und besitzlose Landarbeiter, die immer mehr werden; immer weniger vollbeschäftigte und immer mehr nur saisonal eingestellte Landarbeiter; wachsende Armut; unterdrückerische Vermarktungsmechanismen. Alles das ist schwere Gewalt gegen die Landbevölkerung. »Die höchst ungleiche Verteilung von Grund und Boden und die ausgesprochen unterschiedliche Teilhabe an den Erfolgen der Entwicklung auf dem

---

[48] *E. Feder,* Capital financiero y descomposición del campesinado, Bogotá 1978, 56.

Land sind eine Quelle beträchtlicher Gewalt ... Und diese Gewalt ist konstant und institutionalisiert.«[49]

Damit die Gewalt solch extremer Ungleichheiten erhalten bleibt, braucht es die Gewalt der Waffen. Waffen haben immer schon die ungerechte Verteilung des Landes abgesichert. Doch heute werden sie zunehmend von Heer, Polizei oder einfach gedungenen Heckenschützen eingesetzt um, Kleinbauern und Landarbeiter zu vertreiben oder deren Organisationen zu zerstören. So stellt die Brasilianische Bischofskonferenz fest:»In den letzten Jahren hat die Zahl der gewalttätigen Auseinandersetzungen auf dem Land ständig zugenommen ... 1984 wurden bei Landkonflikten oder Gewerkschaftskämpfen 130 Landarbeiter umgebracht ... Von Ausnahmen – wie von direkten Vertreibungen – abgesehen, ist die Gewalt auf dem Land keine massiv eingesetzte; es ist eine strategisch gesteuerte Gewalttätigkeit, die sich gegen jene Arbeiter richtet, welche sich im Kampf für ihre Gemeinschaften oder für gewerkschaftliche Forderungen besonders engagieren.«[50]

In keinem unserer Länder fehlt es an Fällen, daß Bauernführer verfolgt, gefoltert und ermordet werden. Wir erinnern nur an die dreitausend Landarbeiter und Kleinbauern, die im April 1976 in Paraguay verhaftet und gefoltert wurden, damit so den Landligen[51] der Garaus gemacht würde, oder an den schmerzerfüllten Ausruf von Erzbischof Romero:»Macht ein Ende mit der Repression!«, wobei er vor allem die Unterdrückung der Landbevölkerung im Auge hatte.[52] Eine endlose Liste mit Namen von ermordeten Bauern könnten wir anführen. Viele von ihnen sind Märtyrer im Kampf für Grund und Boden geworden. Doch sie stehen nicht allein da. Auch Rechtsanwälte, Priester und Ordensleute, die die Landbevölkerung in ihrer Bewußtseinsarbeit, in

[49] R. May, Los pobres 28.
[50] Brasilianische Bischofskonferenz, Land Gottes – Land der Brüder, Nr. 51–52.
[51] Vgl. J. L. Caravias, En busca de la tierra sin mal. Movimientos campesinos en el Paraguay, Bogotá 1982, 161–168.
[52] Vgl. O. A. Romero, La voz de los sin voz, San Salvador 1980; ders., Cese la represión, Madrid 1980; J. Brockman, The Word remains. A life of Oscar Romero, Mary Knoll (N. Y.) 1982; P. Erdozaín, San Romero de America. Das Volk hat dich heiliggesprochen. Die Geschichte des Erzbischofs Oscar A. Romero von San Salvador, Wuppertal 1981; O. A. Romero, Die notwendige Revolution (Gesellschaft und Theologie/Forum politische Theologie 5), München – Mainz 1982; L. Kaufmann, Oscar Romero oder die Bekehrung zu den Armen, in: ders., Damit wir morgen Christ sein können. Vorläufer im Glauben, Freiburg – Basel – Wien 1984, 99–156, hier 143; O. A. Romero, Blutzeuge für das Volk Gottes, Olten–Freiburg i. Br. 1986.

ihrem Bemühen um Organisation und in ihren Kämpfen unterstützen, werden niedergemacht.[53]

»Im Namen welcher Sache werden die Arbeiter getötet?«, fragt die Kirche in Brasilien. Und sie selbst gibt die Antwort: »Im Namen des Landbesitzmonopols. Man kann also in Brasilien die Gewalt in den ländlichen Regionen nicht nur der Grausamkeit einiger bestimmter Menschen zuschreiben. Sie ist die Folge einer wirtschaftlichen und sozialen Entwicklung, die aus der Einrichtung von Großunternehmen und aus dem Einsatz gigantischer Geldsummen zur Landerschließung resultiert. Es ist eine politische Gewalt, denn sie wird eingesetzt, um das Landbesitzmonopol einer immer kleineren Interessengruppe zu festigen, die nichts mit den dringendsten Bedürfnissen der Bevölkerung zu tun haben will.«[54]

Wir möchten diesen Teil über die institutionalisierte Gewalt abschließen, indem wir daran erinnern, daß die treibende Kraft dieses ganzen Prozesses bzw. die geheime Hauptwaffe die Gewalt des Hungers ist. Die neue Rechte in den USA bringt die Abhängigkeit der Welt klar und deutlich mit der Frage der Nahrungsmittel in Verbindung: »Die Völker könnten in Sachen ›Lebensmittel‹ von uns abhängig werden.« »Wir könnten die Nahrung als Waffe einsetzen . . ., um ohne Folgen für die eigene Bevölkerung einen begrenzten, aber wirksamen Krieg zu führen.«[55] Die Folge dieser Politik ist auch innerhalb der USA eine fortschreitende Verarmung der kleinen Farmer, die allmählich in bedrohlicher Weise den Aufstand proben.

Überall in Amerika haben sich die Bauern schon gezwungen gesehen, mit Gewalt auf die sie bedrückenden Formen von Gewalt zu reagieren. Doch »wenn Bauern zur Gewalt greifen, reagieren sie nur auf unerträgliche Verhältnisse, weil sie keine andere Möglichkeit mehr sehen.«[56] »Bisher aber war ihre Reaktion nie so gewalttätig wie die erlittene Aktion. Sie wollen nur ihre Rechte verteidigen. In der Mehrzahl der Fälle gelingt ihnen das freilich nicht; die Macht der Großen ist so erdrückend, daß alle Schutzmaßnahmen hinfällig werden.«[57]

[53] Vgl. *A. Carreto,* El pecado de ser pobre, cómo se vive y cómo se muere en América Latina, Bogotá 1977; *Versch.,* Práxis de martirio ayer y hoy, Bogotá 1977; *M. Lange/R. Iblacker* (Hrsg.), Christenverfolgung in Südamerika. Zeugen der Hoffnung, Freiburg – Basel – Wien ²1981; *Instituto Histórico Centroamericano* (Hrsg.), Sie leben im Herzen des Volkes. Lateinamerikanisches Martyrologium, Düsseldorf 1984.

[54] *Brasilianische Bischofskonferenz,* Land Gottes – Land der Brüder, Nr. 53.

[55] *J. M. Sweeney,* Un análisis socio-político de EEUU, Caracas 1986, 308.

[56] *E. Feder,* Violencia y despojo del campesinado, 123.

[57] *Comissão* Pastoral da Terra (CPT), Pastoral e Compromisso, 30.

f. Bis zur Auslöschung der Bauernschaft? – Zum Schluß dieses Abschnitts noch ein rascher Blick auf die verhängnisvollste Seite der kapitalistischen Expansion auf dem Land.

Der Agrarkapitalismus braucht nicht viele Arbeitskräfte. Ein zu großer »Überschuß« wäre nur ein Störfaktor. Folglich muß die Zahl der Bauern erheblich reduziert werden. Das ist das Bild, so wie es sich heute darstellt ... Möglicherweise ist das langfristige Ziel sogar, die Bauernschaft als selbständigen Erzeuger ganz auszuschalten.

Feder kommt zu folgendem Schluß: »Die Modernisierung der lateinamerikanischen Landwirtschaft, so wie sie von der Agrarindustrie betrieben wird, bedeutet, daß dem ländlichen Proletariat – das heißt: den Minifundienbesitzern wie den Landarbeitern ohne Eigentum – schrittweise, aber rasch die Grundlage seiner Subsistenz genommen wird, bis dahin, daß es voraussichtlich materiell allmählich liquidiert wird.«[58] Das Ganze sind keine vereinzelten Strategien. Vielmehr handelt es sich um einen »Bestandteil des kapitalistischen Expansionsprozesses und der unmenschlichen Diktatur der Technologie unter der Leitung gigantischer Unternehmensgruppen«[59].

»Ein großer Teil der ländlichen, rasch zunehmenden Arbeitskraft wird nicht nur an den Rand gedrängt, sondern ist vollends überflüssig für die kapitalistische Expansion. Ihr Land wie ihre Arbeit werden für die Schaffung von Überschüssen nicht gebraucht. So oder so betrachtet, bilden sie keine ›landwirtschaftliche Reservearmee‹ mehr. Man kann sie ihrem eigenen Schicksal überlassen.«[60]

Da diese Landarbeiter in Lateinamerika nicht mehr gebraucht werden und außerdem noch stören, hat man verschiedene Mechanismen in Gang gesetzt, die ihre Zahl verringern sollen. Inspiriert ist diese Strategie letztlich von der Überzeugung, um mit der Armut Schluß zu machen, müsse man mit den Armen Schluß machen.

Ein erster Mechanismus sind offene oder versteckte Maßnahmen zur Geburteneindämmung, wie Abtreibung, Verhütungsmittel und freiwillige, unfreiwillige und sogar erschlichene Sterilisierung. »Es gibt Hinweise darauf, daß einige internationale Bankorganisationen die Vergabe von Krediten inzwischen an die Bedingung knüpfen, daß die Empfängerregierung wirksame Mittel gegen das Bevölkerungswachstum ergreift.«[61]

---

[58] *E. Feder,* Violencia y despojo del campesinado, 383.
[59] Ebd. 383.
[60] Ebd. 384.
[61] Ebd. 397.

34

»Ein zweiter Mechanismus ist die Kontrolle der Bevölkerung durch Hunger, durch systematische wirtschaftliche Erdrosselung.«[62] Es ist das Wort gefallen, »man solle die Menschen Hungers sterben lassen«. Die Idee entstand in einem Land wie den USA, wo 35% der weltweit vorhandenen Nahrungsmittel verzehrt werden, aber nur 6% der Bevölkerung leben. »Das kapitalistische System ist, um zu überleben, zu den extremsten Maßnahmen bereit, und sei es auf Kosten des Lebens der Armen.«[63]

Dieses Morden wird langsam und mit vielen Mitteln betrieben. Wir erwähnten bereits: Vertreibung vom Land, Verdrängung vom Markt, Vorenthalten von Technologien, Migration, Akkulturation, fortschreitende totale Marginalisierung ...[64]

Der Hinweis auf verschiedene Länder der Ersten Welt, in denen die Bauernschaft nahezu verschwunden ist und die dennoch weit fortgeschrittene Gesellschaften sind, ist kein Argument.[65] Einige denken, unser Ideal sei die totale Industrialisierung. Doch das Beispiel dieser Länder ist für uns nicht geeignet; denn wir leben in der Dritten Welt, die verarmt und verschuldet ist, eben weil sich jene Länder auf unsere Kosten bereichert haben. Ihr Wohlstand beruht auf unserem Elend. Wir können, ja dürfen ihnen nicht folgen. Außerdem gibt es bei uns auch keine Großindustrie, die die ganze vom Land vertriebene Arbeitskraft aufnehmen könnte; und niemand hier will, daß es so etwas gibt.

Dieser Prozeß zur Beseitigung der bäuerlichen Bevölkerung ist von langer Hand geplant. Im Augenblick geht es lediglich darum, ihre Zahl zu verringern. Denn derzeit wird die ganze Masse von Kleinbauern und Landarbeitern noch gebraucht, damit sich der ländliche Kapitalismus entwickeln und expandieren kann. Um aber Kapital akkumulieren zu können, dürfen die Unternehmen keine Löhne über dem Subsistenzniveau zahlen. Kleine Verbesserungen sollen Schläge abfedern und Proteste abfangen und lassen überdies neue kleine Kapitalisten auf den Plan treten, die dann Schritt für Schritt die eigenen Reihen stärken werden.

Nur weiß der internationale Kapitalismus mit solch einem gewaltigen »Überschuß« an armen Bauern nichts anzufangen. Wohl ist er sich dessen bewußt, daß er es ist, der die Armen immer weiter verarmen läßt. Daher die Angst, die ganze unterdrückte Kraft könne eines Tages

---

[62] Ebd. 397.
[63] Ebd. 397.
[64] Vgl. *A. Quijano,* Populismo, marginación y dependencia, San José 1976.
[65] Vgl. *E. Barón,* El final del campesinado, Madrid 1971.

explodieren. Zwar legte der Präsident der Weltbank Robert McNamara im September 1973 in Nairobi einen Plan zur Unterstützung von hundert Millionen armer Bauern vor; doch im entscheidenden Augenblick wußte keiner, was zu tun war. In seiner Rede zur Vorstellung des Planes gestand McNamara vor den Gouverneuren der Weltbank dann auch seine Ratlosigkeit ein: »Weder wir von der Bank noch irgend jemand sonst hat eine klare Antwort auf die Frage, wie wir die verbesserte Technologie und andere Investitionen an mehr als hundert Millionen kleiner Eigentümer heranbringen sollen, erst recht nicht in den Dürregebieten . . . Was bleibt uns anders als Improvisieren und Experimentieren? Mißlingt eines der Experimente, haben wir daraus die Lehre zu ziehen und müssen wieder von vorn anfangen.«[66] Was die Herren seit der Zeit gelernt haben, ist offensichtlich, die Lösung darin zu suchen, daß die Landbevölkerung verschwinden muß . . . Und sicherlich gibt es in ihrer Ideologie keine Lösung für die Bauern . . .

4. Auf der Suche nach Alternativen

Natürlich ist in der Gegenwart, wie in der Vergangenheit, nicht alles negativ. Die lateinamerikanischen Bauern hatten immer große Werte. Wir möchten diesen Aspekt nachdrücklich betonen, obschon wir ihn hier nicht im einzelnen ausführen können. Was wir in den letzten zwanzig Jahren beobachten, ist, daß der Bewußtseinsstand der ländlichen Bevölkerung enorm gestiegen ist, daß die Menschen auf kultureller Ebene Widerstand leisten, daß eine Bauernbewegung entstanden ist und daß neue Entwicklungsstrategien ins Gespräch gekommen sind: kontinuierliches Wirtschaftswachstum, größere nationale und regionale Selbständigkeit, bessere soziale Ausgeglichenheit und Mitbestimmungsmöglichkeiten, und zwar nicht nur in der Politik, sondern auch im sozialen und wirtschaftlichen Leben.

Dennoch glauben wir, daß auch vor dem Hintergrund dieser positiven Tendenzen Lösungen nur von echten Bodenreformen zu erwarten sind. »Wie jedermann weiß, besteht die schnellste und direkteste Hilfe für die armen Bauern darin, mit den skandalösen Ungleichheiten in der Verteilung des Landes Schluß zu machen . . . Das bedeutet, daß jeder Bauer sein Land bekommt, so daß ein neues, gerechteres System des Eigentums an Grund und Boden entsteht, der Weg für rasche Steige-

[66] E. Feder, Capital financiero, 27.

rungen in Produktion, Produktivität und Ertrag auf diese Weise gebahnt wird und alle Schritte getan werden, die notwendig sind, damit die Vorteile für die Landbevölkerung nicht von Gegnern der Reform wie der Bauernschaft zunichte gemacht werden.«[67]

Zur Information und zur Veranschaulichung schildern wir im folgenden zwei Beispiele für eine Bodenreform in Lateinamerika: Kuba und Nikaragua. Dabei handelt es sich um die beiden einzigen Fälle von Agrarreform, die bisher im Rahmen eines globalen Prozesses zur Veränderung einer Gesellschaft durchgeführt worden sind.

a. Bodenreform in Kuba. – Die Lage der Bauern in Kuba hatte sich vor der Revolution im Jahre 1959 zusehends verschärft. In der Verteidigungsschrift, in der sich Kommandant Fidel Castro für den Angriff auf die Moncada-Kaserne 1953 rechtfertigt, weist er auf die miserable Situation der Landarbeiter hin und nennt folgende Daten:

»Achtzig Prozent der kleinen Landwirte in Kuba sind Pächter, ständig davon bedroht, von ihrem Land vertrieben zu werden.

Mehr als die Hälfte der besten produktiven Ländereien befindet sich, soweit bearbeitet, in der Hand von Ausländern.

Mehr als 200 000 Landarbeiterfamilien haben nichts an Grund und Boden, um ihre Kinder ernähren zu können, während an die 300 000 Besitzungen an produktivem Land in der Hand mächtiger Interessenträger sind . . .«

»Wenn Kuba ein ausgesprochenes Agrarland ist, wenn unser Volk zum großen Teil aus Bauern besteht, wenn die Stadt vom Land abhängt, wenn die ländlichen Räume die Unabhängigkeit gebracht haben und wenn Größe und Wohlergehen unserer Nation an einem gesunden Bauernstand hängen, der das Land liebt und es zu bearbeiten weiß, ebenso wie an einem Staat, der die Bauern schützt und anleitet, wie soll dann dieser Zustand fortbestehen können?«[68]

So ist wichtig zu wissen, daß noch während des Revolutionskampfes im Jahre 1958 das Gesetz Nr. 3 der Sierra Maestra formuliert wurde. Darin wird allen Bauern, die weniger als 67 Hektar besitzen und das Land auch bearbeiten, das nicht weiter zu begründende Recht auf den Grund und Boden zugesprochen.

Im Januar 1959 hatte die Revolution gesiegt, und schon im Mai wurde das erste Gesetz zur Bodenreform erlassen. Ausländischer und

[67] Ebd. 12.
[68] *F. Castro,* La historia me absolverá, Havanna 1983, 54–55.

kubanischer Großgrundbesitz wurde aufgehoben. Ergebnis: 100 000 Landarbeiter bekamen ihr Stück Land, das sie nun bestellen und von dem sie fortan leben konnten. 40% der Ländereien wurden verstaatlicht, während 5 442 000 ha weiterhin in privater Hand blieben.

Die Regierung beschloß, die Produktionseinheiten nicht aufzuteilen, sondern als Genossenschaften zur Rohrzuckerproduktion, zur Viehzucht und zum Reis- und Obstanbau auf bisher nicht bearbeiteten Gebieten fortzuführen.

Unmittelbar nach der Revolution setzte die US-amerikanische Regierung den Hebel aller nur möglichen Wirtschaftssanktionen, einschließlich der Blockade, gegen Kuba an. Zu diesem Behuf stützte sie sich auf die ländliche Bourgeoisie vor Ort. Die Revolutionsregierung verteidigte sich, indem sie den Revolutionsprozeß beschleunigte und im Oktober 1963 das zweite Gesetz zur Bodenreform erließ. Landbesitz von mehr als 67 ha, der in einer Hand lag, wurde nationalisiert. 1 700 000 ha, die im Besitz der ländlichen Bourgeoisie waren, wurden auf diese Weise enteignet.[69]

Im Jahre 1961 wurde der »Nationalverband der kleinen Landwirte« (Asociación Nacional de Pequeños Agricultores = ANAP) gegründet. Seine Aufgabe ist es, die Kleinbauern zur Durchführung des Agrarprogramms der Revolution zu organisieren, zu vereinen und zu orientieren. Zu diesem Zweck schuf die ANAP Bauernvereine zur gegenseitigen Hilfe sowie Kredit- und Dienstleistungsgenossenschaften. Genossenschaftliche Produktionsformen wurden klug Schritt für Schritt eingeführt, wobei das Prinzip des freiwilligen Beitritts voll gewahrt wurde.

Heute erkennen selbst die größten Reaktionäre an, daß die Revolutionsregierung mit der Bodenreform den kubanischen Bauern enorme Vorteile und gewaltigen Fortschritt gebracht hat. Ernährung, Erziehung, Gesundheitswesen und Wohnverhältnisse sind unvergleichlich besser geworden.

Gegenwärtig sind 70% des Ackerlandes auf der Insel gesellschaftliches Eigentum, und der Rest gehört kleinen Bauern. Nach der Bodenreform mußte die Revolution die kleinen Landwirte in die neuen Arbeitsformen integrieren. Im landesweiten Durchschnitt besitzt jede Bauersfamilie 11 ha. Die ANAP setzte sich für die Gründung von Verbänden und Genossenschaften ein, welche die Produktion rationalisieren und sozialisieren sollte.[70]

[69] Vgl. Cuba Socialista, Havanna Nr. 14 (1962), 34.
[70] Vgl. *A. Regalado,* Las luchas campesinas en Cuba, Havanna 1979; *O. T. Viera,* La cooperativación de la tierra en el agro cubano, Havanna 1984.

Um besser zu verstehen, wie die ANAP funktioniert, betrachten wir das konkrete Beispiel einer Produktionsgenossenschaft, der land- und viehwirtschaftlichen Produktionsgenossenschaft Antero Regalado, in der Nähe des sympathischen Städtchens San Antonio del Humor, 30 Kilometer vor den Toren Havannas.

Antero Regalado war die erste Genossenschaft in der Stadt; inzwischen gibt es dort deren acht. Es begann 1979 mit einem (kleinen) Gebiet von 67 ha und zwölf Mitgliedern. Alle schlossen sich der Kooperative freiwillig an. Doch gibt es auch noch Bauern mit eigenem Land, die nicht beigetreten sind. Die den Schritt tun, sehen einen Vorteil darin, »im Kollektiv zu arbeiten und so eine größere Produktion zu erzielen«. Im Augenblick hat die Genossenschaft, deren Gebiet auf 226 ha gestiegen ist, 68 Mitglieder. Diese legen ihre Böden zusammen, leben in Dörfern und genießen die sich daraus ergebenden Vorteile. Das Durchschnittsalter der Genossen ist 38 Jahre. Einige von den Kindern der Bauern studieren an einer Universität und werden als Ingenieure zurückkehren, um als qualifizierte Mitglieder der Kooperative zu arbeiten.

Im Jahre 1986/1987 produzierte Antero Regalado 1100 Tonnen Tomaten pro Hektar. Darüber hinaus werden aber auch noch andere Gemüsesorten angebaut und Schweine und Enten gezüchtet.

Die ANAP leistet die technische Orientierung und kümmert sich um die gute Organisation der Genossenschaft. Alle wählen in geheimer und direkter Abstimmung das Leitungsgremium, das aus sechzehn Mitgliedern besteht. Jeden Monat trifft sich die gesamte Kooperative zu einer Generalversammlung. Darüber hinaus tritt das Leitungsgremium zweimal im Monat zusammen.

Die Gewinne werden auf alle Genossen, je nachdem was der einzelne in die Genossenschaft investiert hat, aufgeteilt.

Einmal im Jahr veranstaltet die ANAP eine Generalversammlung aller Genossenschaften. Im Jahre 1987 fand der siebte dieser Kongresse statt. Das Thema lautete: »Auf dem richtigen Weg«, und Unterthemen waren: Effizienz und Qualität.

b. Bodenreform in Nikaragua. – Nikaragua ist ein Land mit 2,7 Millionen Einwohnern auf 13 000 km². Vor der sandinistischen Revolution vom 19. Juli 1979 wurde Nikaragua vor allem von drei Wirtschaftsgruppen beherrscht. Die »Bank von Nikaragua« (BANIC), die stark mit internationalem Kapital verflochten war, hatte erhebliche Anteile in der Landwirtschaft und war die mächtigste Gruppe. An zweiter

Stelle ist die »Bank von Amerika« (BANAMER) zu nennen, die vor allem mit konservativen Viehzüchtern, Zuckerproduzenten und Handelsfirmen zu tun hatte. Die dritte Gruppe war die Familie Somoza, die auf alle Gebiete im Leben des Landes großen Einfluß hatte und überall tätig war.

Die sandinistische Regierung erbte von der Somoza-Diktatur eine Außenschuld, die auf eine Milliarde Dollar geschätzt wird, sowie ein zum großen Teil zerstörtes Land, und zwar sowohl in bezug auf die ländlichen als auch auf die städtischen Gebiete.

Eine der ersten Maßnahmen der Volksregierung bestand in der Enteignung sämtlicher Güter von Somozisten wie auch in der Nationalisierung des Bank- und Versicherungssystems.

So wurden 819 000 ha Grund und Boden enteignet, die zu 2200 landwirtschaftlichen Besitzungen gehörten. 567 000 ha dieses Gesamtvolumens eignen sich für den Ackerbau und machen 55% der landwirtschaftlich nutzbaren Fläche Nikaraguas aus. Eingezogen wurden weiterhin 100 Traktoren, 28 Flugzeuge zur Insektenbekämpfung aus der Luft und 198 000 Stück Vieh. Schließlich gingen 79% der Schlachthöfe des Landes in den Besitz des Staates über.

Ländereien und landwirtschaftliche Besitzungen mit besserer Kapitaldecke und moderneren Produktionsmöglichkeiten wurden verstaatlicht. Aus ihnen wurden die APP gebildet: Areas de Propiedades del Pueblo = Volkseigene Ländereien. Auf einem anderen Teil des Ackerlandes entstanden Genossenschaften. Schon 1980 gab es 2500 Genossenschaften.[71]

Ohne Zweifel waren die nikaraguanischen Kleinbauern und Landarbeiter die Hauptmotoren sowohl bei der Durchführung als auch bei der Formulierung der Bodenreform. Als zu Beginn der Revolution die Somozisten das landwirtschaftlich nutzbare Land aufgaben, nahmen jene es schrittweise in Besitz. Schon von 1979 an sah sich der Staat gezwungen, diese Besetzungen unter Kontrolle zu bringen. Bei einem Protestmarsch im Februar 1980 wollten Landarbeiter aus Managua die Regierung veranlassen, auch Besetzungen von Landgütern, die nicht somozistischen Gruppen gehört hatten, anzuerkennen. Auch sollte die Regierung die Eigentümer zwingen, ihre brachliegenden Ländereien zur Hälfte oder zu einem Drittel des Marktpreises an die Landarbeiter zu verpachten ... Die Regierung nahm die Forderungen an und schuf die ATC (Asociación de los Trabajadores del Campo = Verband der

[71] Vgl. *Cl. Th. Bornstein,* Reforma agrária na Nicarágua, São Paulo 1982.

Landarbeiter). Binnen sechs Monaten stellten die Landarbeiter an die dreitausend Genossenschaften auf die Beine. Die Kreditmenge, die sie erhielten, stieg um beinahe 300%.

Das Gesetz zur Bodenreform, das am zweiten Jahrestag der Revolution verkündet wurde und am 21. 8. 1981 in Kraft trat, ist im wesentlichen den Leitern der UNAG (Lohnabhängige in der Landwirtschaft) und der ATC zu verdanken.

Die nikaraguanische Bodenreform führte zu einer Stärkung des Bündnisses zwischen Industriearbeitern und Landarbeitern und gab dem Bündnis auch eine gewisse gesamtgesellschaftlich bedeutsame Kraft.[72]

Einige Kreise des ländlichen Bürgertums versuchten, den Revolutionsprozeß in Mißkredit zu bringen, gaben ihre Ländereien auf oder verlangsamten den Produktionsrhythmus, so daß die Produktivität sank. Andere schmuggelten Vieh nach Costa Rica oder Honduras, während wieder andere Kredite, die sie von der sandinistischen Regierung bekommen hatten, in Dollar umtauschten und das Geld ins Ausland brachten.

Die sandinistische Revolution festigte ihre Bodenreform mitsamt allen Errungenschaften Schritt für Schritt.

Großgrundbesitzer, die ihre Ländereien effizient nutzen und sich so als kooperative Freunde der Revolution erweisen, können ihr Land als Privateigentum behalten. Erst später, wenn man sich nicht mehr so unmittelbar gegen einfallende Truppen mit Waffengewalt zu verteidigen haben wird, wird man sich um eine noch gerechtere und gleichmäßigere Verteilung des Landes kümmern können.

So widersprüchlich es scheinen mag, das Gesetz zur Bodenreform in Nikaragua beginnt damit, daß es den Besitz an Grund und Boden garantiert. Allerdings begrenzt und verändert es das Eigentum. Brachliegendes Land wird aufgeteilt, und Verpachten ist verboten. So wird der Bauer, der bisher Pacht zu zahlen oder Naturalabgaben zu leisten hatte, entweder Mitglied einer Genossenschaft oder Eigentümer des Landes.

Aufgrund der unterschiedlichen geographischen, agrarischen und menschlichen Verhältnisse zwischen dem östlichen Teil des Landes und den Gebieten auf der atlantischen Seite ist auch die Obergrenze für die Größe des Eigentums verschieden.

[72] *Institutio Histórico Centroamericano* (Hrsg.), Pacificar o liberar a los campesinos? Puebla – Petrópolis, 1984, 59-60.

Wenn wir an das kleine überfallene und geschundene Nikaragua denken und sehen, welchen Erfolg Landarbeiter und Kleinbauern, aber auch die Revolutionsregierung bei der Befreiung des Landes und bei der Humanisierung der Arbeitsverhältnisse erreicht haben, dann spüren wir wieder Hoffnung und die unbezwingbare Gewißheit in uns aufkommen, daß die Freiheit auf unserem Erdteil doch auch noch anderswo Wirklichkeit werden wird.

II. Die Volkskulturen und die Erde

Nachdem wir kurz angedeutet haben, wie sich in Lateinamerika das Problem der Verteilung des Landes darstellt, wagen wir im folgenden – nicht minder rasch – einen Blick in die Binnenwelt all der Männer und Frauen, die auf diesem Land leben. Was sie von Erde und Land denken und fühlen, ist den meisten sonst verschlossen und unterscheidet sich beträchtlich von den Schemata des Kapitalismus.

Schaut man sich dieses große lateinamerikanische Vaterland näher an, so entdeckt man, daß es überall seit alters menschliche Gruppen mit eigener Identität gibt. Geht man davon aus, daß sich Mensch und Erde in ihrem innersten Kern berühren, so leuchtet einem ein, daß sich all die agrarischen Kulturen in einer Vielzahl von Aspekten decken. Doch unterschiedliche ethnische, geschichtliche und sozio-ökonomische Verhältnisse geben den verschiedenen Kulturen ein je spezifisches Kolorit.

In diesem zweiten Kapitel möchten wir als etwas Grundlegendes für die ländliche Kultur die Glaubenshaltung der Landbevölkerung gegenüber der Erde und allem, was damit verbunden ist, erörtern. Verglichen mit der Einstellung des Kapitalismus, hat, wer ein echter Bauer ist, seinen ganz eigenen Blickpunkt; und damit hat er der Welt von heute viel zu sagen.

Wir beginnen mit der Haltung der Indianer zur Erde. Die Indianer sind die ersten Bewohner und die natürlichen Herren dieser Länder und ihrer reichen Traditionen.

In einem zweiten Abschnitt möchten wir skizzieren, wie die Landbevölkerung insgesamt Erde und Land betrachtet, vor allem jene unübersehbare Menge lateinamerikanischer Bauern, welche die Erinnerung an ihre ausländische Herkunft mit der Zeit verloren haben und zu einem guten Teil dem Herzen und der Haut nach Lateinamerikaner sind, mit einem Schuß Indianerblut in den Adern, sonnengebräunt, schweißüberströmt und leidgeprüft, wie die Menschen unseres Erdteils nun einmal sind.

Schließlich sprechen wir in einem dritten Abschnitt kurz von der afroamerikanischen Kultur, die ja in einigen unserer Länder weit verbreitet ist.

Wir bitten um Nachsicht, daß wir im folgenden Kapitel ziemlich ausführlich die Betroffenen selbst, aber auch Fachleute, die in dichtem Kontakt mit ihnen leben, zu Wort kommen lassen. Aber auf diese Weise hoffen wir, möglichst glaubwürdig zu sein.

1. Indianische Sicht der Erde und des Landes

In unseren Ländern lebt eine Vielzahl von Nationen und Ethnien. Mithin ist auch ihre kulturelle Prägung vielfältig. Ein Ausschnitt dieses bunten Bildes sind die unterschiedlichen indianischen Kulturen, von denen einige, wie im Amazonasgebiet, eher das Ausmaß von Stämmen und andere, wie im Andenraum und in Mittelamerika, größere Dimensionen haben. Einige leben fast noch unberührt im Urzustand, die Mehrzahl jedoch hat sich, vermischt mit anderen Keimlingen, allenfalls ein paar Wurzeln bewahren können. Dennoch lebt, trotz allen Niedergangs der amerindianischen Kulturen, im Blick auf den einen Punkt »Erde« die Tradition mit vielen gemeinsamen Merkmalen eisern fort. Für einige ist sie Zeugnis und Hoffnung; viele jedoch haben nur Verachtung für sie und sähen sie am liebsten ausgelöscht . . .

Ein Dokument der Missionsabteilung des CELAM vom 16. 8. 1985 faßt die den vierzig Millionen Indianern unseres Erdteils gemeinsamen Züge wie folgt zusammen:

»Sie stammen von den amerindianischen Ureinwohnern ab, haben sich ein vitales Verhältnis zur Erde erhalten, besitzen ein starkes gemeinschaftsbezogenes und religiöses Gespür, sprechen nach wie vor mehr oder weniger intensiv ihre eigene Sprache und zeigen auch weiterhin bestimmte charakteristische Züge im Blick auf Familienleben, Kleidung, Ernährung, Gesundheitswesen und Weitergabe der Erziehung.«[1]

Den Punkt »vitales Verhältnis zur Erde« möchten wir ein wenig vertiefen.

a. Erde und Land als Leben. – Zunächst gestehen wir in aller Bescheidenheit, wie wenig es uns bisher gelungen ist, zu erfassen, was für den Indianer die Erde und alles, was sich mit ihr verbindet, bedeuten. Sie selbst waren es, die das Thema in den letzten zehn Jahren ins Gespräch gebracht haben.

[1] Erster Teil, I, 1, S. 6.

Auffällig ist der Unterschied, wie in zwei Dokumenten, die zeitlich nur fünfzehn Jahre auseinanderliegen, das Thema »Land« bzw. »Erde« behandelt wird. Auf dem »Ersten Treffen für Missionspastoral am Oberen Amazonas«, das 1971 im peruanischen Iquitos stattfand, wird es höchstens berührt. Dort heißt es lediglich: »Die ökonomischen Beziehungen beruhen auf dem Prinzip von ›Gegenseitigkeit, Mitsprache und Mitbestimmung‹ (Reziprozität und Partizipation) und nicht auf wirtschaftlichem Wettbewerb und Gewinn ... Güter anhäufen gilt als abträglich. Verfehlungen gegen ›Gegenseitigkeit, Mitsprache und Mitbestimmung‹ werden in der Regel der Hexerei bezichtigt und kulturell verpönt.«[2]

Fünfzehn Jahre später ist das Thema »Land« ein Schlüsselbegriff. So sagt die Brasilianische Bischofskonferenz in ihrer Denkschrift zur »Kampagne der Brüderlichkeit« 1986: »Wenn das Land für den Menschen insgesamt immer schon eine fundamentale Rolle in seinem Leben gespielt hat, dann kommt ihm bei den Indianervölkern eine noch viel tiefere und dynamischere Dimension zu; denn hier finden sie ihre menschlichen, religiösen und sozialen Wurzeln« (Nr. 15).

Die Erde als »lebensspendendes Eigentum« zu betrachten ist etwas völlig anderes denn als »kapitalistisch-kommerzielles Eigentum«, das ja die uns geläufige Kategorie ist. Schauen wir etwas genauer hin!

»Das Verhältnis, das Indianer zum Land und zur Erde haben, ist sehr ähnlich dem Verhältnis, das das hebräische Volk zu seinem Land hat ... Die Erde ist für den Indianer die Bibel; sie ist der Boden seiner Geschichte, seiner Kultur, seines Zusammenhalts, seines Überlebens ... Grund und Boden kann man weder kaufen noch verkaufen. Man lebt darauf.«[3] »Für den Indianer ... ist das Land die Grundlage seiner ganzen Kultur und mithin die Quelle seines Daseins, seiner Familien- und Gemeinschaftsorganisation und seines Verhältnisses zu Gott.«[4] Deshalb konnte Johannes Paul II. am 31. 1. 1985 vor ekuadorianischen Indianern sagen: »Eure Kultur ist an den tatsächlichen und würdigen Besitz der Erde gebunden.« Und die Bischöfe des östlichen Ekuador sagten am 12. 2. 1986: »Die Erde und die gemeinschaftliche Lebensweise bilden die beiden Pole, um die herum sich das ganze Welt-

---

[2] Signos de liberación. Testimonios de la Iglesia en América Latina 1969–1973 (CEP 8), Lima 1973, 95.
[3] Grundlagenpapier für die »Woche des Indianers« 1984, in: Brasil, para quién es la tierra? Solidaridad de la Iglesia con los sin tierra, Lima 1984, 160.
[4] Lateinamerikanischer Bischofsrat CELAM (Hrsg.), La evangelización de los indígenas en vísperas del milenio del descubrimiento de América, Bogotá 1985, Erster Teil, II, S. 8.

bild und die Kultur unserer Völker im Osten Ekuadors aufbauen und immer wieder neuentstehen.«

Hören wir direkt einige Stimmen von Indianern:

Im Jahre 1855 wollte der Präsident der USA, Pierce Franklin, dem Indianervolk der Duwamish das Land abkaufen. Doch Häuptling Seattle gab ihm unter anderem zur Antwort:»Wie willst du denn den Himmel oder die Wärme der Erde kaufen? So etwas hat keinen Sinn für uns. Wir sind weder die Herren der Reinheit der Luft noch des Glanzes des Wassers. Wie also könntest du uns das abkaufen? . . . Die ganze Erde ist für mein Volk heilig. Jedes glänzende Blatt, jeder sandige Landstrich, jeder Nebelschleier in den dunklen Wäldern, jeder Lichtschein und jedes Summen der Insekten sind in der Überlieferung und im Bewußtsein meines Volkes heilig . . . Die Erde ist Gegenstand der Liebe Gottes. Wer der Erde einen Schaden zufügt, zeigt, daß er ihren Schöpfer mißachtet . . . Wir lieben die Erde, wie ein neugeborenes Kind den Herzschlag seiner Mutter liebt . . .«[5]

Ohne Zweifel ist das Problem der Erde, des Landes Kernstück, in dem alle Probleme im Leben indianischer Völker zusammenfallen. So sagte ein Führer des (chilenischen) Mapuche-Volkes:»Unser Land ist eine Quelle biologischen und kulturellen Lebens. Ohne Land hat unser Sein und Fühlen als Indianer keinen Sinn.« Und ein anderer Indianerführer aus dem südlichen Andenraum meint:»Das Land ist unser Leben. Das Leben ist unsere Gemeinschaft. Das Land ist unsere Kultur.«[6]

Auf der internationalen Konferenz von Nichtregierungsorganisationen zum Verhältnis zwischen Indianervölkern und Land vom 15. bis 18. September 1981 »wurde verschiedene Male betont, das enge Verhältnis, in welchem indianische Völker zu Erde und Land stehen, müsse als Basis und Grundlage ihrer Kulturen, ihres geistigen Lebens, ihrer Integrität als Völker sowie ihres wirtschaftlichen Überlebens verstanden und anerkannt werden.[7]«

Bei der Ökumenischen Anhörung für Indianerpastoral im Juli 1986 in Quito wurde von den anwesenden Indianern selbst festgestellt:»Die Erde ist unsere Mutter, die das Leben zur Welt bringt und wachsen läßt. Sie selbst ist das Leben, und deshalb lieben, achten und schützen wir sie. Und da sie Leben ist, ist sie heilig; und wer sie zerstört, zerstört uns

[5] Brasil, para quién es la tierra? 160–161.
[6] *Genfer Konferenz* (Hrsg.), El indígena y la tierra, Quito 1983, 14.31.
[7] Ebd. 65.

selbst. Aus diesem Grund leben wir mit ihr zusammen und stehen im Gespräch mit ihr – als Ausdruck für all die Wohltaten, die wir unentwegt von ihr bekommen. So ist die Erde die unaufgebbare Grundlage jeder indianischen Nation. Der Indianer ist Indianer, sofern er das Land besitzt, denn dort entwickelt sich seine individuelle und kollektive Seele.«[8]

In den Augen von Indianern war die Erde nie bloß ein Produktionsmittel und erst recht kein Gegenstand von Handel, Luxus oder Akkumulation. So darf das Land eigentlich noch nicht einmal abgegrenzt werden; für die Guaraní-Indianer zum Beispiel hieße das: die Erde zerstückeln und verletzen. Die Xavante-Sprache wie viele andere Idiome kennen überhaupt kein Wort für »Gebiet« im zweidimensionalen Sinn. Dort spricht man von »Raum«; für die Xavante sind Erde und Land dreidimensional. Land und Erde sind Kulturboden, angefüllt mit Überlieferungen, Mythen und Geschichte.

Die Erde ist nichts Profanes. In der Erde liegt für Indianer der Kern ihres religiösen Systems. Die Erde und die Religion halten gemeinsam ihr ganzes Leben zusammen. Deshalb ist jeder Angriff auf indianisches Land, welcher Art er auch sei, ein Angriff auf Leben und Religion dieser Menschen. Umgekehrt gilt: Wer dafür kämpft, daß den indianischen Völkern ihr Land erhalten bleibt, kämpft für den Erhalt der Grundbedingungen ihres Lebens und ihrer Religion.[9]

Die Erde ist damit das Fundament, auf dem das Gemeinschaftsleben der Indianer ruht. »Die Gemeinschaft erstarkt und wird sich ihrer Identität bewußt, indem sie fortwährend darum ringt, daß die Erde Früchte hervorbringt, indem sie gemeinsam die anstehenden Arbeiten tut, den Besitz des Landes verteidigt und es zurückgewinnt, wenn fremde Hände es ihr geraubt haben.«[10] Deshalb kommt es entscheidend darauf an, das Gemeineigentum zu erhalten, wo es noch existiert, und seiner Asche wieder Feuer zu entlocken, wo die Glut darunter noch nicht vollends erloschen ist. »Wir Indianer fühlen uns als Erben des Gemeinsinns, weil die Erde Quelle von Einheit ist; und die ermöglicht es uns, als geeintes Volk weiterzubestehen«, sagt die Indianerbewegung Pedro Vilca (Arequipa-Peru).[11] »Die Hauptsache für uns ist Teilen,

---

[8] II Consulta Ecuménica de Pastoral Indígena. Aporte de los pueblos indígenas de América Latina a la teología cristiana, Quito 1986, 8 f.
[9] Versch., A Igreja e a propriedade da terra no Brasil, São Paulo 1980, 51–52.
[10] Die Bischöfe der südlichen Anden, La tierra, don de Dios, 36.
[11] Genfer Konferenz, El indígena y la tierra, 26.

und das Maß eines Menschen ist seine Fähigkeit, zum Wohl seiner Gemeinschaft beizutragen.«[12]

Der religiöse und gemeinschaftkonstituierende Sinn, den Indianer der Erde beimessen, bewegt sie dazu, deren natürlichen Produktionsrhythmus zu achten. Deshalb passen sie sich der Umwelt an und versuchen das ökologische Gleichgewicht zu erhalten, das ihnen ihre biologische und soziale Kontinuität gewährt. »Wie sie die Erde gebrauchen, hat nichts von Mißbrauch. Die Gemeinschaft pflegt ihre Fruchtbarkeit und achtet darauf, daß sie sich ausruhen kann und daß die Bepflanzung gleichmäßig wechselt. Man schützt sie vor Schäden und bemüht sich, sie zu erhalten, ist sie doch etwas Heiliges ... Die Erde ist Geschenk Gottes, damit alle und nicht nur einige wenige leben können.«[13] So sagt ein Indianer aus dem brasilianischen Bundesstaat Paraná: »Nicht die Indianer haben die Wälder verwüstet. Früher sammelten die Indianer alles ganz rein. Indianer haben nie so viel gejagt, gefischt und gesammelt, daß sie die Fische, den Honig oder die Pflanzen total verbraucht hätten ...«[14]

b. Mutter Erde. – Die *Pachamama,* die Mutter Erde, ist ein ganz besonderes Beispiel für die Lebenshaltung der Indianer im Hinblick auf die Erde. Von Mexiko bis Feuerland, überall ist sie anzutreffen. Jahrhundertelange systematische Mißachtung und künstliche politische Grenzziehungen haben dem Vollzug dieser Lebenshaltung zwar die Umrisse genommen und sie immer weiter verändert; trotzdem hat sie – unbeschadet allen Aufreibens – überlebt, und es gibt heute noch Orte, an denen sie fast unberührt zu beobachten ist.

»Die Mutter Erde ist eine typische Gottheit der Anden. Sie war es, die in der Volksreligion am meisten verehrt wurde, mehr noch als die Sonne oder andere Inkagötter ... Die meisten Götter des Inkapantheons sind in Vergessenheit geraten. Für den Ketschuabauern ist die Erde als Wohnstatt der Pachamama nicht nur nützlich, sondern sie ist eine ›Lebensart‹, ein ›Lebensraum‹. Obwohl die Subsistenzlandwirtschaft, die für die Ketschuabauern typisch ist, in der Gesellschaft nur ein Randphänomen darstellt, macht das Land, selbst wenn es nicht mehr als ein Minifundium beträgt, gleichwohl das Gesamt seiner Welt aus, an der er, wie alle Indianer und Mestizen des Andenraumes, mit

---

[12] Ebd. 23.
[13] *Die Bischöfe der südlichen Anden,* La tierra don de Dios, Nr. 35.
[14] Brasil, para quién es la tierra? 161.

Haut und Haar hängt. Der Ketschua-Mensch ist wie eine Pflanze in der Landschaft in der Erde verwurzelt und von ihr abhängig. Die Erde ist seine Bedingung.«[15]

»Für den Menschen der Anden ist nichts in seiner Umgebung bloßer Gegenstand, in allem sieht er koexistierende Wesen ... Der Mensch ist Teil der Welt ... Das Verhältnis zwischen Mensch und Erde rückt damit in die Nähe des Zusammenlebens innerhalb der Familie; es geht um einen vitalen Zusammenhalt zwischen der Scholle Erde, den Pflanzen, den Tieren und den Menschen ... Zwischen Mensch und Natur herrscht eine lebendige Gemeinschaft.«[16]

Soweit zwei Äußerungen aus Peru. Der folgende Text stammt aus Ekuador:

»*Pacha* ist Raum und Zeit in einem. In ihrer räumlichen Dimension ist Pacha eine Lebenskraft der Natur, voller einnehmender Güte. Die Menschen empfinden *Pachamama* als einen großen fruchtbaren Mutterschoß, in dem alle lebendigen Wesen zu Hause sind und der allen zugleich das für das Leben Notwendige gewährt. Als räumliche Vergöttlichung der weiblich-gütigen Natur bewirkt Pachamama eine außergewöhnliche örtliche Stabilität wie auch ein bemerkenswertes psychisches Gleichgewicht, obwohl sie auch immer wieder ihren Preis fordert, unerbittlich auf den Sühneritus achtet und damit von einer angsterregende Ambivalenz ist.«[17]

Zum Schluß dieser Zitate noch eine Stimme aus Bolivien:

»In der Ketschua-Sprache heißt *Pachamama* ›Mutter Erde‹. Auf Aimara indes bedeutet *mama* sowohl ›Mutter‹ als auch ›Herrin‹, so daß das Wort eher nach Hochachtung denn nach Nähe klingt ... In der Religiosität der Landbevölkerung hat die Pachamama sowohl mit den Bergen als auch mit dem Onkel[18] der Minen zu tun ... In der Wahrnehmung der Bauern haben die Berge wie die Pachamama teil an der diabolischen Seite der Natur ... Sie können sowohl Quelle des Überflusses als auch Ursprung von Krankheit und Tod sein. Was nun gerade die Pachamama angeht, werden verschiedene Krankheiten ihrem bösen Geist zugeschrieben ... Zu Beginn des Kreislaufs von Säen und Ernten bringen ihr die Bauern Opfer dar und beten darum, daß es reiche

---

[15] *J. Tamayo Herrera,* Algunos conceptos filosóficos de la cosmovisión del indígena quechua (Allpanchis Phuturinqa, Nr. 2), Cusco 1970, 252–253.

[16] *L. Dalle,* Antropología y evangelización desde el runa (CEP 53), Lima 1983, 87–88.

[17] *F. Aguiló,* El hombre del Chimborazo, Quito 1985, 13–14.

[18] *Onkel:* in indianischen Kulturen eine hochgeachtete Gestalt; bei den Azteken Symbol für das Volk (Anm. des Übersetzers).

Erträge gibt und die Wurzeln nicht verfaulen. Wenn die Wasserläufe gesäubert werden müssen, bitten sie Pachamama um Erlaubnis dazu; und dann erst steigen sie hinein . . .«[19]

Für den Ketschua-Menschen ist die Feldarbeit nicht einfach ein profanes Geschäft, sondern vor allem ein Ritual, das er am Körper der Mutter Erde vollzieht; und die will geachtet, geliebt und auch gefürchtet werden. Die »richtige« Pflege der Erde setzt die ihr innewohnenden Kräfte frei; so ist es die Erde, die die Erträge hervorbringt, die Arbeit des Menschen – wenngleich notwendig – ist zweitrangig. Der Mensch beschränkt sich darauf, den mütterlichen Schoß zu befruchten. So wird auf die Pflege der Erde die größte Sorgfalt verwandt. Der Ketschua-Indianer hat das Empfinden, mit einem lebenden und geliebten, freilich auch gefährlichen Wesen umzugehen. Wo Land verkauft oder aufgeteilt oder der natürliche Rhythmus der Erde verändert wird, geschieht deshalb nach seiner tiefsten Überzeugung etwas Sündhaftes, das die sakrale Aura der Pachamama profaniert, und die kann sich dann rächen. In vielen höhergelegenen Gegenden der Anden werden heute noch künstliche Bewässerung, Kunstdünger, Beschneiden und Okulieren und »ausländische« Samen als dreiste Manipulation und Sakrileg betrachtet. An solchen Gefühlen scheitert manches landwirtschaftliche Projekt, weil es als kulturelle Invasion empfunden wird.

So sagt Manuel Marzal: »Die Pachamama ist sozusagen ein Zwischenwesen zwischen Gott und Mensch, eine Manifestation göttlicher Macht . . . Aus diesem Grund muß man ihr rituelle Opfer darbringen, als Dank für die Nahrung, die sie den Menschen von seiten Gottes vermittelt, und als Bitte darum, daß sie ihre Vermittlung nicht einstellt. So ist etwa der Ritus der Zahlung an die Erde nichts anderes . . . als Ausdruck dieser Haltung von Dank und Bitte. Voraussetzung dafür ist, daß man in der Erde eine lebendige Wirklichkeit sieht, mit der man rituell in Kontakt treten kann. Sie ist allerdings keine physische, sondern eine symbolische Realität.«[20] Tatsächlich finden sich auch heute noch in den Anden die zwei Interpretationen der Pachamama: als symbolische Darstellung für die Macht Gottes und als selbständige göttliche Kraft, die Gott freilich untergeordnet ist. Vergleichen läßt sich das Ganze mit der Haltung der Landbevölkerung gegenüber Heiligenfiguren.

[19] *O. Harris,* Las múltiplas caras de Pachamama, La Paz o. J., 2–4.
[20] *M. Marzal,* Estudios sobre religión campesina, Lima 1977, 124–125.

Insgesamt läßt sich sagen, daß mit der Pachamama heute keine Vergöttlichung der Erde gemeint ist. In einer ausführlichen Untersuchung, die im südperuanischen Andenraum dazu gemacht wurde, kommen die Autoren zu dem Schluß: Der Kult der Pachamama »ist eine Form von Gemeinschaft mit dem befreienden Gott, ist ein wirtschaftliches, kollektives und festliches Verhalten. In ihm liegt Harmonie und Wechselseitigkeit, aber auch ein Nein zum ›abendländischen Gott‹, der die ländliche Kultur vernichtet . . . Auf der Pachamama baut die Spiritualität der Landbevölkerung auf. Der Bauer dankt Gott für das Geschenk des Lebens, das ihm die Erde bedeutet. Schließlich bringt sie auch seinen hartnäckigen Widerstand gegen die herrschende Kultur und Religion zum Ausdruck . . .«[21]

Als symbolische Darstellung Gottes ist die Pachamama-Verehrung keine Idolatrie, denn sie dient ja nicht dazu, die Armen zu knechten, sondern vermittelt den Gott des Lebens. In den Früchten der Erde erkennen einige das Antlitz Gottes; deshalb werden ihre Verehrung, Dank und Bitte entgegengebracht. Die Pachamama steht auf der Seite der Armen, beschützt die Schwachen und hilft ihnen, materiell und als Gemeinschaft zu überleben. Luis Dalle, vormaliger Bischof von Ayaviri, nannte sie nach allem, was er von seinen dortigen Indianern gelernt hatte: »Heilige Jungfrau Erde Pachamama«, »Schoß, der alles, was wächst und Frucht bringt, erhält und befruchtet«, »Mutter, die den Menschen ihre Nahrung gibt . . .«[22]

Eine etwas andere Vorstellung von der Erde haben in der Regel die Ureinwohner des Amazonasraumes: So begegnen wir etwa im ekuadorianischen Urwald nicht der Pachamama, sondern der *Sachapacha* (Urwald). »Der Ureinwohner des Amazonasbeckens lebt im Urwald. Der Urwald bedeutet für ihn den Nabel der Welt, Mittel und Werkzeuge zur Produktion, Möglichkeit zum Erhalt des Systems und des Lebens. Daß er den Wald hat, versetzt ihn in einen kulturellen, historischen und sakralen Raum, der von jenen Schutzgeistern bevölkert ist, welche der indianischen Weltsicht ihre Gestalt geben. Im Wald sind auch die Tiere, Vögel, Reptilien und Insekten sowie die ganze Vielfalt der Amazonasfauna und -flora. Jedes Ding hat sein eigenes Wesen und Leben, seine Macht und seinen konkreten Namen. Alles stellt für den Ureinwohner die Quelle seines Unterhalts, Lebens und Wissens, seiner Träume und seines Endes dar. Um seine Erde und um sein Land geht es.

---

[21] *Versch.,* Taller teológico del sur andina, Cusco 1982, II, 3–4.
[22] *L. Dalle,* Antropología y evangelización desde el runa, 98.

In der Wahrnehmung des Amazonasindianers haben Bäume, Tiere, Mächte und Menschen ihren Ort nicht auf der Erde. Umgekehrt: die Erde hat ihren Ort im Wald. Der Wald ist die Welt. Im Wald befindet sich das Stückchen Acker oder, modern gesprochen, das abgegrenzte Grundstück. Doch die Erde hat noch einen umfassenderen Ausdruck, der vielleicht in Begriffen wie *purina llacta* oder *caru tambu* anklingt ...

Im Wald befinden sich die Tränken für die Tiere, die Fische und Vögel, die Flüsse und Seen, die alle voller Geheimnisse und Legenden sind. Selbst Wasser und Flüsse entspringen dem mythischen Baum der Fische, den die Menschen in ihrem Ehrgeiz gegen den Willen des Indianerhelden gefällt haben. Als er geschlagen wurde, verwandelte er sich in Wasser, und die Blätter wurden zu Fischen.

Für den Indianer im Amazonastiefland hat alles mit dem Wald zu tun, seine Existenzberechtigung und Geschichte, seine Mythen und Legenden, sein ganzes Leben. Hört der Wald auf, hört die Welt auf. Deshalb versteht kein Ureinwohner die Gier des weißen Menschen nach Land. Keinem Indianer leuchtet ein, daß nackter Boden das höchste Ziel des Siedlers sei.

So stehen die Sicht des Siedlers und die Wahrnehmung des Eingeborenen einander diametral gegenüber. In Anbetracht der unerschöpflichen Weite des Urwaldes hat der Siedler das Empfinden, einer feindlichen Welt gegenüberzustehen, der er ein Ende setzen muß, will er das in Gefangenschaft gehaltene Land erobern ... Mit dem Bild des Urwaldes verbinden sich für ihn Vorstellungen von Rückstand und Wildnis, wohingegen das Maß von Entwicklung und Zivilisation mit Konturen von sauberem, planiertem und leblosem Land zu tun hat.

Die Kolonisierung war von der Idee getrieben, Land zu gewinnen; und zu diesem Zweck mußte man den Urwald roden ... Doch der Urwald wächst auf mageren Böden, die, sobald der Wald abgeholzt ist, leicht erschöpft sind, steril werden und nichts mehr hervorbringen. Der Siedler erliegt einer Täuschung. Nicht der Boden sorgt dafür, daß die Pflanzung reiche Ernte bringt, sondern der Urwald erhält den Boden und läßt ihn fruchtbar sein. Wo der Wald abgeholzt wird, sterben Böden und Tiere, Wasserstellen und Fische.

In diesem Sinn muß jeder verstehen, weshalb der Indianer Erde und Land verteidigt. Wer den Wald verteidigt, rettet Boden und Land ... Deshalb muß man den Siedlern beibringen, den Wald zu pflegen und seine Reichtümer zu nutzen und ihn nicht zu vernichten. Auch die Siedler müssen lernen, mehr aus dem Wald herauszuholen, ohne ihn zwangsläufig zu zerstören. Anderenfalls liefern sie sich selbst dem Tode aus . . .«[23]

Die Guarani-Indianer kennen den utopischen und mitreißenden Mythos von der Suche nach dem Land ohne Böses, nach der unversehrten Erde, nach einem Land mit üppigen Ernten, die dann in einer auf Gegenseitigkeit beruhenden Wirtschaft verteilt werden.[24] Die Menschen wollen produzieren, um das Produzierte verteilen und so voll realisierte Menschen werden zu können. Doch handelt es sich nicht einfach um Produkte, die ausgetauscht werden, sondern um solidarische und verantwortliche Gaben. Dazu aber bedarf es eines landwirtschaftlichen Überschusses, und die Wirtschaft muß auf Überproduktion aus sein; es soll ja nicht Armut, sondern Fülle verteilt werden. Niemand will sich an Hochherzigkeit überbieten lassen; als knauserig gilt, wer sich nicht beschenken lassen will, weil dies dafür spräche, daß er niemandem gegenüber eine Verpflichtung eingehen will. Konkret machen die Guarani ihre Gegenseitigkeit in Festen, Gemeinschaftsarbeiten und Volksversammlungen – alles Dinge, die miteinander in Verbindung stehen. Armut bedeutet Ansehen; wer arm ist, hat alles weggegeben.[25]

c. Eigentum als Lebensermöglichung und Eigentum als Handelsware. – Der lebendige Bezug, den der Indianer zur Erde hat, ist zum Untergang verurteilt. Denn die in der Überschrift zu diesem Abschnitt angedeuteten Haltungen widersprechen sich radikal. Das zumindest ist das Empfinden, das die scharfsichtigsten Gruppen von Indianern heute haben.

Mit historischen Worten prangerte der Guarani-Häuptling Marçal Tupã im Juli 1980 in Manaus in Anwesenheit Johannes Pauls II. die Verhältnisse an. Historisch sind seine Worte vor allem deshalb, weil er kurz darauf umgebracht wurde. Dabei handelt es sich um Dinge, über die man nicht einfach so »sprechen« kann. Marçal Tupã sagte also: »Wir sind ein Volk, das von den Mächtigen unterjocht wird, ein ausgeplündertes Volk, ein Volk, das langsam ausstirbt, ohne seinen Weg gefunden zu haben, weil die, die uns unser Land genommen haben, uns keine Möglichkeit zu überleben gegeben haben. Heiliger Vater, unser Land haben sie uns genommen, unsere Gebiete verkleinert; so haben

---

[23] *UNAE* (Hrsg.), Problemática indígena y colonización en el oriente ecuatoriano, Coca 1986, 35–37.

[24] Vgl. zu dem Mythos die »Messe der unversehrten Erde«, in: *H. Goldstein* (Hrsg.), Tage zwischen Tod und Auferstehung. Geistliches Jahrbuch aus Lateinamerika, Düsseldorf 1984, 158–172 (Anm. des Übersetzers).

[25] Vgl. dazu: *D. Temple,* La dialéctica del don. Ensayo sobre la economia de las comunidades indígenas, La Paz 1986.

wir keine Chance mehr zu überleben. Eure Heiligkeit möge sich rühren lassen von unserem Elend, von unserer Trauer über den Tod unserer Führer, die eiskalt von denen dahingemordet werden, die uns das Land nehmen. Grund und Boden bedeutet für uns nicht weniger als unser Leben und unser Überleben in diesem großen Land, das sich christlich nennt.«[26]

Bereits 1984 war in Brasilien während der »Woche des Indianers« die Rede von »Terrozid«, das heißt: von der Vernichtung ganzer Völker dadurch, daß man ihnen das Land raubt. Wörtlich heißt es: »Diese landzerstörende Politik läßt außer Betracht, daß der Verlust des Landes wie das Unvermögen, es gemeinschaftlich zu nutzen, für den Indianer gleichbedeutend sind mit dem Verlust der Quelle seiner Wirtschaft, der Grundlagen seines gesundheitlichen Wohlergehens, mit dem Verlust seines sozialen Umfeldes, seines kulturellen Reichtums, seiner geschichtlichen Ortung, seiner religiösen Verwirklichung und – mehr noch – einer Perspektive, die man utopisch, ja sogar eschatologisch nennen könnte.«[27]

Schon auf der Konferenz in Genf 1981 zu Fragen des Indianers und des Landes hoben verschiedene indianische Stimmen die Unterschiede hervor und protestierten mit prophetischen Worten gegen die Ausrottung, deren Opfer sie nach wie vor sind. Die Kulturzentren der chilenischen Mapuche-Indianer ließen verlauten, angetrieben durch ihren Goldrausch hätten die Europäer seit der Zeit der Eroberung »die gesamte Sozialstruktur der eingeborenen Völker zerschlagen und ihnen ein System aufgezwungen, das nicht nur unter kulturellem, sondern auch unter biologischem Gesichtspunkt zerstörerisch ist . . . Über Jahrhunderte hin haben sie versucht, den eingeborenen Völkern eine individualistische und destruktive Ideologie aufzuzwingen.«

Auf derselben Konferenz sagte jemand aus Peru: »Im Gegensatz zu unserer ideologischen Vorstellung hat der Westen die Natur zerstört und in Unordnung und den Menschen dadurch aus dem Gleichgewicht gebracht.« Ein bolivianischer Indianer meinte: »Die Bodenreform brachte uns das große Problem des Minifundiums, den Individualismus und damit die Desintegration und die Entpersönlichung des Indianers.«[28]

Harte Worte fand die Konferenz bezüglich der Zukunft: »Die gesamte europäische Tradition, einschließlich des Marxismus, hat sich

[26] *Brasilianische Bischofskonferenz,* Land Gottes – Land der Brüder, Nr. 28.
[27] Brasil, para quién es la tierra, 160.
[28] *Genfer Konferenz,* El indígena y la tierra, 11. 30. 40.

gegen die natürliche Ordnung der Dinge verschworen. Die Mutter Erde hat man mißbraucht . . ., und das kann nicht ewig so weiter gehen. Sollten die kolonialistischen und transnationalen Regierungen auch weiterhin die natürliche Ordnung der Dinge herausfordern und nur auf materielle Reichtümer aussein, wird sich Mutter Erde rächen, die ganze Natur wird sich rächen, und die, die sie mißbrauchen, werden dahingerafft werden.«[29]

Doch derartige Worte sind in der Regel in den Wind gesagt. Die Angriffe auf Denkungsart und Land der Indianer werden überall in Lateinamerika zusehends brutaler. Die Konflikte um indianische Gebiete würden immer gewalttätiger und seien inzwischen gang und gäbe, stellte die Brasilianische Bischofskonferenz schon 1980 fest.[30] Im Mai 1982 prangerten die guatemaltekischen Bischöfe »dermaßen schwerwiegende Exzesse« an, »daß sie schon im Bereich des Völkermords liegen«.[31] Das Problem wird immer gravierender: »Die Konflikte auf indianischen Gebieten werden immer zahlreicher, und die Folgen daraus erweisen sich als verhängnisvoll« (1986).[32]

Woher aber rührt das ganze Unheil? Den Grund nennt ein Text des CELAM aus dem Jahre 1985: »Für die herrschende Gesellschaft sind Erde und Land nichts als Produktionsmittel, als Kapital, als Ware, die man kauft und verkauft.«[33] Und da die Grundlage des Kapitalismus die Akkumulation des Kapitals ist, braucht es »legale« Enteignungen, De-facto-Invasionen, Betrügereien und Erpressungen, die allesamt nur immer mehr Land in den Händen einiger weniger konzentrieren sollen. Erde und Land, Grund und Boden werden immer mehr als Kapital angesehen. Und da seit Kolonialzeiten indianische Länder als herrenloses Land gelten, gehen sie jetzt in den »rechtmäßigen« Besitz dessen über, der als erster Abenteurer seinen Fuß darauf setzt. Seit dieser Zeit sind, bis auf den heutigen Tag, Ethnozid (kulturelle Vernichtung eines Volkes) und Genozid (physische Ausrottung einer Bevölkerung) in Gang, wobei beide Fortschritt und Zivilisation fördern sollen.

Freilich geht es nicht bloß darum, Grund und Boden anzuhäufen, sondern auch darum, wie man mit ihm umgeht. Der Kapitalist bedient

[29] Ebd. 52. 24.
[30] Vgl. missio-Informationen 3/1980, 7.
[31] Signos de vida y fidelidad, Testimonios de la Iglesia en América Latina 1978–1982 (CEP 50), Lima 1983, 237.
[32] *Brasilianische Bischofskonferenz*, Land Gottes – Land der Brüder, Nr. 18.
[33] *CELAM*, La evangelización de los indígenas en vísperas del milenio del descubrimiento de América, 1/II, Bogotá 1985.

sich des Bodens, als handelte es sich um ein Herrschaftsinstrument. Doch damit nicht genug: Gnadenlos unterwirft er sich das Land, aus materieller Gewinnsucht strapaziert er es bis zur Erschöpfung. Deshalb interessiert ihn auch nicht das Leben der Kleinbauern und Landarbeiter, sondern er »unterwirft sich die ländliche Bevölkerung nach Maßgabe seiner Interessen«[34]. So ist es nur logisch für ihn – einer Klageschrift der Bischöfe des peruanischen Urwaldes zufolge –, daß er einerseits den Indianern jedes Eigentumsrecht abspricht, andererseits aber großen Gesellschaften und Unternehmen die Erlaubnis erteilt, riesige Gebiete und Wälder auszubeuten.

Die indianische und die kapitalistische Einstellung zur Erde und zum Land unterscheiden sich grundlegend. Schon vor mehr als hundert Jahren sagte Indianerhäuptling Seattle zu Präsident Franklin: »Uns ist klar, daß der weiße Mann unsere Art zu leben nicht begreift. Für ihn ist ein Stück Land gleich dem anderen. Der Weiße ist ja auch fremd hier, kommt des Nachts daher und raubt denen, die davon leben, das Land. Die Erde ist nicht seine Schwester, sondern seine Feindin. Hat er sie sich unterworfen, bricht er anderswohin auf. Seine Habsucht laugt das Land aus und läßt nur Wüsten hinter sich zurück.«[35]

Der Weltkirchenrat hat recht, wenn er feststellt: »Der Materialismus der Industriegesellschaften muß überwunden werden, wenn man wirklich verstehen will, was Erde und Land für die indianischen Völker bedeuten. Deren affektiver und spiritueller Begriff von Volk–Erde–Leben läßt sich nur schwer mit der westlichen Ideologie in Einklang bringen. Hier liegt vermutlich das Haupthindernis für eine gerechte Einschätzung des Kampfes der indianischen Völker zur Verteidigung ihres Landes ...«[36]

Was indianische Völker von uns allen fordern, ist todernst: Das Leben wollen sie, für sich wie für uns. Deshalb sagt João Botasso: »Die Indianer beschränken sich nicht darauf, ihre eigene Tragödie zu beklagen. Sie sagen uns, unsere Kultur habe, falls sie im alten Trott weitermache, keine Zukunft, weil sie sich eigenhändig den Garaus mache. Die Voraussetzungen, aus denen die Vernichtung ethnischer Minderheiten resultiert, führen zu Zerstörungen, die sich nicht wieder beheben lassen.«[37]

[34] *Die Bischöfe der südlichen Anden,* La tierra, don de Dios, Nr. 38.
[35] Brasil, para quién es la tierra, 161.
[36] *CLAI* (Hrsg.), Porque de ellos es la tierra. El derecho a la tierra de los pueblos aborígenes, Lima u. a. 1983, 26.
[37] *Genfer Konferenz,* El indígena y la tierra, 5.

d. Wie Indianer die Erde erleben, ist eine Hoffnung für alle. – In der Abschlußerklärung der Konferenz von Genf über Indianer und die Erde heißt es:»In dieser Krisenzeit können die indianischen Völker einen großen Beitrag zur menschlichen und geistigen Entwicklung der Welt leisten.«[38] »Ihnen ist schon seit langem bekannt, was westlichen Wissenschaftlern allmählich aufgeht: Wer der Erde schadet, schadet sich selbst.«[39]

In seinem Buch »Indianische Kulturen und Evangelisierung« kommt Paulo Suess zu folgendem Schluß: »Die Indianer stellen möglicherweise eine der lebendigsten Kräfte in der gegenwärtigen Geschichte dar, verfügen sie doch über ein alternatives Gesellschaftsprojekt.« Und etwas später sagt er: »Das indianische Projekt ist ein Projekt des Lebens, dem gegenüber die Kulturen ringsum nur ein gewaltiges Programm des Todes haben. Denn das indianische Modell bietet allen Armen der Welt eine hoffnungsvolle Alternative, schließt ethnische Wiederherstellung anderer Gruppen im Land mit ein und ist Teil eines umfassenden revolutionären Rahmens, dessen Inhalt das Bemühen um eine neue Form von Gesellschaft ist.«[40]

Der Basistext der Woche des Indianers 1982 in Brasilien schließt mit den Worten: »Die Indianer können uns lehren, wie wir mit der Erde umgehen und wie wir sie, Gottes unverdiente Gabe, zu lieben haben. Und sie können uns helfen – uns, die wir in einer von individuellem Konkurrenzkampf und von ungleicher Akkumulation regierten Gesellschaft manchmal verloren sind.«[41] Auch im Jahr darauf klingt das Thema in der Woche des Indianers noch einmal an: »Die ›Rest-Völker‹ stellen eine Hoffnung für die Welt dar.«[42]

Im selben Sinn äußert sich die Missionsabteilung des CELAM: »Mit ihrem Gemeinschaftsleben können die Indianer die Kirche erneuern und zum Aufbau einer menschlicheren und geschwisterlicheren Gesellschaft beitragen... Wir sind davon überzeugt, daß die indianischen Völker in Amerika eine Hoffnung für die ganze Kirche und für die Zukunft der Menschheit darstellen.«[43]

Auch Johannes Paul II. ist derselben Ansicht, wenn er in seiner Rede vor sämtlichen ekuadorianischen Ethnien am 31.1.1985 in Lata-

[38] Ebd. 69.
[39] Ebd. 21.
[40] *P. Suess,* Culturas indígenas y evangelización (CEP 59), Lima 1983, 89.
[41] Ebd. 95.
[42] SEDOC 16 (1983–84), Spalte 128.
[43] *CELAM,* La evangelización de los indígenas, 2/V und 3/IV.

cunga sagt: »Die Bewußtesten unter euch wollen, daß man eure Kultur, eure Traditionen und Bräuche achtet und auf die Art und Weise, wie ihr eure Gemeinwesen regiert, Rücksicht nimmt. Das ist ein berechtigter Wunsch, für den innerhalb der Ausdrucksvielfalt des menschlichen Geistes unbedingt Platz ist. So könnt ihr im Gesamtrahmen der Notwendigkeiten und des Gleichgewichts einer Gesellschaft das menschliche Zusammenleben beträchtlich bereichern.« Die Möglichkeit einer solchen Einschätzung sieht der Papst darin, »daß schon vor der Evangelisierung in eure Völker Samenkörner Christi gelegt worden sind . . . Christus hat das Herz eurer Völker erleuchtet, damit ihr Schritt für Schritt die Spuren Gottes in allen seinen Geschöpfen entdeckt: in Sonne und Mond, in der guten und großen Mutter-Erde, im Schnee und im Vulkan, in Seen und Flüssen, die von den Höhen eurer Gebirgszüge herunterkommen.«[44] Die Evangelisierung Amerikas wäre wahrscheinlich anders verlaufen, hätte von Anfang an diese Theologie der Anwesenheit Gottes in den indianischen Kulturen den Ton angegeben . . .

e. Perspektiven eines pastoralen Engagements. – Allenthalben in Lateinamerika treffen immer mehr Menschen ihre Option für »die Ärmsten der Armen« (Puebla 34) und entdecken in ihnen die Leidenszüge Christi. Das anerkennt auch die CELAM-Denkschrift, von der wir zuvor sprachen: »Wenn sich unsere Kirche in Puebla vorzugsweise für die Armen entschieden hat, dann fühlt sie sich um so mehr verpflichtet, für die ›Ärmsten der Armen‹ zu optieren; und das sind die indianischen und afroamerikanischen Gemeinschaften. In ihnen ruhen nicht nur Samenkörner des Wortes, sondern entdecken wir auch die Anwesenheit des armen und gekreuzigten Christus . . . Im Gegensatz zu einer ethnozentrischen und ethnoziden Haltung gestatten uns die Augen des armen Christus keinen Zweifel daran, daß diese Völker menschliche, kultivierte und mündige Gemeinwesen sind, die am Heilsprozeß teilhaben und ganz und gar berechtigt sind, ihr eigenes Wesen und ihre eigene Kultur weiterzupflegen und sich dem geschichtlichen Zug des Erdteils und der Menschheit anzuschließen (Johannes Paul II. in Oaxaca). Der arme und gekreuzigte Christus, der in diesen Gemeinschaften lebt, will sichtbar werden, wachsen und auferstehen . . .«[45]

---

[44] Verlautbarungen des Apostolischen Stuhls 61. Predigten und Ansprachen von Papst Johannes Paul II. bei seiner sechsten Pastoralreise nach Lateinamerika, 26. 1.–6. 2. 1985, Bonn o. J., 100–106, hier 104. 101.

[45] *CELAM,* La evangelización de los indígenas, 2/II.

Mit diesen Worten läßt sich gut die Grundhaltung zusammenfassen, die heute in etlichen pastoralen Kreisen auf unserem Kontinent vorherrscht.

Dreh- und Angelpunkt ist bei allem, wie wir sahen, das Thema »Land«. Im genannten CELAM-Dokument heißt es, der erste und eindringlichste Schrei der eingeborenen Völker sei ihre »Forderung nach Anerkennung und Garantie des unveräußerlichen Rechtes auf den Besitz ihres Landes . . . Denn das Land ist der Ort der Hoffnung und ihre Identität.«[46]

Wen wundert es da, daß der Kampf um Grund und Boden eine neue Einstellung in der Indianerpastoral ist? Die Wochen des Indianers in Brasilien wie die verschiedenen Denkschriften, die von diversen Bischofskonferenzen in den letzten Jahren veröffentlicht worden sind, fordern »die gesetzmäßige Anerkennung des historischen Rechtes der indianischen Völker auf friedliche Nutzung ihres Landes in ausreichendem Maße . . . in Übereinstimmung mit ihren Kulturen«[47].

Doch geht es nicht nur darum, für die Abgrenzung der Indianergebiete zu kämpfen, selbst wenn »Abgrenzen« nicht heißt, ökologische Reservate zu schaffen oder sich für »Apartheid« einzusetzen. Ebensowenig ist es damit getan, die Länder neu zu verteilen. Es geht um etwas beträchtlich Tieferes: um Respekt vor der Kultur, mit der Indianer die Erde umgeben; diese gilt es sich entfalten zu lassen und soweit wie möglich zu unterstützen.

Gegen die Taktik vieler Regierungen, individuell Land zu »verteilen«, lautet unsere ständige Forderung: Achtung vor der gemeinsamen Nutzung der Erde und vor den gemeinsamen Formen der Arbeit.

Gegen den offiziell verordneten Gedächtnisschwund kommt es darauf an, die verlorene Erinnerung wiederzuerlangen, ihre Geschichte und ihre Mythen schriftlich festzuhalten und ihre Kämpfe, Martyrien und Siege zu erzählen; denn nur die Gegenwart der Vergangenheit eröffnet Raum für die Zukunft.

Doch darf das alles nicht bloß in engen Zirkeln laufen oder in der eigenen Vergangenheit bleiben. Einige Gruppen laufen Gefahr, »sich in historisch-archäologischen oder rassistischen Positionen einzukapseln«. Dagegen kann man nur auf die Notwendigkeit hinweisen, sich offenzuhalten. Die »Bündnisfähigkeit« muß wachsen, und die

---

[46] Ebd. 3.
[47] *UNAE,* Problemática indígena y colonización en el oriente ecuatoriano, Nr. 33.

»Organisationsfähigkeit in den Gemeinschaften und zwischen den Gemeinschaften muß gestärkt werden«.

An verschiedenen Stellen Lateinamerikas bemüht man sich um eine Synthese zwischen traditionellen Techniken und allem, was an Positivem in einigen modernen Techniken steckt. Wir denken da an den überaus schöpferischen und vielversprechenden Bereich der alternativen Technologien.

Der eine oder andere spürt auch die Notwendigkeit einer »Theologie der Erde im Rahmen einer inkulturierten Theologie der Befreiung«[48]. Eine Theologie der Erde, die nicht von der Sicht und vom Leben des Volkes, vor allem des indianischen Volkes ausginge, wäre ein Unding.

Im Juli 1986 fand in Quito eine Ökumenische Anhörung statt. Sie sollte der Versuch eines Dialogs zwischen Theologen und indianischen Völkern sein. Dabei tauchte die Frage auf, weshalb so wenig indianische Theologie gemacht werde. Also wurde der Vorschlag formuliert: »Indianer mögen selbst – unter technischer Hilfestellung von Mitarbeitern – anfangen, eine indianische Theologie zu treiben; denn wir stellen fest, diese hätte großen Wert und große Bedeutung für die Befreiung unserer Völker.«[49] Umgekehrt verpflichteten sich die professionellen Theologen »indianische Erfahrung und Weisheit« mit in Betracht zu ziehen.[50] Ja, die Weisheit der Indianer wurde auf dem Treffen für so wichtig gehalten, daß man sagte: »der Kern der Theologie sei die Erde«[51].

Auch einige protestantische Kirchen, denen während dieser letzten zehn Jahre die Grund-und-Boden-Problematik bei den indianischen Völkern ans Herz gewachsen ist, übernehmen bei ihren verschiedenen Versammlungen zunehmend pastorale Verpflichtungen. Einige seien genannt.

Anläßlich der Anhörung zu Fragen des Rassismus, zu der der Weltkirchenrat 1980 eingeladen hatte, wurde die Empfehlung ausgesprochen, »die Kirchenräte sollten sich dahingehend bemühen, die Kirchen und die Missionsgesellschaften zu erziehen, daß sie die Bindung der einheimischen Völker an ihr Land verstehen lernen und diese in ihrem Kampf zur Wiedererlangung und zur Verteidigung ihrer Gebiete sowie ihres Rechtes auf freie Selbstbestimmung unterstützen«. Weiter unten heißt es: »Der Weltkirchenrat möge die Mitgliedskirchen

[48] *P. Suess,* Culturas indígenas y evangelización, 99.
[49] II Consulta Ecuménica de Pastoral Indígena. Aporte de los pueblos indígenas, 54.
[50] Ebd. 43.
[51] Ebd. 50.

ermutigen, Eigentumstitel auf Land an Institutionen und Regierungen zu übertragen, die von Indianervölkern anerkannt werden, damit diese sie in Einklang mit den Sitten und Gebräuchen einer jeden Gruppe gemeinsam, dauernd und unveräußerlich besitzen und nutzen können, als Zeichen der Solidarität der Kirche mit diesen Völkern in ihrem Kampf.«[52]

Das Zentralkomitee des Weltkirchenrates verabschiedete bei seiner Jahrestagung im Juli 1982 eine Erklärung, in der empfohlen wird, die Mitgliedskirchen sollten »ein Ohr für die indianischen Bevölkerungen haben und von ihnen lernen, damit die Christen ihre juristisch verbrieften Rechte, ihre politische Situation, ihre kulturellen Leistungen und Sehnsüchte wie auch ihre geistigen Überzeugungen besser verstehen, damit sie als Christen in ihrer Solidarität mit diesen Völkern wachsen ... Die Kirchen sollten den indianischen Völkern erhebliche finanzielle und menschliche Ressourcen für ihren Kampf zur Verteidigung des unveräußerlichen Rechtes auf ihr Land zur Verfügung stellen ... Sie sollten jene indianischen Völker unterstützen, die um ihr Recht auf Grund und Boden kämpfen und dabei versuchen, in Verbindung zu treten mit anderen Eingeborenenvölkern der Welt ...«[53]

Zum Schluß dieses Abschnitts über die indianische Sicht der Erde und des Landes seien einige Empfehlungen abgedruckt, die das Vierte Russel-Tribunal über die Rechte der Indianervölker in den Amerikas im November 1980 ausgesprochen hat: »Die indianischen Völker der Amerikas müssen auf der Grundlage ihres eigenen Selbstverständnisses anerkannt werden und dürfen nicht weiter nach Maßgabe des Wertesystems fremder herrschender Gesellschaften definiert werden ... Nationale Gesetze, aufgrund deren eingeborene Völker gegen ihren Willen zwangsweise assimiliert werden und die ihre in internationalen Normen festgelegten Grundrechte verletzen, sind aufzuheben ... Alle religiösen Gruppen haben anzuerkennen, daß Erde und Land für Indianervölker etwas Heiliges und für ihr physisches und geistiges Überleben eine Notwendigkeit sind ...«[54]

Im Dezember 1981 verabschiedete die UNESCO in San José eine Erklärung gegen den Völkermord. Dort heißt es: »Für Eingeborenenvölker ist das Land weder nur Besitz noch Produktionsfaktor. Land

[52] *CLAI,* Porque de ellos es la tierra, 112.
[53] Ebd. 19–20.
[54] Ebd. 122–124. Teile in deutscher Übersetzung in: *Ökumenischer Ausschuß für Indianerfragen* (Hrsg.), Mettingen 1982, 190–194.

bildet, physisch wie geistig, die Grundlage ihrer Existenz, und Land macht sie zur autonomen Größe. Der territoriale Raum ist das Fundament und der Grund ihres Bezugs zum All ebenso wie die tragende Säule ihres Weltbildes.«[55]

2. Bäuerliche Kulturen und die Erde

Hier geht es nicht um eine ausführliche Erörterung des Themas »bäuerliche Kulturen«. Das ist nicht unser Anliegen. Es fehlt nicht an guter Literatur zu dem Thema, auf die wir uns im übrigen stützen. Wir möchten lediglich ein paar konkrete Punkte ansprechen, die, unter dem Gesichtspunkt des Glaubens, mit dem Thema »Erde« zu tun haben.

a. Bäuerlicher Glaube und die Erde. – Wenn es wahr ist, daß das Land gegenüber den Völkern Lateinamerikas als Werkzeug zur Versklavung und als Gegenstand der Ausbeutung eingesetzt wird, dann ist ebenso wahr, daß es den Unterdrückten, wenn sie sich denn zu christlichen Gemeinden zusammengeschlossen haben, in der Regel gelingt, die Konflikte im Lichte des Glaubens zu betrachten und zu deuten und entsprechend auf sie zu reagieren und gegen sie anzugehen. Ja, selbst Landarbeiter und Kleinbauern, die sich noch nicht zu Gemeinschaften zusammengeschlossen haben und noch in ihrer alten Kulturwelt leben, neigen dazu, Konflikte um Grund und Boden religiös zu verstehen.

Probleme wie Steuererhöhung und Scharmützel mit den Landherren im Innern des brasilianischen Bundesstaates Bahia zu Ende des vorigen Jahrhunderts lösten den Krieg von Canudos aus. Für die Bauern unter der Führung von Antônio Conselheiro war das ein heiliger Krieg, in dem die Treue Gottes auf dem Spiel stand.[56]

Volkstümlich-religiöse Elemente stecken in den Sklavenaufständen, in der Fliehdorf-Bewegung um Palmares,[57] im Mucker-Auf-

---

[55] *CLAI,* Porque de ellos es la tierra, 129.
[56] Zu Canudos und Antônio Conselheiro vgl.: *J. B. Libânio/M. C. Lucchetti Bingemer,* Christliche Eschatologie (BThB), Düsseldorf 1987, 40–45.
[57] Zu den Sklavenaufständen, den Fliehdörfern und Palmares vgl.: Fliehdorf-Messe aus Brasilien, in: *H. Goldstein* (Hrsg.), Tage zwischen Tod und Auferstehung, 84–103 (Anm. des Übersetzers).

stand,[58] im Canudos-Krieg, in Ferrabraz, [59] in der Revolte um den »Seligen« João Maria,[60] im Juazeiro des Padre Cícero[61] wie auch in zahlreichen anderen Bewegungen, welche Fachleute als »messianische« Bewegungen bezeichnen. Doch sowohl die katholische Kirche als auch die anderen Kirchen gingen ihnen allen gegenüber auf Distanz, wenn nicht sogar auf feindselige Distanz.

Wer Lateinamerika in seiner ganzen Länge und Breite kennt, weiß, wie gern das geschundene Volk seinen Glauben in und aus der Wirklichkeit des Leidens zum Ausdruck bringt.

[58] *Mucker-Aufstand:* Unter deutschen Einwanderern aus dem Hunsrück und der Pfalz schart sich 1873 in der damaligen brasilianischen Provinz (heute Staat) Rio Grande do Sul um die protestantische »Prophetin« Jakobine Maurer ein Kreis von 34 armen Familien, die, von der Landwirtschaft lebend, eine Art urchristlicher apokalyptischer Kommune bilden. Von ebenfalls deutschstämmigen Gegnern werden sie als »Mucker« (Frömmler) beschimpft. Es kommt schließlich zu bewaffneten Konflikten zwischen den »Spöttern« und den »Muckern«. Erstere ziehen Regierungsstellen im Kreis São Leopoldo und in der Provinzhauptstadt Porto Alegre mit in die Auseinandersetzungen hinein. Die Siedlung wird 1874 von militärischen Einheiten niedergemacht. Es gibt mehr als 80 Tote. Die letzten verbleibenden »Mucker«, einschließlich Jakobine Maurer, erschießen sich am Ende selbst. Vgl. dazu: *H.-J. Prien,* Die Geschichte des Christentums in Lateinamerika, Göttingen 1978, 845–846 (Anm. des Übersetzers).

[59] *Ferrabraz:* Berg im Distrikt Sapiranga (Rio Grande do Sul), auf dessen halber Höhe die »Mucker« ihre Siedlung hatten (Anm. des Übersetzers).

[60] Zum »seligen« João Maria vgl.: *J. B. Libânio/M. C. Lucchetti Bingemer,* Christliche Eschatologie, 46–47.

[61] *Padre Cícero:* Cícero Romão Batista: geboren am 24.3.1844 in Crato (in der damaligen Provinz – heute Staat – Ceará); Priesterweihe am 30.11.1870; seit 1872 Pfarrer in Juazeiro do Norte. – 1889 erlebt die Haushälterin Padre Cíceros, Maria de Araújo, während einer von diesem gefeierten heiligen Messe angeblich ein Blutwunder: Beim Kommunizieren verwandelt sich die Hostie in eine blutige Masse. Angeblich wiederholt sich der Vorgang. Aus dem ganzen Nordosten und Norden Brasiliens strömen Tausende von Menschen nach Juazeiro. Wallfahrten von Kranken aller Art. Maria de Araújo gilt als die neue Muttergottes, Padre Cícero als der neue Christus. Konflikt mit dem Ortsbischof Dom Joaquim José Vieira von Fortaleza (zu dem damals kirchenamtlich noch das ganze Gebiet von Ceará gehörte). Padre Cícero wird suspendiert und zieht sich aus Juazeiro zurück, während die Bevölkerung fanatisch für ihn eintritt. In den undurchsichtigen politischen Auseinandersetzungen zwischen republikanischen (1889 wird Brasilien Republik) und monarchistischen Truppen, in deren Vorstellungen sich Politische und Religiös-Apokalyptisches verquicken, ergreift Padre Cícero während seiner Abwesenheit von Juazeiro Partei für die Monarchisten. Nicht klar ist, ob er im Zusammenhang mit dem Krieg von Canudos (20 000 Tote) in Verbindung mit dem Führer der Monarchisten stand: Antônio Conselheiro, der sich selbst für den Messias hielt und der »Gute Jesus« genannt wurde. – 1898 Reise nach Rom, wo sich Padre Cícero von dem Ruf, ein falscher Wundertäter zu sein, freisprechen lassen will. – Rückkehr nach Juazeiro, wobei es ihm allerdings bis zu seinem Tod 1934 untersagt bleibt, die Messe zu feiern. – Neue Wallfahrten. Ströme von Pilgern und Kranken nach Juazeiro. Morgens und abends hält er Segnungen. Juazeiro gilt im brasilianischen Nordosten als das Neue Jerusalem. – Erneute Konflikte mit den kirchlichen Oberen. Besonders der Bischof der neugeschaffenen Diözese Crato betrachtet den Fall als eine Art persönlicher Herausforderung. Das einfache Volk stand und steht heute noch uneingeschränkt zu Padre Cícero (Anm. des Übersetzers).

In der Volksreligiosität ist alles konkret. In den Gelübden und Gebeten des Volkes geht es stets um Probleme, die den Menschen im Alltag widerfahren: Schwierigkeiten bei der Aussaat, drohende Mißernten, Fehlen von Land oder die Angst, es zu verlieren.

Im Augenblick schließen immer mehr Pfingstgemeinden aus dem Boden, die das Heil von einem endgültigen Eingreifen Gottes erwarten. Die Hoffnung darauf, daß sich die Dinge aus eigenem oder einem ihnen innewohnenden Vermögen ändern, haben diese Menschen aufgegeben.

Andere bringen die Unterdrückung durch die Großgrundbesitzer mit Zeichen des Dämons in Verbindung und sehen darin sogar Aktionen des Untiers aus der Geheimen Offenbarung, das aus dem Meer heraufsteigt und über das Land herfällt.

Derartigen religiösen Interpretationen und Glaubensvorstellungen begegnen wir allenthalben auf unserem Erdteil. Viele Phänomene könnte man noch aufzählen. Doch hier soll nur ein Einblick geboten werden in die Art von religiösen Phänomenen, mit deren Hilfe das gläubige Volk es immer vermocht hat, sich von den Problemen, mit denen es zu kämpfen hat, nicht unterkriegen zu lassen.

In diesen Frömmigkeitsformen finden viele innere Kraft und Hilfe. Viele erleben in ihnen eine Mystik des Widerstandes. Deren Wert steht außer Zweifel, aber sie vermag es nicht, die Kleinen zusammenzuschließen und auf dem Weg einer wirksamen Befreiung zu bringen.

Indessen gibt es religiöse Praktiken, die nicht nur irgendwelche individuellen Glaubensideen oder Frömmigkeitsübungen, sondern gemeinschaftliches Tun sind. Wir denken dabei an Novenen, Wallfahrten, volkstümliche Lustbarkeiten zu religiösen Festen und an Lieder. Eine Untersuchung zu traditionellen religiösen Liedern bringt zutage, daß darin durchaus auch Landkonflikte anklingen, und zeigt, wie das kleine Volk sie mit dem christlichen Glauben in Verbindung bringt. In einem alten Lied, das anläßlich von Volksmissionen gesungen wurde, heißt es:

Kain erzürnt ermordet Abel
wegen eines Stückes Brot,
wegen eines Stückes Land
schlägt er seinen Bruder tot.

Andere Lieder und Geschichten beinhalten, Jesus habe jemanden besuchen wollen; während dieser auf den Herrn wartete, hätten verschiedene Arme an seine Tür geklopft, doch er habe sie nicht eingelassen; so habe er den Besuch des Herrn verpaßt.

Freilich darf man in all diesen traditionellen religiösen Formen keine Begriffe oder Konflikte sozialen Bewußtseins oder gesellschaftlicher Solidarität erwarten. Sie stammen aus einer Zeit, in der solche Dinge noch nicht das Augenmerk der Religion auf sich zogen. Was indes auffällt, ist die Tatsache, daß sich Landarbeiter und Kleinbauern unter härtesten Lebensbedingungen zu Novenen oder zu Lustbarkeiten zusammenfinden und daß dies an sich schon ein Akt des Widerstandes gegen die Vermassung und ein Ausdruck ihres Wertes als freie Menschen mit eigener Kultur ist.

In dieser Art von Messianismus geht der Glaube an das Reich Gottes und an Christus Hand in Hand mit den unmittelbar greifbaren Problemen, mit denen die Menschen zu tun haben. So sehen etwa Landnutzer am brasilianischen Araguaia-Fluß in ihrem Grund und Boden das Land, das Gott dem Abraham gegeben hat und das sie sich jetzt zurückerobern müssen, wie sie auch aus den Worten und sozialen Anklagen der Propheten in der Bibel Beschuldigungen gegen die Unterdrücker von heute heraushören.

Aus der Vergangenheit sind religiöse Volksbewegungen bekannt, die sich dermaßen messianisch aufheizten, daß sie in Kriege ausarteten. Die Kriege, aus denen schließlich immer das System als Sieger hervorging, endeten häufig in wahren Massakern und Gemetzeln an den aufständischen Bauern. Mit dem Hinweis darauf, die Schuld liege bei der Bewegung von Canudos bzw. bei der Gruppe des aufständischen João Maria oder anderer Fanatiker, Mörder und gefährlicher Elemente, rechtfertigte das System stets die Massaker.

Möglicherweise erklärt sich der irrationale und geschichtsbezogene Charakter, den der volkstümliche Messianismus in diesen Fällen annahm, nicht allein, aber auch durch die Tatsache, daß die Menschen keinen Kontakt mit der hierarchischen Kirche hatten bzw. daß die offizielle Kirche auf Distanz zu ihnen ging, ja sie sogar verfolgte. Heute stellt sich das Bild der christlichen Gemeinden im einfachen Volk völlig anders dar. Die Pastoral betont nachdrücklich den Wert des Menschen als freier Person mit eigener Kultur. Wen wundert es da, daß das herrschende System sie deshalb für subversiv hält?

Wie ist das zu verstehen? In ihrem Buch »Christliche Eschatologie« analysieren João Batista Libânio und Maria Clara Lucchetti Bingemer das Phänomen ausgezeichnet: »Jeder messianischen Bewegung liegt ein von früher her verfügbares religiöses Kapital zugrunde, das dann in einem gegebenen Augenblick aktiviert wird. Im Fall Brasiliens wurde dieses Kapital durch Evangelisierung und Predigt der Kirche geschaffen. Es hat die Menge spiritueller Energie gebildet, die bisher schon in recht unterschiedliche Richtungen mobilisiert werden konnte. Nicht jedes beliebige religiöse Kapital verfügt über mobilisierende Kraftreserven. Bedingung ist eine Religion, die praktischen Tätigkeiten zugewandt ist und ihre Bestimmung darin erblickt, dem Menschen zu helfen, die Welt, in der er lebt, besser zu verstehen. Von grundlegender Bedeutung ist dabei die Aussicht auf die Ankunft einer neuen Welt, eines neuen Reiches Gottes. Es stellt entweder die altüberlieferte Lebensweise wieder her, oder es verheißt Güter, die noch im Besitz der Feinde sind, oder es kündigt Herrschaft über die Erde an. Solche Verheißung verbindet sich mit einer Reihe religiöser, wirtschaftlicher und sozialer Verhaltensweisen. Mögen sie auch häufig gesellschaftsbezogen sein, der Beweggrund ist religiös und erwächst aus dem spirituellen Kapital des Volkes.«[62]

Wie gesagt, die Mehrzahl der lateinamerikanischen Bauern verbindet ihr Verhältnis zu Gott eng mit dem Verhältnis, das sie zur Erde haben. Deshalb möchten wir jetzt rasch ein paar Elemente der religiösen Welt dieser Menschen beschreiben.

Das Land – Geschenk Gottes. Tragende Säule all der Glaubensformen, so wie sie in den Gemeinden zum Ausdruck kommen, ist die Überzeugung, daß das Land ein Geschenk Gottes ist. Keine alte Erzählung bei den Indianern, in der nicht irgendwelche Schöpfungsmythen vorkämen; und in den Gruppen, die in den Randgebieten der Städte leben, aber eigentlich vom Land stammen, ist auch heute noch das kultische Erbe afrikanischer Erdgottheiten zu spüren.

Im Grunde tritt uns stets ein Gott entgegen, der der Vater aller, Freund der Menschen und Quelle des Lebens ist und der seinem Volk umsonst das Land gibt, das es zu seinem Unterhalt und zu seinem Leben braucht. Solch ein Gottesverständnis stellt zwangsläufig die gängigen Begriffe eines praktischen Materialismus in Frage, für den Landbesitz eine ganz private, absolute und keinen Einschränkungen unterworfene Angelegenheit ist.

Noch heute stößt man im Amazonasgebiet auf Bauern, die nicht verstehen, wie jemand sagen kann, er sei Besitzer von Land. In den Augen dieser Menschen kann man wohl die Erträge der Erde besitzen, wie auch das, was man auf der Erde an- und aufbaut, nicht aber die Erde selbst. Das hat häufig negativ zur Folge, daß sich die Menschen

---

[62] *J. B. Linbânio/M. C. Lucchetti Bingemer,* Christliche Eschatologie, 37.

nicht um die Papiere kümmern, die sie brauchen, um Nutzung und Besitz des Bodens dokumentieren zu können, wie aber auch positiv, daß sie sich für die gemeinschaftliche Nutzung des Landes einsetzen.

Daß das einfache Volk Erde, Land, Grund und Boden für Gottes Geschenk hält, bedeutet indes nicht zwangsläufig, daß es die Hände in den Schoß legt und darauf wartet, daß Gott vor aller Augen kommt und ihm das Land übergibt. Zahlreiche Bewegungen waren davon überzeugt, das Land sei eine heilige Gottesgabe, dennoch versäumten sie nicht, leidenschaftlich darum zu kämpfen.

Das Land – (Nähr-)Boden der Kultur. Das Verhältnis, das unsere Landbevölkerung zur Erde hat, hat eine Dimension, die ihr ganzes Leben betrifft. Für sie ist die Erde nicht nur Grund und Boden, den es zu bearbeiten gilt und von dem man lebt. Man darf die Erde nicht ausbeuten, nur damit sie möglichst viel produziert. Unsere Bauern leben nicht von der Erde, sie erleben die Erde. Die Hitze im brasilianischen Nordosten wie die ausgedehnten Ebenen dort prägen die Seele des Volkes und erklären zu einem guten Teil die spezifische Persönlichkeit des Nordestino, wie die Berge und Gebirgszüge in Minas Gerais etwas vom Charakter des Mineiro offenbaren. Die Kälte der Anden wie die Flüsse und Wälder des Amazonasbeckens gehen gleichfalls in die Seele der Bewohner des jeweiligen Raumes ein. Die massenhafte Landflucht ist Gewalt gegen die Landbevölkerung. In Gebieten mit erst jüngst aus anderen Gegenden zugewanderter Bevölkerung springen die kulturelle Armut und die Unmenschlichkeit in der Organisation des Lebens sofort ins Auge. Die Menschen scheinen innerlich gebrochen zu sein. Eine Familie, die vom Ufer eines großen Flusses in eine Gebirgsgegend geworfen wird, findet ihre Heilkräuter nicht mehr, kann ihre Bäume nicht mehr anpflanzen und fühlt sich in ihrer Freiheit beengt.

Mystik, Liturgie und Erde. Nahezu sämtliche religiösen Feste und volkstümlichen Bräuche stehen in enger Beziehung zum Kreislauf von Säen und Ernten wie zur Arbeit auf den Feldern insgesamt.

Das Volk bringt seinen Glauben in Taten, Gebeten, Liedern und Wallfahrten zum Ausdruck.

In Brasilien mißt man einer Reihe von ländlichen Wallfahrten, die zum tiefsten religiösen Schatz des Volkes gehören, seit kurzem wieder pastoralen Wert bei. Seit einigen Jahren gibt es in Bom Jesus da Lapa (Staat Bahia) wieder die alten Wallfahrten, und auch in Trindade (Staat

Goiás) findet eine jährliche Land-Wallfahrt statt. Der Stil ist volkstümlich und massenhaft, der Inhalt aber biblisch und befreiend.

Derartige Wallfahrten, die auch in Rio Grande do Sul und ebenso in Paraná stattfinden, bilden zusammen mit der Weihe von Grotten zu heiligen Orten und mit volkstümlichen Nachbarschaftshilfen Elemente einer Liturgie mit eigenen Konturen. Die Gemeinschaft mit der universalen Liturgie der Kirche soll damit natürlich nicht in Frage gestellt werden.

Vor allem nach der Reform des Zweiten Vatikanischen Konzils wurde die römische Liturgie beträchtlich vereinfacht: Vermeintlich überholte Zeichen (Farben, Wiederholungen, Symbole, sakrale Mythen) verschwanden, und die Beteiligung der Gemeinde wurde intensiviert, vor allem dadurch, daß die Texte verständlicher wurden und daß man das Volk mitsingen und mitbeten ließ. Doch eine ländliche Bevölkerung ist visuell veranlagt und sieht gern Gesten und Symbole, die jeden einzelnen mit seinen Wurzeln in Verbindung bringen, gerade heute, da die ländliche Kultur durch die Massenmedien bedroht ist.

An manchen Orten werden immer mehr Liederzettel und liturgische Handtexte gedruckt. Doch die Bauern fühlen sich zunehmend an den Rand gedrängt und haben immer weniger Interesse an Gedanken, die in der Regel doch nur aus der städtischen Mittelklasse stammen. Deshalb bemüht sich die Landpastoral, der Liturgie ihren ländlichen und festlichen Charakter zurückzugeben, damit die Menschen ihr Leben auf diese Weise zum Ausdruck bringen können. In diesem Sinn versucht man, sakramentale Elemente wie Brot, Wein, Wasser, Zweige oder Asche aufzuwerten. Zeichen und Symbole, die das Gebet unseres Landvolkes begleiten, werden genutzt: Am Karfreitag und an Bußtagen zum Beispiel betet man barfuß. Auch Kreuze, Heiligenstatuen, Bilder, Heiligen gewidmete Fahnen und Patronatsfeste, ja sogar Elemente wie Erde, Ackerbauhacke und andere landwirtschaftliche Geräte spielen eine große Rolle.

Gerade unter den Bauern ist in den letzten Jahren eine ungeheure Fülle von Liedern und Gedichten entstanden, die als Bekundungsformen des Lebens dieser Menschen nicht hoch genug eingeschätzt werden können. Ein Teil davon eignet sich für Versammlungen und Treffen, ein anderer Teil paßt gut in den Gottesdienst und dient dem Lobe Gottes und der geschwisterlichen Gemeinschaft.

Gemeinden, die direkt in den Kampf um Grund und Boden verwickelt sind, beziehen ihre Kraft aus einer wahren Mystik. Mystik ist einem griechischen Wort entlehnt, das »Einführung« bedeutet. Deshalb benutzen Christen den Begriff auch im Sinn von Einführung in die betrachtende Erfahrung der Gemeinschaft mit Gott. Das Volk kann das, weil es ein in traditionellen Formen geführtes religiöses Leben mit dem wirksamen Einsatz für eine gerechtere Gesellschaft verbindet: den liturgischen Ausdruck seines Vertrauens auf Gott mit gewerkschaftlichem, juristischem und politischem Engagement zur Verteidigung eigener Rechte und die Hoffnung auf das volle, von Gott geschenkte Heil mit dem Kampf für eine Welt, in der alle in Gerechtigkeit leben können.

Aus dieser Mystik, welche Glauben und Leben aufs engste miteinander verbindet, nimmt das Volk die Kraft, um mit den Problemen fertig zu werden, die der Alltag der Landarbeit und vor allem das Leiden in Verrandung, Konfliktsituation und Ungerechtigkeit mit sich bringen. Das ist ja seine tägliche Erfahrung.

Land, das Martyrium kostet. Wir sahen bereits kurz, daß Konflikte um Land und um Grund und Boden die Geschichte Lateinamerikas seit der Conquista begleitet haben. In einigen Fällen religiös eingefärbter Volksaufstände – wie in Canudos, wie beim Aufstand des Contestado oder wie bei der Bewegung der Mucker – waren Landkonflikte der springende Punkt.

Die Gewalt, die sich in den letzten Jahren noch verschärft hat, machte für weite Kreise der indianischen, ländlichen und städtischen Bevölkerung das Zusammenleben mit der Erde zu einer echten, intensiven Erfahrung von Martyrium. Jede Landschaft hat ihre Märtyrer unter Landarbeitern und Kleinbauern, Indianern und Stadtrandbewohnern. Und wie im frühen Christentum gibt es auch unter den Lebenden Männer und Frauen, welche Spuren ihres Zeugnisses aufweisen, geschrieben mit dem Blut erlittener Folter, Bedrohung und Verhaftung. Immer geht es um Grund und Boden, immer haben sie für ihr Recht darauf gekämpft. Direkt oder indirekt hängt das Martyrium dieser Menschen mit ihrem Verhältnis zum Land zusammen. Und da »das Blut der Märtyrer auch heute noch der Same für neue Christen ist«, kommt es darauf an, dem ganzen Volk die Bedeutung der »Märtyrer des Landes« deutlich zu machen und zu verstehen zu geben.

Schließlich müssen wir noch hervorheben, daß unter dem Volk auch neue Praxisformen entstehen, die durchaus im Glauben verwurzelt sind. In ihnen zeigen die Erfahrung und die Kreativität unseres Volkes in der Landwirtschaft »neue Wege zur Nutzung alternativer Technologien sowie gemeinschaftliche und genossenschaftliche Formen, die für die Arbeit notwendigen Geräte einzusetzen«[63].

Land und Bibel. Auf dem Land wie in den städtischen Randgebieten zeigt das geschundene Volk ein immer größeres Interesse an der Bibel. Die lateinamerikanischen Glaubensgemeinschaften haben ihre eigene Art, die Bibel zu lesen, entdeckt und entwickelt. Natürlich stützen sie sich dabei auf die Tradition der Kirche. Ausgangspunkt ist der Glaube an das Wort Gottes, das unter ganz konkreten, geschichtlichen Bedingungen Fleisch werden soll. Zu berücksichtigen sind Zeit, Ort und sozio-ökonomischer Kontext der Gemeinden, in denen der biblische Text entstanden ist. Diese Elemente sind Teil der lateinamerikanischen Methode. Andererseits bemühen sich unsere Gemeinden, die Bibel in Gemeinschaft zu lesen, und zwar so einfach und volksnah wie nur möglich. Das nun läßt sie mit immer zärtlicherer Liebe zur Bibel greifen, und dabei entdecken sie, daß ihr Leben unter verschiedenen Aspekten Ähnlichkeiten aufweist mit den Situationen, die in der Heiligen Schrift geschildert werden.

Wenn das biblische Volk Gottes seine Erfahrungen auch unter gesellschaftlichen und kulturellen Bedingungen gemacht hat, die sich beileibe nicht mit den unseren vergleichen lassen, so bieten sie doch eine solide Grundlage für eine volksnahe biblische Theologie des Landes. Davon soll weiter unten die Rede sein.

b. Spiritualität der Landarbeiter und Kleinbauern. – Auch wenn uns klar ist, daß wir niemals imstande sein werden, an den innersten Kern der Transzendenzerfahrung der ländlichen Bevölkerung heranzukommen, möchten wir dennoch voller Hochachtung versuchen, uns ihm ein wenig zu nähern.

Wir wollen Leben und Kultur der ländlichen Bevölkerung nicht idealisieren; dennoch meinen wir, bei aller möglichen Differenzierung, bestimmte gemeinsame Züge entdecken zu können.

Zunächst möchten wir noch einmal feststellen, daß der Glaube dieser Menschen wahr ist. Auch wenn er sicher reifer sein könnte und die Unzulänglichkeiten auf der Hand liegen, ist er echt.[64] So sagen die brasilianischen Bischöfe: »Das Verhältnis, das sie zu Gott haben, verbinden sie eng mit dem Verhältnis, das sie zu Erde und Land haben.«

---

[63] *Brasilianische Bischofskonferenz,* Igreja e problemas da terra, Petrópolis ²1983, Nr. 108.
[64] Vgl. *J. L. Caravias,* Religiosidad campesina y liberación, Bogotá 1978, 22 f.

Und die Bischöfe des südperuanischen Andengebietes meinen: »Der tiefe Glaube des Andenvolkes schließt nicht nur Gott, sondern auch den Nächsten, die Natur und die Geschichte mit ein. Solch eine gläubige Weisheit, solch eine Theologie der Armen ist eine Anfrage an die Kirche . . .«[65]

Der Bauer traditionalen Zuschnitts erfährt Gott dadurch ganz tief, daß er einen ganz innigen Kontakt mit der Natur pflegt: »Seine Treue zu Gott erweist der Bauer dadurch, daß er sich der Erde anpaßt und ein brüderliches Verhältnis zu ihr entwickelt. Sünde aber ist, wenn er sie mißbraucht und ausraubt, ungerecht mit ihr umgeht und sie zerschlägt. Die schlechten Hirten des Volkes (Ez 34) zerstören das Volk, zwingen es, sich zu zerstreuen, schicken es in die Verbannung und bringen es um sein Land. Das ist Treulosigkeit.«[66]

In einem Text der Missionsabteilung des CELAM heißt es: »Alles, was dem Volk in seinem Verhältnis zu Natur und menschlicher Gemeinschaft widerfährt, ist religiöse Erfahrung im tiefsten Sinn des Wortes. Land und Arbeit sind Präsenz, sind Wirken Gottes. Das eine wie das andere pflegen und entwickeln die Völker jeden Tag aufs neue, feiern es liturgisch in zahllosen Riten und schaffen so Gemeinschaft zwischen Natur und Arbeit einerseits und schenkender Hochherzigkeit Gottes andererseits. Jede Form von Säkularisierung, Merkantilisierung und Ausplünderung der Erde zerstört direkt die Gemeinschaft mit Gott ebenso wie seine Gegenwart und sein Wirken in ihr.«[67]

Wenn die Familie bzw. das Gemeinwesen die Felder bestellt, dann ist das aus sich heraus eine Garantie dafür, daß Familie und Gemeinwesen Bestand haben. Mangelnde Treue zur Erde ist fehlende Treue zum Gott des Lebens. Die Erde Gottes bestellen ist ein Akt engster Gemeinschaft mit Gott, ist Mitarbeit am Werk Gottes, an etwas, was Gottes eigene Angelegenheit ist. Bei der Feldarbeit entdeckt der Bauer Gott selbst und fühlt sich in seiner Nähe, insofern ihm die Erde ja das Leben schenkt und insofern er um sie kämpft.

Unsere Landbevölkerung erfährt Gott als den Schöpfer der Erde, als Schoß, aus dem das Wunder des Lebens sprießt. Deshalb geht sie voll Ehrfurcht mit der fruchtbaren Erde um. Die Menschen sind davon überzeugt, daß alles Geschaffene gut ist und daß der vorsorgende Gott die Kraft und die Weisheit gibt, damit die Erde ihre Früchte hervor-

[65] *Die Bischöfe der südlichen Anden,* La tierra, don de Dios, Nr. 34.
[66] Ebd., Nr. 45.
[67] *CELAM,* La evangelización de los indígenas, 2/IV.

bringt. Federico Aguiló, der sich wirklich in der inneren Welt der Indianer auskennt, spricht davon, der Indianer habe eine Fähigkeit zur »kontemplativen Bewunderung«: »Der Indianer ist erfüllt von einem inneren Dialog und einer lebendigen Gemeinschaft mit der Natur, was sich allerdings nur mit Mühe aus seinen Worten und Taten schließen läßt. Der Puruhá-Ketschua-Indianer betrachtet voller Bewunderung das stille Wachsen der Pflanzen, und ein Gefühl der Dankbarkeit bemächtigt sich seiner Seele. Wenn er dann plötzlich ehrlichen Herzens sagt: ›Gott gibt das Korn‹, dann ist das der Ausbruch aus jenem langen Schweigen, während dessen ihm die Fähigkeit des Staunens erwachsen ist. Wem fällt da nicht auf, daß unsere Zivilisation zunehmend unfähig wird, eine solche innere Weisheit für etwas Wertvolles zu erachten ...?«[68] Auch viele Nichtindianer haben noch diese Einstellung.

Wenn der Bauer mit Hilfe von Kräutern und anderen Naturmethoden seine Krankheiten heilt, dann geht ihm auch hierbei auf, daß es der Gott der Erde ist, der Kranke heilt, Gefallene wiederaufrichtet und Erschöpfte wiederbelebt. Aus diesem Grund sind natürliche Heilverfahren stets von Gebeten und Riten zur Ehre des Gottes begleitet, der alles wieder gut macht.

Fruchtbarkeit ist eine Gabe, für die man Gott stets aufs neue zu danken hat. Pflanzen, Tiere und Menschen sind deshalb fruchtbar, weil sie Gottes sind. Gott ist der Ursprung aller Formen von Leben und Weiterleben; er sorgt dafür, daß alles fruchtbar ist. Was sich nicht vermehrt, hat nicht teil an der göttlichen Dynamik.

Wenn auf dem Land gefeiert wird (Musik, Tanz, Essen und Trinken, geschwisterliches Beisammensein, Heiterkeit, religiöse Opfer und Gebete, einschließlich der Messe), dann spüren die Menschen Harmonie mit Gott, mit der Gemeinschaft, mit den Freunden und mit der Familie. Auch die religiösen Riten, die mit Erde und Ernte zu tun haben, vermitteln, daß die Erde heilig ist, eben weil sie die Quelle des Lebens ist.

In ihren Kämpfen um Grund und Boden machen die Menschen die Erfahrung Gottes. Sie fühlen Gott in ihrer Nähe; sie spüren ihn als Beschützer, der ihnen Kraft und Durchhaltevermögen gibt, damit sie verteidigen können, was sein ist und was er ihnen gegeben hat, damit alle ein Leben in Würde führen können. Irgendwie, wenn auch unscharf, begreifen sie, daß ihre Feinde auch die Feinde Gottes sind

---

[68] *F. Aguiló,* El hombre del Chimborazo, 153.

und daß sie sich in ihrem Einsatz für Erde und Land zugleich auch für das einsetzen, was Gott gehört. Riten und Feiern, die manchmal bei Landbesetzungen zu beobachten sind, bringen zum Ausdruck, daß Gott das Recht des Armen schützt.

Hergebrachterweise steht die bäuerliche Bevölkerung der Anden und anderer Regionen Lateinamerikas in einer Haltung der Ehrfurcht vor und des Gleichklangs mit der bestellten Erde. So wird die Arbeit zur Begegnung mit Gott selbst. Doch das Verständnis, das heute von außen an sie herangetragen wird, zerstört das enge Verhältnis zwischen Gott, Erde und Bauernschaft; denn ihm zufolge gilt die Erde nur noch als Produktionsfaktor, Handelsware und Objekt technischer Manipulation. Daß da und dort neue Methoden des Ackerbaus abgelehnt werden, ist insofern religiös motiviert, als man nicht will, daß Gott beleidigt wird. Zerstören sie denn nicht die Erde Gottes und das Verhältnis, das der Mensch zu ihr hat? Wirken sie nicht so, als wollte man Gott als die Quelle des Lebens abschaffen und seine Hoffnung nur noch aufs Geld setzen? Auf diesem Gebiet gäbe es noch viel zu tun und große Kräfte zur Entfaltung zu bringen ... Neuerungen und Modernisierungsmaßnahmen haben sich dem lebendigen bäuerlichen Glauben an den Gott des Lebens unterzuordnen und müssen in Einklang stehen mit Geschichte und Kultur dieser Menschen.

Verglichen mit anderen Gesellschaftsschichten, haben Landarbeiter und Kleinbauern zweifelsohne ein engeres Verhältnis zur Natur, weil sie ja in der Natur Gott erfahren. Doch Natur ist ein Bündel von Elementen der natürlichen Umwelt, von familiären Banden, von Beziehungen innerhalb des Gemeinwesens und von kulturellen Ausdrucksformen. Das heißt: Auf dieser Erde in Gemeinschaft mit Gott leben ist erheblich mehr als nur ein Verhältnis zur Natur haben, ist vor allem die gemeinschaftliche Annäherung an einen Gott, der Feste feiert und die Welt schafft, der Gerechtigkeit will und keinen Kampf scheut, der die Kleinen schützt und die Armen rächt.

Wo arme Bauern noch in ihren alten Gemeinwesen leben und sich zu kirchlichen Basisgemeinden oder ländlichen Pastoralgemeinschaften bzw. Gruppen im Sinne der Landpastoral zusammenschließen, geben sie im Grunde ihres Herzens nie die Hoffnung auf. Im Vertrauen auf Gott hofft der Bauer, so schlimm es ihm auch gehen mag, immer noch auf bessere Zeiten, auf ein Stückchen Land ebenso wie auf eine neue, weite und große Erde, auf der Gerechtigkeit herrscht. Er hofft darauf, daß jeder ausreichend Grund und Boden bekommen wird, so daß sich alle wirklich als Brüder und Schwestern verstehen können. Wonach sich die Menschen im Kern ihres Wesens sehnen und wofür sie kämpfen, ist das Kommen des Reiches Gottes.[69]

Zwar ist diese Art von Spiritualität am tiefsten bei indianischen Völkern verwurzelt, aber auch jeder Bauer alten Schlags ist bis ins Innerste seines Herzens von ihr durchdrungen.

3. Auf dem Weg zu einer Schwarzen Theologie des Landes

Im Jahre 2000 wird es in Lateinamerika an die hundert Millionen Menschen geben, deren Vorfahren aus Afrika importierte Sklaven waren. Allein schon diese Zahl zwingt uns, über die Schuld an Gerechtigkeit, die die Kirche gegenüber diesen Brüdern und Schwestern hat, gründlicher nachzudenken und nach Möglichkeit zu suchen, wie der Beitrag der Schwarzen zu einer Pastoral und Theologie des Landes besser genutzt werden kann.

In poetischer Form gibt die brasilianische »Fliehdorf-Messe« den Schrei der Schwarzen wieder:

»Wir kommen aus der Tiefe der Angst,
aus tauben Ketten kommen wir;
wir sind eine dauernde Klage,
dennoch loben wir ...
Wir kommen aus alten Sklavenhütten,
aus neuen Elendsvierteln kommen wir;
wir sind von den Rändern der Welt,
dennoch tanzen wir ...«[70]

In der Tat, allerorten in Lateinamerika wird das Volk der Schwarzen wach und strömt zusammen, um mit den ihm eigenen Möglichkeiten am gemeinsamen Prozeß der Befreiung des Kontinents mitzuwirken.

Am Beispiel der afrobrasilianischen Religionen (Xangô, Candomblé und Umbanda) möchten wir im folgenden nach theologischen und kulturellen Elementen fragen, die mit der Thematik »Land« und »Kampf um Land« näher in Verbindung stehen.

»In den Kultstätten des Candomblé hat das Gemeinschaftliche den Vorrang vor dem Individuellen. Der Austausch erfolgt nach dem Prin-

---

[69] Vgl.: Versch., Taller teológico del sur andino, Cusco 1982; unsere Ausführungen sind eine Zusammenfassung dieser Werkstatt (taller).

[70] In: *H. Goldstein* (Hrsg.), Tage zwischen Tod und Auferstehung, 85.

zip von Geschenk und Gegengeschenk und nicht von Gewinn. Materieller Wohlstand gilt als Folge religiöser Observanz und nicht als Erfolg in Beruf oder Karrierestreben ... Dank der Religion erlangt der Arme die Würde, die die Gesellschaft ihm verweigert. In diesem Sinn bilden religiöse Gruppen eine Gegenkultur, auch wenn sie das herrschende System nicht ausdrücklich infrage stellen.«[71]

»Im Candomblé gibt es keine moralisierenden Lektionen, und niemand wird auf ein anderes Leben verwiesen. Eher schon mutet der Candomblé wie eine Verkündigung an, die Hauptsache sei das gegenwärtige Leben und das werde obsiegen. Man feiert die *Religion der Erde,* die Religion der Natur.«[72]

Die Orixás – Zwischenwesen zwischen dem höchsten Gott und den Menschen – sind Orixás der Erde, und zwar in einem doppelten Sinn. Einmal haben sie ihren Ort in einem ländlichen Umfeld und sind Gottheiten einer im wesentlichen agrarischen Religion. Zum anderen haben sie Gefühle und kennen sich in menschlichen Befindlichkeiten aus. Ossänyin ist Schutzherr der Vegetation, ihm unterstehen Kräuter und Blätter, heilende Tränke und medizinische Rituale. Obaluaiyê oder Omalu ist der König der Erde, einschließlich der Geister auf der Erde. Oxum ist der Orixá des Wassers, der Fruchtbarkeit und der Reichtümer. Wanā ist eine weibliche Gottheit, sie ist die älteste Orixá, und ihr unterstehen Wasser und Land, Quellen und Lehm wie auch die ganze Landwirtschaft.[73]

Als Opfer bringt man Früchte und Tiere dar, Erträge der Erde also. Insgesamt, kann man sagen, handelt es sich um Früchte und Tiere, die auch für die Armen erschwinglich sind.

Die liturgischen Feiern in den Candomblé-Kultstätten bestehen aus Tänzen: eine überaus glückliche Tatsache, weil sich auf diese Weise alle aktiv am Gottesdienst beteiligen können.

Im Mittelpunkt der Kultstätte befindet sich normalerweise eine Art heiliger Stein. Die »Arbeiten« beginnen, indem sich alle schweigend auf dem Boden ausstrecken und sich betend darauf einstimmen, indirekt den Gott Olorum und direkt die Orixás zu preisen. Sobald die Babalorixás (Priester) oder Ialorixás (Priesterinnen) jemandem die »Erlaubnis« geben, das heißt feststellen, daß die Gottheit auf ihn herabgestiegen ist und er in Trance fällt, muß er die Erde küssen. Die Erde

---

[71] *M. Bergmann,* Nasce um povo, Petrópolis 1977, 68.
[72] *F. Sparta,* A dança dos orixás, São Paulo 1970, 47.
[73] Vgl. die Zeitschrift »Vozes«: 1977/9, 698.

ist das große Sakrament, mittels dessen der Mensch in Kontakt mit der Gottheit tritt. Soweit ein paar Hinweise zur religiös-kultischen Praxis in den afrobrasilianischen Religionen.

Was Lateinamerika insgesamt angeht, sahen wir bereits, daß ein gut Teil der unterdrückten Landarbeiter und Kleinbauern allenthalben aus Schwarzen besteht, die entweder direkte Nachfahren afrikanischer Sklaven oder Mischlinge mit afrikanischem Blut sind. Umgekehrt sind die, die die ländliche Bevölkerung in Unterdrückung halten, mehrheitlich weiße Rassisten. So liegt der Schluß nahe, eine Theologie des Landes komme nicht umhin, auch den Weg, die Leistung und die Denkungsart der Schwarzen zu berücksichtigen.

In der Forschung ist verschiedentlich die These vertreten worden, zwischen den indianischen Zivilisationen Amerikas und den schwarzen Kulturen Afrikas habe es in der Geschichte tiefgehende Berührungen gegeben, wenn sie nicht gar aus derselben Wurzel stammten.

So gehen etwa die Mayas in ihrer mündlichen Überlieferung davon aus, die ersten Einwohner Mexikos seien schwarz gewesen. Die Pyramiden der Azteken weisen viele Ähnlichkeiten mit denen der Ägypter auf. Die Hieroglyphen im alten Ägypten und die im vorkolumbianischen Mexiko sind praktisch gleich. Verschiedene Begriffe decken sich in Ägypten und in Mexiko. Sowohl im alten Ägypten als auch im Peru der Inkas heißt der Sonnengott: Ra. Dieselben Techniken, die die Indianer in Mexiko, Kolumbien, Nordamerika und insbesondere Peru zur Mumifizierung ihrer Toten benutzten, sind auch in Ägypten bekannt.[74]

Viele solcher Elemente könnte man auflisten. Doch diese mögen genügen, um das Augenmerk auch derer, die sich sonst mit Indianerpastoral im Andenraum befassen, auf die schwarze Bevölkerung zu lenken. Fünf Aspekte möchten wir ansprechen:

1. Der größte Beitrag, den die Afroamerindianer zu Theologie und Pastoral des Landes leisten können, ist die klare, ja, man könnte sagen, die festliche Art ihres ganzen Engagements. Demnach kann sich die Theologie des Landes auch in Gedichten, Reimen und Geschichten artikulieren. Im Blick auf liturgische Feste und Feiern, in denen es um Erde und Land, um Grund und Boden geht, wird man an eine Wiederbelebung dieser Kulturformen denken müssen. Sowohl die Einheit als auch die Freude über den gemeinsamen Einsatz als auch die bedingungslose Kampfbereitschaft lassen sich im Tanz voll und ganz zum Ausdruck bringen.

---

[74] Vgl. *E. L. Nascimento,* Pan-Africanismo na América do Sul, Petrópolis 1981, 109 f.

2. Die Tatsache, daß in den afroamerindianischen Kulten Frauen als Ialorixá-Priesterinnen eine aktive, ja führende Rolle spielen, gemahnt uns, mehr darauf zu achten, daß auch in der Landpastoral Frauen ungehindert und als selbständige Menschen nicht nur mitmachen, sondern auch Führungspositionen übernehmen.

3. Eine Ekklesiologie, die sich von den Kulten des Xangô, Candomblé und Umbanda inspirieren läßt, wird auf eine inkarnierte und inkulturierte Kirche größten Wert legen. Die afroamerindianischen Rituale können uns helfen, unter Wahrung der christlich-neutestamentlichen Theologie der Sakramente auch die Liebesmähler, in denen diese Religionen die Gemeinschaft mit Gott feiern, als Sakramente der Erde anzuerkennen.

4. Eine bisher nichtgekannte große Herausforderung besteht ohne Zweifel darin, das erste hermeneutische Prinzip der Heiligen Schrift – so James Cone – als Grundlage der Theologie anzuerkennen.

Verständlicherweise finden die Autoren den Rassismus der herrschenden Gesellschaft schon in der Heiligen Schrift begründet. Der am häufigsten zitierte Text ist vielleicht die Stelle, an der Noach Ham verflucht: »Der niedrigste Knecht sei er seinen Brüdern!« (Gen 9,20–28). Unter Verweis auf das gesellschaftliche Umfeld versteht die Exegese diese – ätiologische – Erzählung heute jedoch anders. Ein Text wie dieser ist möglicherweise das Produkt eines geschichtlichen Kontextes, in dem Bauern Wein anbauten, in den Augen von Stadtmenschen indes kaum Ansehen hatten und diese sich über jene lustig machten. Allerdings mußte ein Stadtbewohner einen Bauern »Vater« nennen, weil er ja von ihm ernährt wurde. Ham ist Stammvater Kanaans (Vers 22), das heißt der verhaßten Kanaanäer, aber im Stammbaum der Nachfahren Hams werden nicht nur ägyptische Städte, sondern auch Babylon und Ninive und sogar Sodom und Gomorra genannt (10,6–20). So verstanden, erweist sich der Text als Waffe des Kleinen und Verachteten, weil dieser in der Tradition des segnenden und verfluchenden Stammvaters zu Würde und Macht kommt. Das Wort Gottes verbürgt hier den Sieg der Nachfahren Sems und Jafets. Später, nachdem Israel zu einem Staat geworden ist und die Kanaanäer besiegt sind, wird die alte Geschichte ohne Zweifel zum Argument, mit dem die rassische und gesellschaftliche Diskriminierung der Kanaanäer gerechtfertigt werden soll. Dieses kleine Beispiel mag belegen, wie oberflächlich man mit einem Text umginge, ließe man seine historische Dimension außer Betracht.

Die Theologie kommt nicht daran vorbei, diesem Aspekt auf den Grund zu gehen und jeder rassistischen oder diskriminierenden Bibelinterpretation zu wehren.

Außer verschiedenen Texten wie diesem erlaubt auch die Gesetzeslage in Israel die Sklaverei (Ex 21,2–6; Lev 25,39–46; Dtn 15,12–18). So unangenehm es sein mag – für den jüdisch-christlichen Glauben sind derartige Bestimmungen Teil des göttlichen Gesetzes. Zwar fordert dieses eine menschliche und gerechte Behandlung der Sklaven, möchte die Tochter des Sklaven schützen, begrenzt die Zeit, die jemand Skave sein darf, auf sechs Jahre und legt fest, der Sklave habe am siebten Tag ein Recht auf Ruhe, aber die Sklaverei als solche rührt es nicht an. Doch wäre so etwas im 12. und 13. Jahrhundert v. Chr. historisch überhaupt möglich gewesen? Vielleicht stößt sich in zweihundert Jahren jemand daran, daß wir Christen des 20. Jahrhunderts uns zwar noch dafür einsetzten, daß alle ihr Recht auf ein Stück Land haben, als Menschen geachtet werden, ihren gerechten Lohn bekommen usf., aber grundsätzlich davon ausgingen, daß es in der Welt Unternehmer und abhängige Arbeiter gibt.

Biblische Texte muß man immer in ihrem geschichtlichen Kontext lesen – nicht um sie zu rechtfertigen, sondern um sie zu verstehen.

Offenbar hatte sich im Volk Israel ein bemerkenswerter Rassismus breitgemacht. Da mußte der Prophet Amos seinem Volk einen tiefen Schock einjagen, als er verkündete: »Seid ihr für mich mehr als die Kuschiter [Afrikaner], ihr Israeliten? ... Wohl habe ich Israel aus Ägypten geführt, aber ebenso die Philister aus Kaftor [Kreta] und die Aramäer aus Kir [Mesopotamien]« (Am 9,7).

In seiner großen messianischen Hoffnung erwartete Israel bis zur babylonischen Gefangenschaft, daß ein gerechter König als Nachfahre Davids käme, der das Reich Juda wiederherstellen und die Armen befreien würde (vgl. Am 9,11f; Jer 23,5f; Jes 9,1f; 11f; u.ö.).

Doch in der Gefangenschaft erwies sich diese Hoffnung als Illusion. Unter den Nachfahren Davids gab es keine wirklichen Führerpersönlichkeiten mehr. Von den Großen war keine Befreiung mehr zu erwarten. So mußte das gefangengehaltene Volk darauf setzen, daß nur ein Sklave den Sklaven würde befreien können. Also entwickelte sich die Gestalt des leidenden Gottesknechtes. Diese war zugleich eine Einzelperson wie auch eine kollektive Größe. Zum einen war sie von Jeremia her inspiriert, zum anderen war sie ein getreues Bild dessen, was das Volk gegenwärtig erleben mußte. Möglicherweise bieten die vier Gottesknechtslieder die Basistexte für eine Schwarze Theologie des

Landes. Wer diese Passagen in Brasilien mit pastoralen Augen liest, denkt unwillkürlich zum Beispiel an den »Schwarzen Alten«, der einem in der Umbanda auf Schritt und Tritt begegnet. »Er schreit nicht, und er lärmt nicht und läßt seine Stimme nicht auf der Straße erschallen. Das geknickte Rohr zerbricht er nicht, und den glimmenden Docht löscht er nicht aus« (Jes 42,2-3). »Der Herr sagte zu mir: Du bist mein Knecht, an dem ich meine Herrlichkeit zeigen will« (Jes 49,3). »Ich hielt meinen Rücken denen hin, die mich schlugen ... Mein Gesicht verbarg ich nicht vor Schmähungen und Speichel ... Deshalb mache ich mein Gesicht hart wie einen Kiesel« (Jes 50,6-7).

Nach dem Exil erlebte das Volk Gottes unter persischer und dann unter griechischer und syrischer Herrschaft ein kulturelles Phänomen, das in ähnlicher Weise auch die afrikanischen Sklaven in den Amerikas erfuhren: einen gewissen Synkretismus. Im Falle Israels wurden aus den persischen und orientalischen Gottheiten Geschöpfe. An der Weisheitsliteratur läßt sich ablesen, wie die jüdische Volkskultur Widerstand leistete, und zugleich aber auch den Dialog mit anderen Kulturen suchte und diese da und dort sogar integrierte. Hier liegt zum Beispiel auch der Entstehensort des Engel- und Dämonenglaubens. Die einen wie die anderen waren ursprünglich nichts anderes als die Orixás der afrobrasilianischen Theologie.

Da die christlichen Gemeinden des ersten Jahrhunderts im Römischen Reich nur ganz am Rande lebten, deuteten sie die Worte und Taten Jesu im Licht der Prophetien des leidenden Gottesknechtes. So betrachteten und verstanden sie das Leiden des Herrn ganz von diesen Texten, insbesondere von Jes 52,13-53,12, her.

Einer der ältesten christlichen Hymnen, der von Paulus zitiert wird, lautet: »Er war Gott gleich, hielt aber nicht daran fest, wie Gott zu sein, sondern entäußerte sich und wurde wie ein Sklave« (Phil 2,6-7).

Auch seine eigene Berufung begreift Paulus als Knechtsdasein (Gal 1,10) und möchte, daß auch die Geschichte nach Maßgabe des Kreuzes Jesu Christi, das heißt: als Scheitern und augenscheinliche Niederlage des Unterdrückten, verstanden wird.

Doch ohne Zweifel macht es uns Paulus nicht leicht. Wie sollte man denn auch jemanden verstehen können, der einerseits sagt: »Es gibt nicht mehr Juden und Griechen, nicht mehr Sklaven und Freie, nicht Mann und Frau; denn ihr alle seid ›einer‹ in Christus Jesus« (Gal 3,28), in dessen Tradition es dann andererseits aber auch heißt: »Ihr Sklaven, gehorcht euren irdischen Herren in allem! Arbeitet nicht nur, um euch bei den Menschen einzuschmeicheln und ihnen zu gefallen, sondern fürchtet den Herrn mit aufrichtigem Herzen« (Kol 3,22; Eph 6,5). Gewiß legt man auch im Kreis um Paulus Wert darauf, daß die Herren ihre Sklaven gut, gerecht und billig behandeln. Ja, man sagt sogar: »Ihr wißt, daß ihr im Himmel einen gemeinsamen Herrn habt. Bei ihm gibt es kein Ansehen der Person« (Eph 6,9; Kol 4,1). Dennoch tun wir uns, die wir an einen befreienden Gott glauben, schwer, ja halten es für ausgeschlossen, der Ideologie einer Sklavenhaltergesellschaft zustimmen zu können, wie sie sich hinter solchen Worten verbirgt. Leider müssen wir zugeben, daß Paulus und seine Gefolgsleute nicht nur nicht die Sklavenhaltergesellschaft im Umfeld des Neuen Testaments konsequent kritisiert haben, sondern daß ihre diesbezügliche Haltung dazu geführt hat, daß Menschen, die andere Menschen zu Tieren herabgewürdigt haben, sich über zwei Jahrtausende hin mit Argumenten des Christentums rechtfertigen konnten.

Paulus und seine Schüler hatten Grund, sich so zu äußern und so zu verhalten. Im Rahmen ihres ausgesprochen apokalyptischen Denkens vertraten sie eine Ethik, in welcher es auf eine unmittelbare Besserung bzw. Milderung konfliktgeladener Situationen ankam; denn mit der Wiederkunft Christi würde ja ohnehin alles neu werden (vgl. 1 Kor 7, 29,–31). Verständlicher wird uns diese Einstellung überdies dann, wenn wir sie als Überlebensstrategie der paulinischen Gemeinden betrachten; denn mit ihrer Gleichheitspraxis – zwischen Männern und Frauen, zwischen Sklaven und Freien, zwischen Juden und Heiden, zwischen Erwachsenen und Kindern – standen sie allemal in krassem Gegensatz zur jüdisch-römischen Umwelt. Seitens des Imperiums wurden sie bezichtigt, die gesellschaftliche Ordnung umstürzen und auf den Kopf stellen zu wollen. Und dem war ja auch wirklich so. Immerhin boten sie mit ihrem Leben in Gemeinschaft allen, die das System in die Randexistenz gedrängt hatte, eine Alternative.

Dabei ist zu bedenken, daß sich das System auf Aristoteles berief. Und von Aristoteles stammen solche Sätze wie die folgenden: »Gibt es denn nicht Menschen, die von Natur aus zum Sklavendasein bestimmt sind und für die dieser Stand gerecht und angemessen ist, oder sollte etwa jede Sklaverei ein Angriff auf die Natur sein? Nichts ist leichter als die Antwort auf diese Frage, und zwar sowohl auf der Ebene der Tatsachen als auch der vernunftmäßigen Argumente. Daß einige herrschen und die anderen beherrscht werden müssen, ist ebenso notwendig wie angebracht. Von Geburt an sind die einen zur Unterwerfung und die anderen zum Unterwerfen bestimmt« (Aristoteles, Politik).

Unsere christliche Tradition ist in ihren dogmatischen Grundlagen weithin von der »Weisheit« dieses griechischen Philosophen geprägt. Allerdings sollten wir nicht vergessen, daß Paulus dank dem befreienden Evangelium Christi schreiben kann: »Wenn du als Sklave berufen wurdest, soll dich das nicht bedrücken; auch wenn du frei werden kannst, lebe lieber als Sklave weiter« (1 Kor 7,21). Ähnlich bittet der Apostel in seinem Brief an Philemon wie an die Kirche, die sich im Haus der Aphia trifft, diesen darum, den entlaufenen Sklaven Onesimus liebevoll aufzunehmen. So unterstreiche er die Tatsache, daß die auf Jesus Christus gegründete Kirche eine Gemeinschaft von Gleichen und von Geschwistern sei. Paulus schreibt: »Denn vielleicht wurde er nur deshalb eine Weile von dir getrennt, damit du ihn für ewig zurückerhältst, nicht mehr als Sklaven, sondern als weit mehr: als geliebten Bruder ... Wenn du dich mir verbunden fühlst, dann nimm ihn also auf wie mich selbst« (Phlm 15–17). Der Aufruf des Apostels zu Wärme und Solidarität gegenüber den Brüdern und Schwestern hat in der Welt von heute, vor allem auf unserem Erdteil, einen neuen, nachhaltigen Klang.

5. Die Theologie der Erde erfährt eine große Bereicherung durch den zunehmenden Kontakt mit afrikanischen Theologen. So ist die Wegstrecke, welche die »Ökumenische Vereinigung von Dritte-Welt-Theologen« EATWOT[75] mittlerweile zurückgelegt hat, ein Anlaß zur Freude, und wir hoffen, daß Dialog und Integration noch intensiver werden. So heißt es in der Schlußerklärung der EATWOT-Konferenz 1976 in Daressalam (Tansania):

»Wenn wir Theologie treiben, versuchen wir, das Evangelium für alle Menschen bedeutsam zu machen und uns zu freuen – unwürdig wie wir sind –, daß wir Gottes Mitarbeiter sein und seinen Plan für die Welt erfüllen dürfen ...«[76]

Zugleich haben sich die Kirchen in einigen afrikanischen Ländern auch um eine Zusammenarbeit mit lateinamerikanischen Pastoralträgern und Beratern bemüht. So haben in den letzten Jahren zahl-

---

[75] EATWOT = Ecumenical Association of Third World Theologians = Ökumenische Vereinigung von Dritte-Welt-Theologen. Die Beschlüsse der ersten sechs Welttreffen der EATWOT (Daressalam 1976, Accra 1977, Colombo 1979, São 1980, Neu Delhi 1981, Genf 1983) liegen in deutscher Übersetzung in dem Band vor: Herausgefordert durch die Armen. Dokumente der Ökumenischen Vereinigung von Dritte-Welt-Theologen 1976–1983, Freiburg–Basel–Wien 1983 (ein siebtes Treffen fand vom 7. bis zum 12. 12. 1986 im mexikanischen Oaxtepec statt). Vgl. auch: *H. Schöpfer*, Theologie an der Basis. Dokumente und Kommentare zum theologischen Nord-Süd-Dialog, Regensburg 1983 (Anm. des Übersetzers).

[76] Herausgefordert durch die Armen, 43.

reiche Teams lateinamerikanischer Ordensleute in Ländern wie Angola, Mosambik, Guinea Bissau u. a. gelebt und gearbeitet. Dabei kommt es darauf an, daß die gegenseitige Hilfe für beide Seiten fruchtbar wird.

Dennoch gilt: Wenn wir uns auf das Neuland einer Schwarzen Theologie der Erde begeben, haben wir natürlich zunächst die schwarzen Gruppen und Bevölkerungskreise in Lateinamerika im Auge.

Anläßlich des Besuchs von Erzbischof Desmond Tutu in São Paulo fand am 20. Mai 1987 auch ein ökumenischer Gottesdienst statt. Voller Überzeugung sagte dabei der evangelische Pfarrer Antônio Olímpio de Sant'Ana: »Die schwarze Gemeinde in Südafrika reagiert auf das, was im Land passiert; und unser Bruder, Erzbischof Desmond Tutu, ist ein lebendiges Beispiel für diese Reaktion. Auch wir in Brasilien reagieren. Unsere Reaktion geht in verschiedene Richtungen und hat verschiedene Dinge zum Inhalt. Brasilien ist ein riesiges Land; zahlreiche Gruppen sind sich dessen bewußt geworden, daß sie für ihre Rechte kämpfen müssen. Von Nord bis Süd, von Ost bis West reagieren wir Schwarzen auf das, was uns die Gesellschaft vorbehalten hat: Armut, Elend, Analphabetentum, Arbeitslosigkeit usf. Heute unterstützen uns die Kirchen besser. Da wir engagierte Christen sind, gehen unsere Kirchen auf einige Herausforderungen, die wir für sie darstellen, mittlerweile ein. So haben wir heute eine ›Ökumenische Nationalkommission für den Kampf gegen den Rassismus‹ . . .[77]

Damit ist die Theologie der Erde und des Landes kraft ihrer selbst ein Raum des Dialogs und ein Ort, an dem das schwarze Volk zu sich selbst findet.

---

[77] *A. O. de Sant'Ana,* Discurso na celebração ecumênica por ocasião da visita do arcebispo Desmond Tutu a São Paulo, in: Conjuntura. Igreja e Sociedade, Nr. 16 (Mai 1987).

III. Erde und Land in der Bibel

A. Altes Testament

1. Väterzeit und erste Landverheißungen

Zwischen 1850 und 1300 v. Chr. wanderten die Vorfahren Israels in Kanaan ein. Doch das Land war seit langem bewohnt. Die agrarische Kultur der Kanaanäer war der der nach und nach eindringenden Halbnomaden erheblich überlegen.

Anfangs tauchten nur kleine Familienclans auf. Als Halbnomaden, die von der Kleintierzucht lebten, waren sie friedliche Leute. Im Winter schlugen sie in den südlichen Grenzsteppen der fruchtbaren kanaanäischen Gebiete, wo sie Weideland für ihr Vieh fanden, ihre Zelte auf. Doch allmählich wandten sie sich auch dem Ackerbau zu. Im Sommer stießen sie auf der Suche nach Weidemöglichkeiten bis auf die frisch abgeernteten Felder vor. So drangen sie Schritt für Schritt aus der Wüste bzw. Steppe in das fruchtbare Land vor.

Zu Beginn pflegten die Sippen keinen sonderlich intensiven Kontakt untereinander. Nach Auffassung einiger moderner Autoren waren die Väter, von denen die Bibel erzählt, sogar die Gründergestalten der Familienclans, die aber miteinander nicht in Verbindung gestanden hätten. Erst gemeinsame Probleme hätten sie im Laufe der späteren Geschichte miteinander verwandt werden lassen und zu einem Volk gemacht.

Die Kraft, aus der diese Sippen lebten, war die Hoffnung auf gute Weidegründe für ihre Tiere. Jede Gruppe hatte heilige Überlieferungen, denen zufolge ihr Gott ihren Vorfahren fruchtbares Land zugesagt hatte. Einige dieser Vorfahren sind uns namentlich bekannt: Abraham, Isaak, Jakob, Israel ... Die Bibel spricht vom »Gott Abrahams« und vom »Schrecken Israels« (Gen 31,42), vom »Starken Jakobs« und vom »Hirten«, vom »Fels Israels« (Gen 49,32). Doch immer handelte es sich um den »Gott der Väter«. So forderte es der zeitgenössische Brauch. Was das Offenbarungsgeschehen anbelangt, so geht also die vorbiblische Welt unmittelbar in die Zeit der Väter über. Der Gott der

Bibel offenbart sich Schritt für Schritt im Medium solch primitiver Glaubensvorstellungen.

Jeder Ahn hatte von »seinem« Gott das doppelte Versprechen einer zahlreichen Nachkommenschaft und des Besitzes eines fruchtbaren Landes erhalten. Auf diese Weise sei sichtbar gewesen, daß es sich um einen Schutzgott gehandelt habe. Das spätere Zusammenwachsen der verschiedenen Stämme habe dann auch die unterschiedlichen Überlieferungen, einschließlich des jeweiligen Gottes, immer mehr ineinander fallen lassen. Am Ende hätten sämtliche Sippen eine Geschichte und einen Gott gehabt.

Möglicherweise wurden die Patriarchengruppen allmählich seßhaft, insbesondere in der Nähe von Orten, die in den kanaanäischen Traditionen als heilig galten. So begegnen wir Abraham etwa in Hebron bzw. Mamre (Gen 13,18; 18,23), Isaak im Süden, in Beerscheba (Gen 24,62; 25,11; 26,23), und Jakob östlich des Jordan, in Sichem und Bet-El (Gen 33,19; 35,1).

Daß die Sippen das Land zum ersten Mal zugesprochen bekamen, geschah mit Sicherheit, noch bevor sie die heiligen Orte erreicht hatten, wenn auch nicht auszuschließen ist, daß sich die Verheißungen nur auf eine teilweise Inbesitznahme der genannten Räume beziehen. Möglicherweise gelten sie nicht einmal konkreten Gebieten, sondern beinhalten ein allgemeines Versprechen, so wie die geheimen Wünsche der Menschen waren.

Später wird dann, wie wir in den folgenden Abschnitten sehen werden, die Zusage des Landes fortwährend wiederholt und unentwegt neuinterpretiert. In der Tat, alle uns vorliegenden Texte wurden erst Jahrhunderte nach der Väterzeit geschrieben, und zwar unter Bedingungen, die sich deutlich von denen dieser Epoche abheben. Dabei handelt es sich nahezu ausschließlich um theologische Texte, welche die jeweilige Gegenwart des Volkes in die Vergangenheit zurückprojizieren. Deshalb lassen sich die ursprünglichen Verheißungen des Landes unter den Bedingungen der Väter nur schwer rekonstruieren. Gleichwohl haben wir einige Texte, die zwar erst gegen das Jahr 1000 geschrieben wurden, in denen sich aber eine wesentlich ältere Überlieferung widerspiegelt; diese reicht bis nahe an die Väterzeit heran und wurde von den Autoren in ihre Schriften eingebaut.

Der klarste Text ist vielleicht die uralte Erzählung vom Bundesschluß mit Abraham (Gen 15,7–12.17f) – eine fast intakte Überlieferung, die allem Anschein nach aus dieser grauen Vorzeit stammt. Das Stück wurde in einen jüngeren und mithin erweiterten Zusammenhang eingefügt und von dorther interpretiert, enthält aber nach wie vor alte, höchst wertvolle Elemente. Abraham befindet sich in einem Heiligtum, und der Gott des Ortes vergewissert ihn, er und seine Nachkommenschaft würden das Land, auf dem er steht, zum Eigentum erhalten: »Deinen Nachkommen gebe ich dieses Land.« Gott bekräftigt und erhärtet seine Versprechung mit einem uralten Schwurritus, der darin besteht, daß man Tiere in der Mitte zerteilt.

Ein anderer Text, der anscheinend die Zusammenfassung einer alten Tradition zum Thema »Verheißung« darstellt, ist Gen 12,5-7: »Sie wanderten nach Kanaan aus und kamen dort an. Abram zog durch das Land bis zur Stätte Sichem, bis zur Orakeleiche. Die Kanaaniter waren damals im Land. Dort baute er dem Herrn, der ihm erschienen war, einen Altar.« Hier haben wir nur das Wesentlichste: Der Patriarch nähert sich dem Heiligtum, Gott gibt sein Versprechen, und als dankbare Annahme der Verheißung baut Abram den Altar.

Wahrscheinlich sind auch die Geschichte, daß sich Abraham und Lot das Land teilen (Gen 13,5-13), wie die Erzählung, daß der Herr Jakob in Bet-El das Land zusagt (Gen 28,13-15), solche vorjahwistischen Texte.

Ein weiterer Schritt in der möglichen Rekonstruktion der Geschichte könnte folgender sein: Geraume Zeit später kommen einige dieser Ursippen, vielleicht die Levi-Gruppe, auf der Suche nach Weideplätzen für ihr Vieh bis ins Nildelta. Der Hunger ist so groß (vgl. Gen 12,10.42-43), daß ein Teil bis ins ägyptische Landesinnere zieht. Dort werden die Menschen nach einiger Zeit zur Arbeit an Großbauten gezwungen. Doch schließlich gelingt es ihnen zu fliehen, und, obwohl sie verfolgt werden, können sie der Sklaverei entkommen.

Auch diese Gruppe weiß in ihrem Überlieferungsschatz darum, daß ihr ein Land verheißen ist, in dem sie frei leben kann. In Mose hat sie ihren großen Patriarchen, und diesem werden die Zusagen von ihrem Gott, von Jahwe, zuteil. Nach einem langen Marsch durch die Wüste kommt die Gruppe bis nach Kanaan, in das auch die Halbnomaden aus der Wüste bereits nach und nach einwandern.

Das Volk, das da aus Ägypten kommt, zeichnet sich durch einen tiefen, lebendigen Glauben aus, der auch die anderen Gruppen in seinen Bann zieht. So identifizieren sich alle langsam mit der Erinnerung an die Unterdrückung in Ägypten und an die Befreiung daraus. Vor allem jedoch übernehmen sie den Glauben an den Gott, den die Einwanderer vom Nil Jahwe nennen und der diesen geholfen hat, sich zu befreien, der ihnen ein fruchtbares Land versprochen und mit ihnen einen Bund am Sinai geschlossen hat. Wir sehen also, wie all die verschiedenen Gruppen diese Traditionen übernehmen und gemeinsam verarbeiten. Obwohl keineswegs alle dasselbe erfahren haben, machen sie sich doch alle die großen Themen der einen Gruppe wie »Verheißung« und »Inbesitznahme eines guten und weiten Landes« zu eigen. Im Bemühen um Assimilation lassen sie ihre Stammväter am Ende alle Verwandte sein, einschließlich des Stammvaters der zuletzt eingetroffenen Gruppe, Mose.

Mit diesem raschen Überblick über mögliche, sehr gerafft dargestellte Versuche einer Rekonstruktion dessen, was sich während der Väterzeit historisch abgespielt haben mag, sind wir schon bei der Tatsache angelangt, daß die Gruppen, aus denen später das Volk Israel wird, das Land in Besitz nehmen. Aber wir möchten uns auch weiterhin auf dem festen Boden historischer Tatsachen bewegen – voll bewußt, daß es kaum sichere Fakten gibt, weil die uns vorliegenden Dokumente erheblich später und vor allem mit theologischem und nicht mit historischem Interesse, wie wir es heute verstehen, geschrieben worden sind.[1]

Im folgenden wenden wir uns den Tatsachen zu, wie und in welcher Reihenfolge sie in der Bibel erzählt werden. Im Gewand uralter Überlieferungen offenbart sich Gott Schritt für Schritt seinem Volk.

2. Landnahme

Wer immer sich der Frage nach dem Land in der Bibel zuwendet, hat es vor allem damit zu tun, daß die Hebräer das Land Kanaan erobern. Doch die Deutungen dieses grundlegenden Faktums differieren. Deshalb möchten wir zu Beginn den beiden typischsten Darstellungsweisen nachgehen; denn je nach Interpretation ergeben sich merklich unterschiedliche Konsequenzen.

Wer fundamentalistisch an die entsprechenden Josua-Texte herangeht und sie wörtlich nimmt, deutet die Ereignisse etwa so: Israel besteht aus zwölf auf den Patriarchen Jakob zurückgehenden Stämmen. Gott befreit es aus der Sklaverei in Ägypten. In der Hoffnung auf die Verheißung, die Gott Abraham gegeben hat, er werde dem Volk

[1] Bei den folgenden Ausführungen stützen wir uns auf verschiedene Autoren, namentlich: *G. von Rad,* Theologie des Alten Testaments, 2 Bde., München ^{9}1987, *R. Michaud,* Les patriarches. Histoire et théologie (Lire la Bible 42), Paris 1975; *ders.,* De l'entrée en Canaán à l'éxil à Babylone. Histoire et théologie (Lire la Bible 57), Paris 1982.

Israel das Land Kanaan übergeben, ziehen die Menschen durch die Wüste, dringen in das verheißene Land ein, erobern eine kanaanäische Stadt nach der anderen und zerstören sie alle miteinander, bis sie schließlich selbst die alleinigen Herren des Landes sind.

Diese Art von Lektüre dient heute manchen Leuten als religiöser Vorwand dazu, die Expansionspolitik des gegenwärtigen Staates Israel (von Meer zu Meer) den Palästinensern gegenüber zu rechtfertigen. Doch auch manche Christen verstehen die Texte so. Für sie ist nämlich das Alte Testament lediglich Symbol und Vorbild für das Neue Testament, so daß sie gar kein Problem darin sehen, daß sich Gott bzw. Gottes Volk im Alten Testament unterdrückerisch gebärdet.

Nun vertreten aber gewichtige christliche Autoren seit hundert Jahren die Ansicht, die Bücher Josua und Richter gehörten zum sogenannten deuteronomistischen Geschichtswerk und seien, zumindest im großen Ganzen, zur Zeit des Königs Joschija und seiner religiösen Reform im 7. vorchristlichen Jahrhundert redigiert worden. Das aber bedeutet, daß die Geschichten mehr als fünfhundert Jahre nach den entsprechenden Ereignissen aufgeschrieben wurden. Mithin sind sie deutlich beeinflußt von den Verhältnissen der Zeit ihrer Redaktion. Möglicherweise stecken in den Heldentaten des Josua und der Richter mehr Informationen über das siebte Jahrhundert v. Chr. als über die Zeit der Eroberung Kanaans.

So stellt sich also die Frage, was denn die historische Wahrheit sei. Wie hat sich die Landnahme wirklich abgespielt? Jeder Leser wird ohne Schwierigkeit sofort die deutlichen Widersprüche zwischen dem Buch Josua, dem Richterbuch und den beiden Samuelbüchern erkennen. Methodisch müßte man wohl so vorgehen, daß man zunächst das Datenmaterial chronologisch ordnet und ältere von jüngeren Schichten abhebt. So zweifelt zum Beispiel heute niemand mehr daran, daß wir im Debora-Lied (Ri 5) auf eines der ältesten Stücke der Bibel stoßen. Danach gehören erst ein paar Stämme zu Israel (Efraim, Benjamin, Issachar, Sebulon, Naftali, Dan), einschließlich Gilead. Dan – so das Lied – habe es mit Schiffen zu tun, und Ascher sitze am Ufer des Meeres... Ein anderer uralter Text ist das Gedicht, das vom Segen über Jakob und seine Söhne handelt. Doch der Hintergrund ist nicht die Zeit des Jakob, sondern die der Eroberung Kanaans (Gen 49).

Auf der Grundlage so fragmentarischer Texte die geschichtliche Abfolge rekonstruieren zu wollen ist nahezu unmöglich. »Text und Ereignis sind nicht identisch. Der Text ist eine bestimmte Wiedergabe des Ereignisses... In Ri 1,8 ist die Rede davon, die Jebusiterstadt

Jerusalem sei erobert worden, und zwar im Zusammenhang mit der Landnahme, das heißt im 13. oder 12. Jahrhundert v. Chr. Doch 2 Sam 5,6–9 zufolge konnte erst David (im 10. Jahrhundert) Jerusalem einnehmen. Alles deutet darauf hin, daß die letztgenannte Stelle historisch richtig ist. Ri 1,8 spiegelt die Absicht der Autoren des Josua- und des Richterbuches wider. Diese wollen nämlich sagen, die Israeliten hätten bereits im Zuge der Landnahme die Kanaanäer besiegt und aufgerieben. Man würde Ri 1,8 also nicht gerecht, wollte man den Satz als Erfindung abtun. Die beiden Texte haben unterschiedliche Sinnspitzen. Man muß um die jeweilige Intention wissen... Niemand darf harmonisieren, was auch die Bibel nicht harmonisiert...«[2]

Seit gut zehn Jahren vertreten Soziologen und Altertumsforscher eine andere Ansicht, wie die Entstehung des Volkes Israel, der Pentateuch und die Landnahme zu verstehen seien. Die beiden bekanntesten Autoren sind die Amerikaner George Mendenhall[3] und Norman Gottwald[4]. Verschiedene Lateinamerikaner unterschiedlicher Konfession haben sich ihnen angeschlossen.[5] Im Rückgriff auf diese Autoren möchten wir im folgenden mit raschen Pinselstrichen die Geschichte Israels schildern. Da und dort vertreten wir jedoch auch einen eigenen Standpunkt.

a. Das kanaanäische System. – Zwischen dem 13. und 12. vorchristlichen Jahrhundert wird das ägyptische Reich, unter dessen Herrschaft der palästinische Raum gestanden hatte, allmählich schwächer. Die kleinen Stadtstaaten, die das kanaanäische System bilden, können erstarken. Jeder einzelne Stadtstaat wird selbständig; alles, was es an Macht gibt, hat jeweils ein König zentral in seiner Hand: Wirtschaft, Politik, Religion.

Im Rahmen dieses Systems hielten sich die Könige auch für die alleinigen Herren des Ackerbodens; denn als »Lieblingskinder« der kanaanäischen Götter, die ihnen alles übereignet hatten, konnten sie über den Grund und Boden nach Belieben verfügen und ihn

[2] *M. Schwantes,* E o verbo se fez carne e acampou entre nós, Belo Horizonte 1985.

[3] *G. Mendenhall,* The tenth Generation. The origin of the biblical tradition, Baltimore – London 1973.

[4] *N. K. Gottwald,* The Tribes of Yahweh: a Sociology of the Religion of Liberated Israel, 1250–1050 B.C.E., Maryknoll (N. Y.) 1979.

[5] Vgl. *J. Pixley,* Exodo, una lectura evangélica y popular, Mexiko 1983; *C. Mesters,* Um projeto de Deus, São Paulo 1984; *M. Schwantes,* História de Israel, São Leopoldo o. J. (hektographiert); *ders.,* As tribos de Javé, São Leopoldo o. J. (hektographiert).

geben, wem sie wollten. Alle anderen, die den Göttern nicht so viel galten, mußten sich damit bescheiden, dem König und den Seinen zu dienen. Etliche waren direkt Sklaven, andere Tagelöhner. Die Mehrzahl der Bauern jedoch waren kleine »Besitzer«, die dem absoluten Herrn des Landes, dem König bzw. dem örtlichen Regierenden, drückende Steuern zu entrichten hatten.

So stand das Land unter der Herrschaft der Stadt. Doch normalerweise geschah die Ausbeutung des Landes nicht durch ungerechte Löhne und auch nicht durch institutionalisierte Sklaverei. Auch der Handel war nicht das Hauptinstrument, mit dem die Städte das Land knechteten, denn die Landbevölkerung lebte hauptsächlich von der Tauschwirtschaft. Die Unterdrückung des Landes durch die Stadt beruhte im wesentlichen auf den Abgaben, die die Landbevölkerung von den Ernteerträgen zu entrichten hatte, und auf der Zwangsarbeit für städtische Projekte, zu der die Menschen in die Stadt kommen mußten. Dieses ganze System berief sich auf den Segen und die Unterstützung der kanaanäischen Götter, die in ihren Tempeln in der Mitte einer jeden Stadt saßen. Der König galt als Mittler zwischen den Göttern und seinen Untergebenen.

Das Abgabesystem war so hart, daß ein gut Teil der Menschen unzufrieden und rebellisch wurde, einige vor dem System flohen und sich zu Banden von »hapiru« bzw. »Hebräern« zusammenschlossen. Damit galten die »hapiru« als außerhalb des Gesetzes stehend, lebten sie doch außerhalb der obwaltenden Ordnung. Um überleben zu können, mußten sie sich zusammenschließen und bewaffnen. Häufig ließen sie sich als halbselbständige Gruppen in höhergelegenen Gebieten nieder.

Der Name »hapiru« ist seit langem bekannt. Er bezeichnet Ausländer, die im jeweiligen geltenden System nicht assimiliert sind. In Sumer sind damit Gruppen gemeint, die aus der Wüste einfallen; bei den Hethitern Söldner; die ägyptischen Pharaonen bedienten sich ihrer zur Zwangsarbeit an ihren Bauwerken. Die »hapiru« bildeten kein Volk, sondern nur eine unterdrückte und an den Rand gedrängte Gesellschaftsklasse. Die Bibel bezeichnet mit »hapiru« bzw. »Hebräer« die Nachkommen Jakobs in ihrem Verhältnis zu den Ägyptern, aber auch David, als er bei den Philistern Söldner war.

b. *Die Entstehung des Volkes Israel.* – Nach Ansicht verschiedener Autoren gab es im Kanaan des 12. Jahrhundert offenbar drei Gruppen: halbnomadische Sippen und Stämme, die friedlich in das Land einsickerten; einheimische Bauern, die sich selbst dem kanaanäischen

Steuersystem entzogen hatten; und die aus Ägypten eingetroffene Gruppe, die den Glauben an Jahwe mitgebracht hatte. Auf der Suche nach Lösungen für die alle gemeinsam betreffenden Probleme schmolzen die drei Gruppen in einem langen Prozeß allmählich zusammen und glichen sich in Tradition und Kultur Schritt für Schritt gegenseitig an.

Als erste schlossen sich vielleicht die kanaanäischen »hapiru«-Bauern und die halbnomadischen Hirten zusammen. Anliegen könnte gewesen sein, sich gegen das städtische System zu wehren, das darauf aus war, sie der Steuerpflicht, der Zwangsarbeit und dem Militärdienst zu unterwerfen. Als dann die »Mosegruppe« samt ihrer ganzen Erfahrung von Befreiung, dank ihrem Glauben an einen befreienden Gott, auftauchte, identifizierten sich die einen und die anderen ohne weiteres mit ihr. Deren großer Beitrag war der Glaube an Jahwe, den Gott der »Hebräer«, der Unterdrückten. Hirten wie Bauern erkannten, daß der Gott Jahwe das Kernstück ihrer Überlieferung und das Herzstück ihrer Sehnsüchte in sich verdichtete. So übte der Jahweglauben mit seinen religiösen Formen eine starke Faszination auf sie aus.

Indem sich die Exodusgruppe in die anderen Gruppen einfand, gelang es ihr, alle zusammenzubringen und ihre Energien organisch zusammenzubinden. Die, die da aus Ägypten gekommen waren, gaben allen theologischen Halt. Am Ende waren alle Stämme davon überzeugt, aus Ägypten gekommen und durch das Rote Meer gezogen zu sein und die Erfahrung der Wüste gemacht zu haben. So verstanden, hätte die Landnahme allerdings nichts mit Invasion oder gar Krieg gegen die ursprünglichen Einwohner zu tun gehabt, wie die Fundamentalisten meinen. Vielmehr hätte es sich, dieser exegetischen Schule zufolge, um eine allmähliche und verhältnismäßig friedliche Inbesitznahme unbesiedelter Gebiete gehandelt. Was das Zentrum des Landes betrifft, habe man sich dort friedlich mit den Kanaanäern geeinigt. Einige Kämpfe habe es wohl im Süden gegeben; die aber seien lediglich vereinzelt vorgekommen.[6]

Die Bibel, die ja etliche Jahrhunderte später, als sich die Überlieferungen schon vermengt hatten, geschrieben wurde, spricht von zwölf Stämmen und bringt sie mit den zwölf Söhnen Jakobs in Verbindung. In der Tat: Untersuchungen zeigen, daß die Geschichte einigermaßen

---

[6] Vgl. *Auzou, G.,* Le don d'une conquête. Étude du livre de Josué (Connaissance de la Bible), Paris 1964; *M. Noth,* Geschichte Israel, Göttingen [10]1986; *R. de Vaux,* Histoire ancienne d'Israël, Bd. 1 (Études bibliques), Paris 1971.

kompliziert ist. Im Norden des Landes war das »Haus Josef« (die Stämme Efraim, Benjamin und Manasse) tonangebend. Im Süden siedelten die ursprünglichen Edom-Gruppen, vor allem der Stamm Juda. Andere Stämme im Norden und im Transjordanland, wie Naftali, Sebulon, Issachar, Dan und Gad, spielen in der Geschichte eine untergeordnete Rolle und haben allem Anschein nach weder den Exodus noch die Wüstenwanderung mitgemacht. Wahrscheinlich kamen der Stamm Levi und möglicherweise einige Sippen des Hauses Josef (ursprünglich Machir) aus der Sklaverei in Ägypten. Der Stamm Juda lernte die Wüstentradition und vor allem die Anbetung Jahwes im Sinai kennen (vgl. Dtn 33,2: »Der Herr kam hervor aus dem Sinai«). Wie diese Gruppen zusammenfanden, wie sich ihre Überlieferungen miteinander verbanden und wie sie zu dem einen Glauben an Jahwe gelangten, wird auch heute noch diskutiert.

Der Gottesdienst, der bei der berühmten Volksversammlung in Sichem (Jos 24) gefeiert wird, besteht schon aus Erzählungen, welche die ganze Geschichte in Erinnerung rufen. Die Traditionen der verschiedenen Stämme bilden bereits eine Einheit, Volk und Geschichte sind schon eins geworden. Der Bund, den Josua verkündet, erinnert in seiner Begrifflichkeit an einen hetitischen Vasallenvertrag. In diesem Fall jedoch ist der Vasall das Gesamt der Stämme, die das neue Volk Israel bilden, und der Souverän ist Jahwe der Herr. Doch klingt durch die Worte hindurch, daß wir es bei der Versammlung mit zwei unterschiedlichen Gruppen zu tun haben. Josua sagt: »Ich und mein Haus wollen dem Herrn dienen« (Jos 24,15). Das »Haus« ist das Josefs (die Stämme Efraim, Manasse und auch Benjamin). Wer aber sind die anderen, die sich noch nicht für Jahwe entschieden haben? Zu Kontakten zwischen den Stämmen des mittleren Norden und Juda kommt es erst zur Zeit Davids. Zu ihrer Einheit finden die »zwölf« Stämme erst schrittweise, um den Jerusalemer Tempel, nach Salomo und mit der Reform Königs Joschijas. Wenn man jedoch berücksichtigt, daß der Patriarch Josef seinen Brüdern verziehen und sie zusammengebracht hatte (Gen 45), kann man sagen, daß sich die Führer des Hauses Josef nach und nach um das Bündnis der Stämme bemühten. Ohne Zweifel zielten die Verbindungen zwischen den verschiedenen Stämmen von Hebräern auf den Kampf um das Land ab.

Viele Berichte aus der Väterzeit sind ätiologische Erzählungen. Mit Hilfe alter Geschichten soll die Ursache bzw. der Ursprung eines Problems oder eines heiligen Ortes erklärt werden. Das heißt aber nicht, daß sie erfunden sein müßten. Sie gehören zur mündlichen Überlieferung und basieren auf geschichtlichen Ereignissen. Ätiologien sind eine bestimmte Art und Weise, zu erzählen und diesen oder jenen Aspekt zu betonen. Ein paar Beispiele dafür[7]:

»In Gen 2 begegnen wir einem ländlichen Clan, wie er deutlicher nicht sein könnte... Auch unter der Last des Steuersystems und trotz größter Unterdrückung und Ausbeutung durch die Stadtstaaten besteht die ländliche Sippe fort. Der Mensch – *adam* – steht in enger Verbindung mit der Erde – *adamah* –, aus der er gemacht ist und zu der er wieder werden wird. Der Kleinbauer lebt auf einem begrenzten Stück Land, auf seinem Acker, den er bestellt und den er im Auge hat... Die Tiere hat er dicht bei sich. In den Häusern der Israeliten schlafen die Tiere zum Teil am Eingang des Hauses, zum Teil bei den Menschen selbst... Gen 2 ist geschrieben vor dem Hintergrund des Lebens und der Gemeinschaftserfahrung der Sippe. Hier hat das Kapitel seinen Ursprung.«[8]

In Gen 4 spiegelt sich bekanntlich der Konflikt zwischen Bauern und Hirten (Kain und Abel) wider, und in Gen 11,1-9 geht es darum, daß eine Sippe vom Land Widerstand leistet gegen die Stadt, die mittlerweile zur militärischen Macht geworden ist.[9]

Genauso kann man in einer Erzählung wie der vom Segen, den Melchisedek über Abram spricht (Gen 14), eine gewisse Rechtfertigung dafür sehen, daß David Jerusalem eroberte, und die Konflikte zwischen Esau und Jakob zeugen von den Schwierigkeiten, die Israel und Edom miteinander hatten.

c. Das Buch Exodus und das Land. – Die für den Glauben des Volkes Gottes grundlegende Erzählung ist die vom Exodus. Die Befreiung aus Ägypten, der Zug durch die Wüste, die Durchquerung des Schilfmeeres und insbesondere der Bund, den der Herr mit ihm am Berg Sinai schließt, waren, sind und bleiben der Bezugspunkt, den Israel in jeder Situation und Befindlichkeit im Auge haben muß, will es sein Vertrauen auf den Herrn festigen und sein Verhalten bessern.

Historisch gesehen, scheint der Exodus die Erfahrung einer kleinen Gruppe von Bauern gewesen zu sein, die vom Pharao (bzw. von einem »Grundbesitzer«, der sich »Herr« nennen ließ und später mit dem

---

[7] In einer ausgezeichneten Arbeit weist *Milton Schwantes* nach, daß Gen 1-11 schon den Staat Israel voraussetzen: O Estado e a mediação hermenêutica destes textos, in: *ders.*, Gn 1-11, Belo Horizonte 1985.

[8] Ebd. 23-24.

[9] *M. Schwantes,* A cidade e a torre. Estudos teológicos Bd. 21, São Leopoldo 1981.

Pharao, dem ägyptischen König, identifiziert wurde) gezwungen wurde, unter unterdrückerischen und elenden Bedingungen an den Bauten von Ramses zu arbeiten.[10]

Das Land war das Ziel des Exodus. Der Herr hatte versprochen: »Ich bin herabgestiegen, um sie der Hand der Ägypter zu entreißen und aus jenem Land hinauszuführen in ein schönes, weites Land, in ein Land, in dem Milch und Honig fließen. . .« (Ex 3,3). Dieses weite und fruchtbare Land, in dem Viehzucht (Milch) und Ackerbau (Honig) üppig gedeihen, ist für alle Zeit eine Utopie und ein Ziel, zu dem man unterwegs ist, ein Bezugspunkt, der für die Motivation äußerst wichtig ist, und eine Mystik, die zum Kampf anspornt. Revolutionen, wann immer sie stattfinden, brauchen solch ein Idealbild. Zugleich ist es auch eine Hilfe, das Ideal ein Stück weit oder in begrenztem Maße schon verwirklicht zu sehen. Diese geschichtliche Vermittlung war für das alte Volk Gottes das Land, das es unter der Führung des Herrn den Kanaanäern abnahm und das das Land Israel wurde.

Vielleicht ist der Exodus das Buch der Bibel, das in den ländlichen Gemeinden Lateinamerikas am meisten gelesen wird.

Ein Text, der in Israel hoch in Ehren steht, kommentiert, nicht nur das Volk Israel habe die Sklaverei in Ägypten verlassen, sondern »auch ein großer Haufen anderer Leute« sei »mitgezogen« (Ex 12,38) und zusammen mit den Hebräern sei die ganze Menschheit aus dem Sklavenhaus ausgezogen.[11]

Im Buch Exodus sind Traditionen aus verschiedenen Zeiten und von unterschiedlichen Gemeinschaften zusammengetragen. In der gegenwärtigen Form ist es ein komplexes und differenziertes Gebilde, komplex und differenziert wie das Leben selbst.

Die Hauptetappen, in denen sich die Befreiung des Volkes vollzieht, heben sich deutlich voneinander ab: 1. Bemühen des Volkes, sich zu organisieren und zu mobilisieren, mit anschließendem Auszug, 2. Zeit in der Wüste und 3. Bundesschluß am Sinai. Doch die entscheidende Phase ist dem Exodus-Buch zufolge der Zug durch die Wüste. Seither ist der Aufenthalt in der Wüste Modell für jeden Bekehrungsprozeß, sei es eines einzelnen, sei es einer Gruppe. In der Wüste wird das Volk sozusagen zu der Fähigkeit erzogen, das Land als Mittel der Gemeinschaft mit Gott in Besitz zu nehmen. Ein lutherischer Pastor meint dazu: »Mit der Durchquerung des Meeres trat das Volk in eine neue

[10] Vgl. *J. Pixley,* Exodo.

[11] Exodus Rabba 18; zitiert nach: *P. Lapide,* Exodus in der jüdischen Tradition, in: Concilium 23 (1987) 29–34, näherhin 30.

Etappe seines Lebens ein. Das Imperium der Sklaverei hatte es hinter sich, aber das Reich Gottes lag noch vor ihm... Nichts ist mehr wie früher, aber so wie es werden soll, ist es auch noch nicht.«[12]

Der Zug durch die Wüste führt die Pascha-Feier fort. Der Ursprung des Pascha ist umstritten, war am Anfang aber sicher ein agrarischer Ritus und erscheint in unserem Zusammenhang als ausdrückliche Motivation für den Aufbruch aus Ägypten (vgl. Ex 5,1).

Exodus erzählt Geschichten wie die vom Übergang über den Jordan, ehe man Kanaan erobert (Jos 3); und das ganze Epos wird noch durch Erzählungen wie die vom Zug durch das Schilfmeer erweitert. Doch im Kern geht es dem Buch darum, daß Gott sich offenbart und mit dem Volk einen Bund schließt (Ex 19). Soweit die theologische Begründung für die Erhebung der Hebräer und die Inbesitznahme des Landes Kanaan. Die Propheten der Bibel, aber auch Jesus Christus und die Christen kommen beinahe zwangsläufig immer wieder auf dieses biblische Buch zurück.

d. Der Glaube an Jahwe und seine gesellschaftlich-politischen Folgen. – Die Glaubensüberzeugungen, die all die Stämme leiteten und die es kleinen, rückständigen Gruppen möglich machten, sich weiter Gebiete zu bemächtigen und fortschrittliche, schwer bewaffnete Städte einzunehmen, dürfen wir nicht aus dem Auge verlieren.

Wir sagten bereits, daß, ausgehend von dem Glauben an den »Gott der Väter«, der Glaube an Jahwe zum Mittelpunkt wurde, um den herum sämtliche hebräischen Gruppierungen zu ihrer Einheit fanden. Der Glaube an den Gott, der die Seinen wirklich frei sehen wollte und ihnen deshalb ein »großes, geräumiges Land« versprach, ließ sie im Kampf zusammenstehen, um eine Gesellschaft aufzubauen, die sich nicht nur von der kanaanäischen unterschied, sondern das genaue Gegenteil davon war.

Die Entwicklung des Jahweglaubens ist ein überaus langer Prozeß. Gott offenbarte sich dem Volk nur Schritt für Schritt, wie wir in den folgenden Abschnitten noch sehen werden. Doch selbst auf die Gefahr hin, Kriterien vorwegzunehmen, meinen wir, schon hier auf die grundlegenden Unterschiede zwischen dem Jahweglauben dieser ersten Zeit und der kanaanäischen Religion hinweisen zu müssen. Wenn sich die göttliche Offenbarung auch auf unterschiedliche kanaanäische religiöse Vorstellungen, Gebräuche und Heiligtümer stützte und von

---

[12] *Barros Souza, M. de,* Nossos pais nos contaram, Petrópolis 1984, 71.

dorther ihre Entwicklung nahm, dann ist aber auch wahr, daß sich Welt- und Lebensverständnis sowie religiöse und gesellschaftliche Wertvorstellungen im Jahweglauben von Anfang an fundamental davon unterschieden. So kommen wir in die Zeit der Richter, während der Israel zu einem Volk wird und seinen eigenen Glauben an Jahwe herausbildet. Nach Gottwald ist der Glaube an Jahwe das Symbol des sozialen Kampfes eines unterdrückten Volkes um Selbständigkeit und bessere, gerechtere und geschwisterlichere Lebensbedingungen. Der praktische Monotheismus und das Bemühen um ein neues gesellschaft-lich-politisches System sind eng miteinander verbunden.

Die Dezentralisierung der politischen Macht verhinderte, daß die Religion die Güter des Gemeinwesens an sich riß. Das ist der Grund, weshalb die Leviten zeitweise kein Land besitzen dürfen. Auch die kul-tischen Opfer sind lange nicht so wichtig wie im kanaanäischen System.

Bei den Kanaanäern standen Götter wie El und Baal in enger Verbin-dung mit den Kräften der Natur. Die kanaanäischen»Mythen spiegeln die Sorge von Bauern wider und sehen die Götterwelt in einem ständigen Kreislauf. Mit ihrem fortwährenden Wechsel der Jahreszeiten ist die Natur zyklisch; und gerade dieser Kreislauf ist das zentrale Anliegen der kanaanäischen Religion. Damit aber steht sie in Gegensatz zu den Vor-stellungen Israels, die linear und geschichtsbezogen sind.«[13]

Der Glaube an Jahwe als den alleinigen Gott unterband alle Formen von sexuellem Fetischismus, dessen Symbole zuvor ausschließlich in der Hand der Priester und politisch Mächtigen lagen. Jahwe ist der ein-zige König. Souveränität und Führung sind ihm vorbehalten, so daß jedwedes Amt, das machtmäßig irgendwie mißbraucht werden könnte, immer nur auf begrenzte Zeit übertragen wird.

Jahwe will, daß die wirtschaftlich nutzbaren Güter (Grund und Boden, Herden) allen zugänglich sind. Daß er selbst die Kontrolle über die Vorgänge im Ackerbau und bei den Herden innehat, verhinderte, daß sich Fremde einmischten, welche sich der Siedler und Hirten zu ihren Zwecken hätten bedienen können. Was Nutzung und Besitz des Landes betrifft, ist der Unterschied zwischen hebräischem Glauben und kanaanäischer Religion fundamental. Jahwe hatte keine Lieb-lingskinder, denen er Grund und Boden zum Eigentum gegeben hätte, während die übrigen leer ausgegangen wären. Nach seinem Willen und nach seinen Verheißungen sollte das Land seinem Volk insgesamt

[13] *R. Gnuse,* You shall not steal. Community and Proberty in the Biblical tradition, Maryknoll (N. Y.) 1985, 54.

gleichermaßen gehören, ohne daß jemand ausgeschlossen oder bevorzugt worden wäre. So ergriff er Partei für die, die nichts an Land besaßen, und kämpfte an ihrer Seite, damit sie ein Stück davon bekamen.

Israel ging es um eine einheitliche Form von Gesellschaft und von Lebensmöglichkeiten. Und da es nur eine Gesellschaftsklasse wollte, konnte es auch nur einen Gott haben. Wo verschiedene soziale Klassen und Gruppen Autorität verlangen, gibt es auch eine Vielzahl von Göttern.

Die Religion Israels ist eine Religion von Unterdrückten, während die Baalsreligion die Interessen der Unterdrücker widerspiegelt. Zwischen dem Jahweglauben und der Gesellschaftsform, die da im Aufbau war, bestand ein enges Abhängigkeitsverhältnis. Jede Stärkung bzw. Schwächung des Glaubens an Jahwe wirkte sich auf die Gesellschaft aus, wie auch umgekehrt. Die Hebräer waren auf diesen Glauben angewiesen, bestärkte er sie doch in ihrem Bemühen um eine geschwisterliche Gesellschaft wie um die Einheit, gegen innere und äußere Bestrebungen, die das ihnen am Herzen liegende Ideal zu zersetzen trachteten.

Jahwe steht für die Macht, die diese Gesellschaft gegen widerläufige Tendenzen von innen und außen entwickelt und gewährleistet. So wie Israel keine anderen Systeme innerhalb şeiner Stammesorganisation duldet, so ist Gott auch ein eifersüchtiger Gott, der keine anderen Götter neben sich zuläßt. Das Bewußtsein, das erwählte Volk zu sein, ist ein Reflex des gesellschaftlichen Bewußtseins. Der Bund ist ein Sinnbild für die Einheit der verschiedenen sozialen Gruppen, die kooperieren wollen und nichts von einem autoritären Führer halten. Die israelitische »Eschatologie« ist geprägt sowohl von dem Engagement für eine neue Gesellschaft als auch von dem festen Vertrauen darauf, daß diese möglich ist und sich durchsetzen wird.

Die Befreiung aus Ägypten ist möglicherweise ein Bild für die Flucht aus der Unterdrückung durch das System der Kanaanäer und die Landnahme unter Josua ein Hinweis auf die Kämpfe um eine selbständige wirtschaftliche und politische Existenz. Jeder einzelne kanaanäische König, der von seinem Thron gestürzt wurde, war ein »Pharao«, der von Jahwe seine Strafe bekam. Auf diese Weise werden die Überlieferungen, die in den verschiedenen Gemeinschaften entstehen und sich in allen Sippen rundum verbreiten, so oder so zur gemeinsamen Geschichte aller Stämme. Im Mittelpunkt aller Traditionen aber steht immer Jahwe.[14]

---

[14] Unsere Darstellung ist eine Zusammenfassung von: *A. Ferro Medina,* Fidelidad a la promesa en la búsqueda de una tierra libre, Rio de Janeiro 1981 (hektographiert), 50–52.

3. Gottes Gesetz und das Land

In allen Gesellschaften sollen die Gesetze akzeptiert und als rechtmäßig angesehen werden. Darum werden sie so präsentiert, als ob sie die Anliegen aller berücksichtigten. So läßt sich die geltende Ordnung legitimieren und gesetzlich schützen. Doch weit davon entfernt, alle im Auge zu haben, bringen die Gesetze die Interessen und den Willen der herrschenden Schicht zum Ausdruck. So war es auch mit den allgemeinen Gesetzen im alten Orient, einschließlich Kanaans.

Als die israelitischen Stämme das Land eroberten, gaben sie ihm nach und nach eine neue gesellschaftliche Form. Natürlich ging das nur langsam und mit vielem Auf und Ab vonstatten; dennoch wurde die kanaanäische Gesellschaft beträchtlich verändert.

Nicht alle Gesetze sind das Werk des Volkes Israel. Viele Vorschriften fanden sich schon in älteren Gesetzestafeln (aus dem 14., 13. und 12. Jahrhundert), wie etwa im Codex Hammurapi. So sind Gesetze für den Ackerbau bekannt, die uralte Sitten ländlicher Stämme und Sippen sanktionieren. Immer wieder klingt in diesen Gesetzen, die man zu Gesetzesbüchern zusammentrug, die bäuerliche Kultur der Zeit an. Das Volk nahm nun solche Statuten und machte sie zur Grundlage sowohl des Bundes als auch seiner sozialen und religiösen Organisationsform. Bis auf den heutigen Tag gelten sie als göttlich inspiriert. Da sie im Namen Gottes verkündet und angenommen wurden, kann man sie kurz »Gottes Gesetz« nennen.

Im Alten Testament finden sich verschiedene Gesetzeskodizes: das sogenannte Bundesbuch (Ex 20,22–23,33), die Deuteronomische Gesetzessammlung (Dtn 12–20), der Priesterkodex (Num und Lev) und andere.

Interessant ist, daß viele israelitische Gesetze, die zwar auf ältere Gesetzessammlungen zurückgehen, diese nicht einfach kopieren, sondern stets humanisieren. So bestimmt zum Beispiel Hammurapi, daß jemand, der einen Reichen bestohlen hat, ihm das Dreißigfache erstatten muß, im Falle eines »Plebejers« jedoch nur das Zehnfache. Kann er das nicht, muß er sterben. Für Israel indes gilt, daß ein Dieb nur das Vierfache zu erstatten hat; kann er das nicht, muß er eine Reihe von Jahren als Sklave dienen (vgl. Ex 22,1–4).

Eine Voraussetzung, die den meisten dieser Gesetze zugrunde liegt, ist der Satz, den der Petateuch auf Schritt und Tritt wiederholt: »Dieses Land ist uns vom Herrn gegeben worden.« Zur Zeit der Landnahme hatten die Hebräer die Vorstellung, der Herr, den sie in der Wüste (das heißt: außerhalb des fruchtbaren Landes) angebetet hatten, sei der

Gott der Land- und Rechtlosen (hapiru). Da er selbst kein Land zur Verfügung hatte, habe er im Krieg gegen die kanaanäischen Gottheiten obsiegt und das Land Israel, seinem Volk, übergeben.

Deshalb hat sich das Volk auf dem Land, das ja Gottes Eigentum ist, sozusagen als Nießbraucher zu verhalten. Es mag den Boden bearbeiten, bestellen und bewohnen, nur verkaufen darf es ihn nicht. Das Land ist unveräußerlich. Später, zur Zeit der Gefangenschaft, als sich das Volk im Norden mit den Assyrern und im Süden mit den Babyloniern vermischt und gewahrt, daß man Land auch kaufen und verkaufen kann, wird im Levitikus die Vorschrift erlassen: »Das Land darf nicht endgültig verkauft werden; denn das Land gehört mir, und ihr seid nur Fremde und Halbbürger bei mir« (Lev 25,23).

Als Zeichen dafür, daß der Herr der Eigentümer des Landes ist, verlangt das Gesetz, daß ihm die Erstlingserträge des Ackers geopfert werden und der Erde wie allen, die sie zu bearbeiten haben, ein Sabbatjahr zum Ausruhen gegönnt wird (vgl. Ex 23,11,19). Mit diesen Bräuchen, die einerseits religiöse Zeichen sind, soll andererseits auch die Lage derer berücksichtigt werden, die ihr Land sei es aufgrund von Krieg, von Dürre oder von Verschuldung verloren haben.

Levitikus 25 bietet eine eingehende Darstellung der Gesetze sowohl zum Sabbat- als auch zum Jubeljahr. Offenbar war das Sabbatjahr zu der Zeit eine gängige Gepflogenheit: In periodischen Abständen ließ man das Land brach liegen. Das Neue, das Israel einführt, ist, daß die Armen im Brachjahr frei ernten dürfen, was das Land hervorbringt, ohne jede Einschränkung von seiten des Eigentümers.

Das Jubeljahr sollte eine noch bessere Gewähr dafür sein, daß der Boden wirklich in Händen der Bauern blieb. Ob es jedoch irgendwann tatsächlich verwirklicht worden ist, ist nicht eindeutig.

4. Die Lage zu Beginn der Königszeit

Die Gesellschaft, welche die Bauern nach ihrem Sieg über die kanaanäischen Könige und Landherren aufbauten, war, gemessen an heutigen Gegebenheiten, nicht eigentlich ein »Staat«. Daß zur Zeit der Richter von einem Stämmeverband die Rede hätte sein können, ist nicht bewiesen. Eher schon war jeder Stamm eine gesellschaftlich-politisch selbständige Größe; allenfalls angesichts feindlicher Angriffe und drohender Gefahren schlossen sich die Sippen unter der Führung eines Richters zusammen. Etwas mehr als hundert Jahre lebte Israel auf diese

Weise. Nach und nach jedoch erwies sich das System als zu schwach, um mit den feindlichen Nachbarn fertig zu werden. Andererseits führte die Vorherrschaft des einen oder anderen Stammes diesen in die Versuchung, sich über die anderen zu erheben.

Die deuteronomischen Autoren tragen unterschiedliche Motive zusammen, aufgrund deren die Monarchie in Israel eingeführt worden sei. Eine alte volkstümliche Überlieferung sagt, ein Seher habe Saul geoffenbart, Gott wolle ihn zum König (1 Sam 9). Eine andere prophetische Tradition kritisiert die Monarchie: Das Volk habe Gott dem Herrn den Gehorsam verweigert, ihn als König abgelehnt und es den anderen Völkern gleichtun wollen (1 Sam 8). Danach hätte Samuel das Volk im voraus davor gewarnt, daß der König ihm das Land wegnehmen werde: »Eure besten Felder, Weinberge und Ölbäume wird er euch wegnehmen und seinen Beamten geben. Von euren Äckern und Weinbergen wird er den Zehnten erheben und ihn seinen Höflingen und Beamten geben ... Eure Söhne müssen sein Ackerland pflügen und seine Ernte einbringen« (1 Sam 8,14–15.12). Wieder eine andere Geschichte besagt, zur Monarchie sei es durch einen Zufall gekommen: Als die Ammoniter Jabesch-Gilead belagert hätten, habe Saul, ein geistesgegenwärtiger junger Mann aus dem Stamm Benjamin, die Rinderzüchter – also keine armen Schafhirten – zusammengetrommelt, um die bedrohte Stadt zu schützen. So sei er zum Führer des ganzen Volkes geworden.

Nur allmählich konnte sich die Monarchie in Israel durchsetzen. David errang die Herrschaft zunächst über den Stamm Juda (2 Sam 2) und erst dann über die Stämme des Nordens (2 Sam 5). »Mit Jerusalem als der Hauptstadt des neuen Reiches setzte der Prozeß der Kanaanisierung ganz Israels ein. Jerusalem war eine jebusitische Stadt gewesen, mit politischen Strukturen aus Ägypten und mit einer sozialen Ideologie aus Syrien und Mesopotamien... Unter Salomo wurde das hergebrachte israelitische System, das auf Verwandtschaftsbanden beruhte, nahezu abgeschafft und durch einen königlichen Despotismus und einen monopolistischen Staatskapitalismus verdrängt... Die Berichte loben Salomo wegen seiner Weisheit, seines Reichtums und seiner Bauten; aber alle diese Leistungen gingen zu Lasten des Volkes. Zwangsarbeit ist die bekannteste Maßnahme, zu der der König griff. So mußten die Israeliten mehrere Monate im Jahr auf den königlichen Baustellen schuften, genauso wie die Pharaonen die freien Ägypter gezwungen hatten, an den Pyramiden zu arbeiten.«[15]

[15] R. *Gnuse,* You shall not steal, 68.

Am härtesten bekamen die Bauern die Last von Steuer (1 Kön 12,1–6) und Zwangsarbeit zu spüren. »Salomo gab Hiram zwanzigtausend Kor Weizen zum Unterhalt seines Hofes und zwanzig Kor feinsten Öls. Diese Menge lieferte Salomo Jahr für Jahr an Hiram... König Salomo ließ Leute aus ganz Israel zum Frondienst ausheben. Dieser umfaßte dreißigtausend Fronpflichtige. Von ihnen schickte er abwechselnd jeden Monat zehntausend Mann auf den Libanon« (1 Kön 5,25.27–28). »Salomo hatte Fronarbeiter ausgehoben zum Bau des Tempels, seines Palastes... und der Mauern von Jerusalem« (1 Kön 9,15).

»Es entwickelte sich eine ganze Bürokratie (1 Kön 1,4–6), welche die Autorität der örtlichen Stammesführer verdrängte. Viele der königlichen Verwaltungsleute in Jerusalem gehörten wahrscheinlich zur kanaanäischen Aristokratie... Die neuen Verfahrensweisen brachten eine neue Politik bezüglich des Eigentums an Grund und Boden mit sich... Fortan konnte der König Land kaufen und verkaufen (2 Sam 24,24; 1 Kön 16,24), den Landbesitz von Exekutierten und Verbannten konfiszieren und bei Verhandlungen mit anderen Königen auch Ländereien verschenken (1 Kön 9,10–17) ... Was für eine Schande muß das in den Augen der Israeliten bedeutet haben, für die das Land doch eine Gottesgabe war, die sie für immer zu erhalten hatten! Unter Salomo entstehen auch Latifundien und agrarische Grundbesitztümer, die ihre größten Ausmaße während der sozialen Unterdrückung im 8. Jh. v. Chr. erreichen.«[16]

Die Not der Bauern aufgrund der Zwangsarbeit in den Städten läßt die Gemeinden immer wieder an die Arbeit und an die Unterdrückung denken, welche ihre hebräischen Vorfahren in Ägypten erlitten hatten, als sie für die Pharaonen Paläste bauen mußten, aber auch daran, wie Gott Babylon in Schutt und Asche gelegt hatte. Alles das erzählen sie sich unentwegt.

»Die Josefsgeschichte zeigt ganz klar, was sich (weniger in Ägypten als vielmehr in Israel) während einer Hungersperiode abspielt (Gen 47,13–22). Zunächst verkauft Josef die Nahrungsmittel, die er in guten Jahren gehortet hat, an die Bevölkerung gegen Geld. Als das Geld ausgeht, verlangt er Vieh. Und als die Leute alles Vieh hergegeben haben, will er Land. ›Kauf uns und unsere Äcker um Brot!‹ (V. 19). Und die Geschichte schließt: ›Josef kaufte also das ganze Ackerland der Ägypter für den Pharao auf; denn die Ägypter verkauften alle ihre Felder,

[16] Ebd. 69.

weil der Hunger sie dazu zwang‹ (V. 20). Ihre Schäfchen ins Trockene bringen dabei natürlich die Priester (V. 22). Die Episode gibt zu erkennen, was in Israel immer wieder passiert sein muß.«[17]

5. Das Nordreich Israel im 8. Jahrhundert

Im Jahre 930 v. Chr. zerfällt das Reich des Salomo in das Reich Israel im Norden und das Reich Juda im Süden. Von diesem Datum aus tun wir jetzt einen Sprung und kommen ins 8. Jahrhundert. Nach einigen Hinweisen auf die Zeitumstände wenden wir uns dem Thema »Land« zu, so wie es uns in der prophetischen Überlieferung begegnet. Die Propheten werden nicht müde zu betonen, das *verheißene* Land sei zu *entweihtem* Land geworden, weil Geschwisterlichkeit aus ihm aus- und Unterdrückung darin eingezogen sei.

a. Götzendienst: Luxus und Elend.[18] – Die gut zweihundert Jahre, die das Nordreich besteht, sind ein ständiger Konflikt zwischen den kanaanäischen Moralvorstellungen der Monarchen und der Stadtbevölkerung einerseits und den israelitischen Kategorien der Propheten und der Landbevölkerung andererseits, die vom Jahweglauben geprägt sind.

Um die Propheten Amos und Hosea behandeln zu können, nehmen wir die letzten siebzig Jahre der Existenz Israels in den Blick. Hauptstadt des Nordreiches ist, im Gegensatz zu Jerusalem, Samaria mit seinen Heiligtümern. Im Jahre 784 v. Chr. kommt Jerobeam II. an die Macht. Seine Herrschaft bringt einigen Kreisen wirtschaftlichen Wohlstand, den Armen jedoch nichts als Not. Der Jahweglaube nimmt mithin Schaden. Noch einmal weitet Israel sein Territorium aus, der Reichtum des Landes wächst. Vorteil davon haben insbesondere die Leute in Verwaltung, Handel und Geldverleih. Die Großen bemächtigen sich der Ländereien der Kleinen. Die Landbesitzer geraten auf ihrem eigenen Grund und Boden in Lohnabhängigkeit, wenn nicht in Sklaverei (Am 2,6; 2 Kön 4,1). Gegen die alte Tradition des unveräußerlichen Familieneigentums setzt das monarchische Regime das Recht der

[17] *J. L. Sicre,* »Con los pobres de la tierra«. La justicia social en los profetas de Israel, Madrid 1984, 83.
[18] Im folgenden stützen wir uns vor allem auf: *S. Herrmann,* Geschichte Israels in alttestamentlicher Zeit, München ²1980; *J. L. Sicre,* Con los pobres de la tierra; *R. de Sivatte,* Dios camina con su pueblo. Introducción al Antiguo Testamento (Teología latinoamericana 7), San Salvador 1985.

Regierenden, sich das Land zu nehmen und es willkürlich dem Dienstpersonal zu übergeben (1 Sam 8,14). Das Ergebnis ist ein schamloser Luxus einiger weniger und eine unbeschreibliche Not der meisten Menschen. Der Höhepunkt jedoch ist, daß das Ganze durch religiösen Prunk verbrämt wird. Aufwendige Heiligtümer entstehen. Glauben und Leben klaffen auseinander. Allerorten praktiziert man die Riten des heidnischen Baalskultes.

Gegen soviel sozialen Mißbrauch und gegen den die ganze Ungerechtigkeit rechtfertigenden Götzendienst erheben Gottesmänner ihre Stimme. Gerade während dieser Krisenzeit in der Schlußphase Israels kommt es zu einer biblischen Renaissance. Es entsteht so etwas wie eine Schule gläubiger Männer und Frauen, die die alten Geschichten Israels neuerzählen, als Antwort auf die neu sich stellenden Herausforderungen. Auch was später »Deuteronomium« genannt wird, wird jetzt in seinen ersten Stücken geschrieben. Als prophetische Kraft treten Amos und Hosea auf den Plan.

b. Gerichtspredigt eines jahwetreuen Bauern. – Um das Jahr 760 predigt ein aus dem Süden stammender Bauer namens Amos in Bet-El und Samaria, den beiden wichtigsten Städten des Nordens. Das Wort Gottes hat ihn getroffen wie ein »brüllender Löwe« (Am 3,8).

In welchem Verhältnis Amos zum Land stand, weiß man nicht genau. Der Text beschreibt ihn als »Schafhirten« (1,1), »Viehzüchter« und »Maulbeerfeigen-Bauer« (7,14). So oder so, Amos, der aus Tekoa im Süden stammt und im Nordreich wirkt, lebt von der Landwirtschaft.[19] Das Buch selbst scheint jedoch das Werk der prophetischen Gemeinde seiner Schüler zu sein.

Bei allen sozialen Verwerfungen hat sich das sogenannte »Volk vom Land« doch eine gewisse kulturelle und spirituelle Selbständigkeit bewahrt. Das wiederum führt zu ausgeprägten Spannungen zwischen der von ihm ausgehenden geistlichen Strömung und der Einstellung in den städtischen Zentren des Landes. Amos ist der erste literarische Beleg für diese Bewegung auf dem Land.

Der Prophet ist empört über die Ungerechtigkeiten, die er mit ansehen muß, wie über die Rechtfertigung, zu der man den Gottesdienst mißbraucht. »Die Kritik des Gottesdienstes und der Protest gegen das gesellschaftliche Leben seiner Zeit sind bei Amos aufs engste miteinander verbunden.«[20]

---

[19] Vgl. *N. Kirst,* Amós, textos selecionados, São Leopoldo 1981, 116f.
[20] *H. W. Wolff,* Die Stunde des Amos. Prophetie und Protest, München ⁶1986, 54.

Gott die Ehre geben ist etwas anderes (4,4; 5,5.21)! Die Ungerechtigkeiten schreien zum Himmel. Gott kann das nicht mehr mit ansehen, ohne daß es ihm das Herz zerrisse. Er hat sich das Volk erwählt (3,2) und ihm das Land zum Besitz gegeben (2,9f). Jede Familie müßte von den Erträgen ihrer Felder leben können. Doch zwischen den Foderungen des Glaubens und der Wirklichkeit klafft ein Abgrund.

Im Namen Gottes und aus Parteilichkeit mit den kleinen Bauern prangert Amos mit scharfen Worten den Luxus der Handelsleute an, die sich »Häuser aus behauenem Stein« (5,11) und mit »Elfenbein« ausgestattete »Winterpaläste« und »Sommerpaläste« bauen, die Polster aus Damaskus« (3,12) kommen lassen, deren Tische sich unter Humpen erlesener Weine biegen (4,1) und die nach feinsten Ölen duften (6,6; 4,1).

Am schlimmsten indessen ist: Sie kümmern sich keinen Deut darum, daß sie mit solch aufwendigem Leben das Volk zugrunde richten (6,6). Dabei sind sie doch der Grund für das Elend der Kleinen. Samaria ist die Hauptstadt der Unordnung und des Verbrechens (3,9). »Von den Hilflosen verlangt ihr Pachtgeld, und ihr Getreide belegt ihr mit Steuern« (5,11). Amos' Anklagen sind kaum noch an Schärfe zu überbieten: »Ihr Baschankühe, ihr unterdrückt die Schwachen und zermalmt die Armen« (4,1). »Ich kenne eure vielen Vergehen und eure zahlreichen Sünden. Ihr bringt den Unschuldigen in Not, ihr laßt euch bestechen und weist den Armen ab bei Gericht« (5,12). »Ihr sagt: Wann ist das Neumondfest vorbei? Wir wollen Getreide verkaufen. Und wann ist der Sabbat vorbei? Wir wollen den Kornspeicher öffnen, das Maß kleiner und den Preis größer machen und die Gewichte fälschen. Wir wollen mit Geld die Hilflosen kaufen, für ein Paar Sandalen die Armen« (8,5–6). »Die Kleinen treten sie in den Staub, und das Recht der Schwachen beugen sie« (2,7).

Was dieser Bauer der großen Gesellschaft, die sich für vollkommen hält und ihrer selbst voll und ganz sicher ist, da vorträgt, ist eine vernichtende Gerichtsrede. Die Leute sind davon überzeugt, an ihnen erfüllten sich die Verheißungen Gottes. Doch Amos hält ihnen vor, an all ihrem Treiben finde Jahwe kein Wohlgefallen, ja, er verabscheue den Kult, den sie ihm entrichteten (5,21–23; 4,4f; 5,5). Deshalb sagt er ihnen das Gericht an: »Mach dich bereit, deinem Gott entgegenzutreten« (4,12). Der Tag des Herrn naht, und er wird Finsternis und Bitterkeit bringen: »Es ist, wie wenn jemand einem Löwen entflieht und ihn dann ein Bär überfällt« (5,18–20). »Deine Paläste werden geplündert« (3,11) und deine Sommer- und Winterresidenzen zerstört werden (3,15). Wer Mut hat, wird flüchten (2,15 f); doch niemand wird gerettet werden (9,1–6). Die in Betten aus Elfenbein liegen und erlesenste Speisen essen, »müssen jetzt in Verbannung, allen Verbannten voran« (6,4–7). Mit ihnen werden ihre Frauen ziehen, die mit dem Geld der Armen nicht genug Wein kaufen konnten (4,1–3).

Unbeschadet all dieser Drohungen lädt Amos sie ein, umzukehren und ein neues Leben zu beginnen. Gott ist bereit, ihnen zu vergeben. »Sucht den Herrn, dann werdet ihr leben« (4,4–6). »Sucht das Gute, nicht das Böse; dann werdet ihr leben« (5,14 f).

Doch niemand kümmert sich um die Predigt des Propheten. Jeder fühlt sich beleidigt. Schließlich zeigt ihn ein Priester aus Bet-El beim König an (7,10), und Amos wird des Landes verwiesen (7,12–15).

Trotz alledem gibt Amos die Hoffnung auf die Zukunft seines Volkes nicht auf. Sein Vertrauen auf Gott ist unerschütterlich. So können seine Schüler das Buch mit einer neuerlichen Verheißung des Landes beschließen: Die Kinder Israels werden wieder auf ihrem Grund und Boden leben, ihre Felder bestellen und für immer von den Früchten essen (9,14 f). Das Land, das dem Volk erneut zugesagt wird, wird seinen Söhnen und Töchtern Ernteerträge in Fülle bieten (9,13).

c. *Hosea: Jahwes Land oder Baals Land?* – Gegen Ende der Herrschaft Jerobeams II. tritt im Nordreich der Prophet Hosea auf. Von seinem Leben ist wenig bekannt, außer der Geschichte, die ihn in der gesamten biblischen Literatur berühmt gemacht hat: sein Ehedrama. Man hat die eheliche Untreue Gomers – der Frau – als rein religiöses Bild gedeutet. Danach wäre Gomer eine Kultdirne Baals gewesen. Mehrheitlich jedoch wird der Ehebruch als gewöhnliches und gesellschaftliches Faktum interpretiert. Demzufolge wollte die Tradition sagen, der Herr habe sich dieses für Hosea schmerzlichen Zwischenfalls bedient, um ihn dadurch zum Propheten zu machen. Hosea solle zeigen, daß das Volk wie Gomer den Bund (die Ehe) mit Gott verrät. Israel treibe Ehebruch mit Götzen.

Wir sahen bereits, daß Baal der Gott der fruchtbaren Erde und der guten Ernte ist. Hosea schreibt, wie sich Gott beklagt: »Sie [Israel] hat nicht erkannt, daß ich es war, der ihr das Korn und den Wein und das Öl gab... Darum hole ich mir mein Korn zurück, wenn es Zeit dafür ist, und auch meinen Wein, wenn es Zeit ist; ich nehme mir meine Wolle und mein Leinen, die ihre Blöße verhüllen sollten... Ich mache all ihren Freuden ein Ende... Ich verwüste ihre Reben und Feigenbäume, von denen sie sagte: Das ist mein Lohn, den mir meine Liebhaber gaben« (2,10.11.13.14).

»Wer sind Israel und das Kalb [gemeint ist das goldene Kalb im Tempel von Bet-El]? Ein Handwerker hat das Kalb gemacht, und es ist kein Gott... Denn sie säen Wind und ernten Sturm. Halme ohne Ähren bringen kein Mehl. Und wenn sie es bringen, verschlingen es Fremde« (8,6–7).

Die Geschichte zwischen Jahwe und seinem Volk ist ein Liebesdrama, in dem das Land eine zentrale Rolle spielt. In Israel verliebt, hatte Jahwe das Volk in der Wüste umworben (2,16f) und ihm als Morgengabe sein schönes Land versprochen. Das Land ist das vitale Geschenk, das Gott in seiner Liebe seinem Volk machen wollte. Doch unter dem Einfluß der Kanaanäer fingen die Israeliten an zu glauben, Baal sei es, der Weizen, Wein und Öl reifen lasse (2,10). Baal war so etwas wie der Ehemann der Erde, die er mit Regen befruchtete. Israel war wie fasziniert von dieser Vorstellung. Sollte die Erde nicht auch eine göttliche Kraft, ja die Gattin Baals sein? Von Zweifeln hin und hergerissen, stieg man auf die Berge, brachte Baal Opfer dar und praktizierte in seinem Namen die Kultprostitution...

Hosea greift das Volk hart an, weil es zwei widerstrebende Vorstellungen vermischt. »Um zwei Begriffe von Erde geht es hier: Einmal ist die Erde eine göttliche Größe, und das andere Mal ein Geschenk des alleinigen Gottes, eine Gabe, die der Herr seinem Volk zu Diensten gegeben hat. Mensch wie Erde, beide sind Gottes Werke, und beide haben ihm zu dienen. In guten wie in schlechten Tagen müssen sie solidarisch miteinander umgehen.«[21]

d. Untergang des Nordreichs. – Mit assyrischen Heeren belagert Salmanassar 724 Samaria und erobert es nach drei Jahren. Die Einwohner werden verschleppt und die Orte mit Menschen aus anderen Ländern besiedelt (2 Kön 17,3–6; 18,9–12). In weniger als fünfundzwanzig Jahren bricht das blühende Reich Jerobeams II. völlig zusammen und verschwindet von der Landkarte. Die Deportationen betreffen vor allem die obersten Klassen: Staatsbeamte, Großgrundbesitzer, Handelsleute und Priester. Die große Masse der ländlichen Bevölkerung bleibt, wo sie ist, und lebt weiter von ihren Äckern. Geändert haben sich die Herren, von denen sie abhängig sind. Das Nordreich wird nie wieder aufgebaut.

---

[21] *X. Pikaza,* La Biblia y la teología de la historia. Tierra y promesa de Dios, Madrid 1972, 122.

6. Das Südreich Juda im 8. Jahrhundert

Die Eroberung des Nordreiches durch die Assyrer hat tiefgreifende Auswirkungen auf das Reich Juda. In ständiger Angst vor einer militärischen Invasion läßt es sich darauf ein, beträchtliche Steuern zu zahlen. Und in der Tat besetzt Assur die meisten Städte des Südreiches, und beinahe wäre bei einer Gelegenheit sogar Jerusalem selbst gefallen (2 Kön 18-19). Es ist eine Zeit voll politischer Aktivitäten, Intrigen und Rebellionen; und immer wieder versucht Juda, mit den Feinden Assyriens, insbesondere mit Ägypten, Bündnisse zu schließen. Die Lage ist äußerst schwierig und kompliziert. Die einen wollen sich mit Ägypten gegen Assur zusammenschließen, die anderen sich lieber dem Feind unterwerfen. Niemand weiß Bescheid.

Wie das Nordreich vor der Besetzung durch die Assyrer (734) in Wohlstand gelebt hatte, so lebt auch das Südreich dank vor allem dem Handel und der Landwirtschaft nicht schlecht. So heißt es im zweiten Chronik-Buch, König Usija (760-734) habe den Ackerbau geliebt und deshalb in der Steppe Türme gebaut und zahlreiche Zisternen angelegt (26,10). Allem Anschein nach verfolgte Usija eine Politik der Agrarexpansion. Deshalb gründete er auch Siedlungen in Edom, in der Absicht, das große Problem der Zeit zu lösen, das im Nordreich riesigen Schaden angerichtet hatte: die wachsende Zahl landloser Bauern.[22]

Seitdem die Assyrer vor den Toren Judas stehen, hat sich die Lage erheblich geändert. Zusammen mit vielen anderen Städten geht Elat verloren (2 Kön 16,6), das ein Verkehrsknotenpunkt war, so daß der Handel erheblich zurückgeht. Assur verlangt gewaltige Abgaben. Überdies hat Juda mit Strömen von Flüchtlingen aus Israel fertig zu werden. Doch die reichen Ankömmlinge aus dem Norden wollen ihre Zukunft gesichert sehen und scheffeln Felder und Häuser. So entsteht im Süden etwas, das man dort bisher nicht gekannt hatte: der Großgrundbesitz. Im Jahre 701 wird die wirtschaftliche Situation tragisch: Assur verlangt noch höhere Abgaben (2 Kön 18,14-16). Juda verliert sechsundvierzig Städte.

Das arme Volk zieht in jeder Hinsicht den kürzeren dabei: Ausländer im eigenen Land, Abgaben, Zwangsarbeit, Militärdienst, Verlust von Grund und Boden, politische und kulturelle Ratlosigkeit...

---

[22] Vgl. *J. L. Sicre,* Con los pobres de la tierra, 192.

a. Jesaja. – Um das Jahr 740 tritt ein großer Prophet auf: Jesaja. Der junge Mann stammt aus begüterten Jerusalemer Kreisen, die möglicherweise mit dem Tempel in Verbindung stehen. Er ist ausgesprochen gebildet und tief gläubig.

Juda erlebt, wie gesagt, eine Zeit beachtlichen Wohlstandes, und alles scheint bestens zu laufen. Doch ähnlich wie Amos im Nordreich hat Jesaja einen Blick dafür, wie es dem Volk wirklich geht: völlig anders als von außen betrachtet. In seinen Augen hat Jerusalem aufgehört, die treue Gattin des Herrn zu sein, und ist zur Dirne verkommen (1,21–26). Der Weinberg des Herrn bringt nur noch bittere Früchte hervor (5,1.7). »Mein Volk, deine Führer führen dich in die Irre, sie bringen dich ab vom richtigen Weg...« (3,12). Den Stadtbewohnern wirft er vor, für die Leiden und Nöte der Landbevölkerung verantwortlich zu sein: »Ihr, ihr habt den Weinberg geplündert; eure Häuser sind voll von dem, was ihr den Armen geraubt habt. Wie kommt ihr dazu, mein Volk zu zerschlagen? Ihr zermalmt das Gesicht der Armen – Spruch des Herrn der Heere« (3,14–15). »Weh euch, die ihr Haus an Haus reiht und Feld an Feld fügt, bis kein Platz mehr da ist und ihr allein im Land ansässig seid« (5,8). »Weh denen, die unheilvolle Gesetze erlassen und unerträgliche Vorschriften machen, um die Schwachen vom Gericht fern zu halten und den Armen meines Volkes ihr Recht zu rauben« (10,1–2).

Manch einer in Juda kannte und verehrte zur Zeit Jesajas Tammus, einen weiteren Gott der Fruchtbarkeit der Erde (vgl. Ez 8,14). Tammus ist eine volkstümliche assyrisch-babylonische Gottheit, die in Israel unter dem Namen Adonis (mein Herr) sehr beliebt ist. Man verehrt sie mit Hilfe heiliger Bäume und heiliger Gärten, um so die Fruchtbarkeit der Erde gesichert zu sehen.

Für das Volk hatte die Verehrung des Adonis wie der anderen Baal-Fruchtbarkeitsgötzen die verheerende Wirkung, daß sie die Aufhebung der Produktionsautonomie der Bauern religiös begründete und ihnen Hoffnung und Vertrauen auf die eigenen schwachen Möglichkeiten nahm. Dagegen unterstützte der Glaube an Jahwe den Herrn das Bemühen des familiären Gemeinwesens und maß den Erstlingserträgen der Ernte wie der Erstgeburt des Kleinviehs den eigentlichen Wert bei. Der Götzendienst brachte fremde Sitten ins Land und verbreitete Angst vor möglichen Mißernten. Der Vergleich legt sich nahe mit dem Vertrauen und mit der Abhängigkeit gegenüber den neuen kapitalistischen Agrartechniken, die heutzutage Bauern vielerorts in Lateinamerika durchmachen, so daß sie mit der jahrhundertealten Gemeinschaftsweisheit nichts mehr anzufangen wissen.

Der Prophet Jesaja, der fremde Völker mit ihren Verhaltensweisen kaum direkt angreift, attackiert und verurteilt dieses Fehlverhalten in Juda um so deutlicher: »Du hast den Gott, der dich rettet, vergessen; an den Felsen, auf dem du Zuflucht findest, hast du nicht mehr gedacht. Leg nur liebliche Gärten an, bepflanze sie mit Setzlingen aus der Fremde, pfleg sie an dem Tag, an dem du sie pflanzt, und laß sie wachsen an dem Morgen, an dem du sie säst: dahin ist die Ernte am Tag deiner Krankheit und des heillosen Schmerzes« (17,10–11). »Ihr werdet in Schande stürzen wegen der Eichen, die euch gefallen und werdet euch schämen wegen der heiligen Haine, die ihr so gern habt. Ihr werdet wie eine Eiche, deren Blätter welken, und wie ein Garten, dessen Wasser versiegt ist« (1,29–30).

Jesaja setzt sich für Tradition und Weisheit der Bauern ein: »Horcht auf, hört meine Stimme, gebt acht, hört auf mein Wort. Pflügt denn der Bauer jeden Tag, um zu säen, beackert und eggt er denn jeden Tag seine Felder? Nein, wenn er die Äcker geebnet hat, streut er Kümmel und Dill aus, sät Weizen und Gerste und an den Rändern den Dinkel... So unterweist und belehrt ihn sein Gott, damit er es recht macht. Auch fährt man nicht mit dem Dreschschlitten über den Dill und mit den Wagenrädern über den Kümmel, sondern man klopft den Dill mit dem Stock aus und den Kümmel mit dem Stecken. Zermalmt man etwa das Getreide beim Dreschen? Nein, man drischt es nicht endlos, man läßt die Wagenräder und die Tiere nicht darüber, bis es zermalmt ist. Auch dies lehrt der Herr der Heere; sein Rat ist wunderbar, er schenkt großen Erfolg« (28,23–29). Indem sich der Prophet für die traditionsverbundenen und volksnahen Formen der Feldarbeit verwendet, läßt er durch die Art und Weise, wie er die Verhältnisse auf dem Land beschreibt, sozusagen einen Vergleich für die ganze geschichtliche Wirklichkeit durchschimmern, samt all ihren Prozessen und all den langen Etappen des menschlichen Lebens.

So malt er die Befreiung des Volkes wie auch die Zukunft, auf die es zu hoffen gilt, mit Bildern des ländlichen Lebens: »Der Herr ist dir gnädig, wenn du um Hilfe schreist; er wird dir antworten, sobald er dich hört. Auch wenn dir der Herr bisher nur wenig Brot und nicht genug Wasser gab, so wird er, dein Lehrer, sich nicht mehr verbergen. Deine Augen werden deinen Lehrer sehen... Dann spendet er Regen für die Saat, die du auf den Acker gesät hast. Das Korn, das auf dem Acker heranreift, wird üppig und fett sein. Auf weiten Wiesen weidet dein Vieh an jenem Tag. Die Rinder und die Esel, die dir bei der Feldarbeit helfen, bekommen würziges Futter zu fressen« (30,19–20.23–24).

So wie das Land, als Gabe Gottes und Wohnstatt des Gottesvolkes, im Mittelpunkt des Urteils wie der Strafe Gottes steht, so spiegelt sich auch die Hoffnung auf die Zukunft im Land wider und wird im Land Wirklichkeit. Das Land wird eine Pracht sein und alle im Überfluß ernähren (30,23-25).

Zeitgenosse Jesajas ist der Prophet Micha, der ebenfalls in Jerusalem wirkt. Von ihm stammt das unzweideutige Wort: »Es ist dir gesagt worden, Mensch, was gut ist und was der Herr von dir erwartet: Nichts anderes als dies: Recht tun, Güte und Treue lieben, in Ehrfurcht den Weg gehen mit deinem Gott« (6,8).

b. »Weh euch, die ihr Feld an Feld fügt«.

b. »Weh euch, die ihr Feld an Feld fügt«. – Zwei Sprüche des Micha bzw. des Jesaja zum Thema »Großgrundbesitz« halten wir für so wichtig, daß wir sie in einem eigenen Abschnitt beleuchten möchten.[23]

Zunächst der Text des Propheten Micha: 2,1-5. Die Passage gliedert sich in drei Teile: Anklage der Sünde, Ansage der Strafe und nähere Beschreibung der Strafe.

Anklage der Sünde: »Weh denen, die auf ihrem Lager Unheil planen und Böses ersinnen. Wenn es Tag wird, führen sie es aus; denn sie haben die Macht dazu. Sie wollen Felder haben und reißen sie an sich, sie wollen Häuser haben und bringen sie in ihren Besitz. Sie wenden Gewalt an gegen den Mann und sein Haus, gegen den Besitzer und sein Eigentum« (2,1-2). Der Prophet schildert nicht nur, was die Menschen an Unrecht tun, sondern wertet auch ihre Gedanken und Gefühle.

Damit läßt Micha keinen Zweifel, daß die Habgier der Motor aller Ungerechtigkeit ist. Wichtig ist ihm auch, wie leicht und wie hurtig die Leute vom Denken und Wünschen zum Handeln schreiten. Der Grund für die Eilfertigkeit liegt darin, daß »sie die Macht dazu haben« und es auch in die Tat umsetzen können. Aber auch hier prangert der Prophet nicht nur an, daß Felder und Häuser geraubt werden, sondern er sieht dahinter auch den »Mann und sein Haus«, das heißt: die Familie, die durch solche Machenschaften in die Unterdrückung gerät. Der persönliche und menschliche Aspekt der Ungerechtigkeit ist eine wichtige Realität, der Micha große Aufmerksamkeit schenkt.

Allgemeine Ansage der Strafe: »Darum – so spricht der Herr: Seht ich plane Unheil gegen diese Sippe. Dann könnt ihr den Hals nicht mehr aus der Schlinge ziehen, und ihr werdet den Kopf nicht mehr so hoch

---

[23] Der folgende Abschnitt ist eine Zusammenfassung von *Sicre,* 253-264.

tragen; denn es wird eine böse Zeit sein« (2,3). Hier wird das Verhältnis zwischen Sünde und Strafe sichtbar: Die Verurteilung ist nicht das Resultat blinder Geschichtskräfte, sondern die Antwort Gottes, der gegen die Ungerechtigkeit einschreitet und über die, die Böses im Schilde führen, als Antwort seinerseits »eine böse Zeit« kommen läßt. Die Verse 1 und 3 sind als aufeinander bezogen zu betrachten. Ein Unterschied besteht freilich darin, daß die Reichen sofort ausführen, was sie ausklügeln, während Gott sich Zeit läßt.

Die Strafe in der Wahrnehmung der Großgrundbesitzer: »An jenem Tag singt man ein Spottlied auf euch, und es ertönt die Klage: Vernichtet sind wir, vernichtet! Den Besitz seines Volkes veräußert der Herr, und niemand gibt ihn zurück; an Treulose verteilt er seine Felder« (2,4).

Die Strafe, so wie Gott sie sieht: »Darum wird in der Gemeinde des Herrn keiner mehr sein, der euch einen Acker zuteilt mit der Meßschnur« (2,5).

Das Augenfälligste an dem Spruch ist, daß er nacheinander den Gesichtspunkt der Großgrundbesitzer und die Perspektive Gottes bringt. Außerdem werden die Worte der Unterdrücker ironischerweise von den Unterdrückten gesungen. Das Lied ist schwierig zu übersetzen. Auf jeden Fall lautet die Hauptaussage, der Verlust der Felder stehe in direktem Bezug zu der Sünde, die da begangen worden ist. Die Gutsbesitzer interpretieren den Verlust der Ländereien als etwas, das (a) sie total ruiniere, weil er ihnen die wirtschaftliche Grundlage nehme, (b) ein Verhängnis für das ganze Land sei, (c) eine Ungerechtigkeit darstelle und (d) nur Treulosen und Abtrünnigen zugute komme. Das Unheil, das sie treffe, sei eine Katastrophe für das ganze Land. Ihre Sicht unterscheidet sich in nichts von dem, was Großgrundbesitzer unserer Tage vorbringen.

In Vers 5 ist die Rede von »Acker zuteilen«, »in der Gemeinde des Herrn«. So wie das Gesetz es gebietet, kommen die Felder zurück in den Besitz ihrer ursprünglichen Eigner, die die Reichen als »Treulose«, das heißt als Ungläubige, verachten. Aber Gott sieht die Dinge anders. Worum es hier geht, ist weder Ungerechtigkeit noch erst recht Unheil für das Volk, sondern schlicht daß die Güter zum Nutzen des Gemeinwesens aufgeteilt werden. Damit sagt der Prophet den entrechteten Bauern eine bessere Zukunft an. Verurteilung weicht der Hoffnung.

Der andere Text, der der Michastelle ähnlich ist, ist Jes 5,8-10: »Weh euch, die ihr Haus an Haus reiht und Feld an Feld fügt, bis kein Platz mehr da ist und ihr allein im Land ansässig seid. Meine Ohren hören das Wort des Herrn der Heere: Wahrhaftig alle eure Häuser sollen veröden. So groß und so schön sie auch sind: Sie sollen unbewohnt sein. Ein Weinberg von zehn Morgen bringt nur ein Bat Wein, ein Homer Saatgut bringt nur ein Efa Korn.«

Die Worte stehen zwischen dem Lied vom Weinberg (5,1-7) und einer Reihe von Wehesprüchen (5,8-23), in denen der Großgrundbesitz als Sünde rangiert, in einer Reihe mit Rechtsverdrehung und Bestechung anstelle von Recht und Gerechtigkeit. Haus an Haus reihen und Feld an Feld fügen ist die erste »bittere Beere«, die Gott als Lohn bekommt für die Sorgfalt, mit der er sein Volk umhegt.

Anders als die Michastelle spricht der Jesajatext nicht von der inneren Einstellung der Gutsherren. Auch die Folgen sind auffallend anders: Jesaja denkt ausschließlich an die wirtschaftlichen Vorteile, die solch eine Haltung diesen bringt; Micha hat dagegen auch die Entrechteten und Unterdrückten mitsamt ihren Familien im Auge. So werden auch die unterschiedlichen Strafen verständlich: Während Jesaja nur auf die Zerstörung der Häuser und Felder der Reichen abhebt, eröffnet Micha auch den Armen eine Hoffnung, indem er von einer Neuverteilung des Bodens spricht. Was Jesaja am meisten sorgt, ist die Ungerechtigkeit gegen Gott. Der Unterschied erklärt sich vielleicht aus den verschiedenen Vorgehensweisen auf dem Land und in der Stadt. Jesaja setzt allein auf die Bestrafung der Großgrundbesitzer, Micha verbindet damit noch die Rettung der Besitzlosen. Micha kennt offenbar nicht nur die Erfahrung des Leids, sondern auch die Hoffnung des Volkes . . .

7. Reform unter König Joschija im 7. Jahrhundert

Bis zum Jahre 640 lebt Israel im Dunkel der Geschichte, immer unter dem mächtigen Einfluß Assurs, politisch wie religiös. Ausländische Sitten und heidnische Praktiken sind in das Land eingedrungen (vgl. 2 Kön 21,3-9).

Doch während der Herrschaft Königs Joschija (640-609) verliert das assyrische Reich an Macht, so daß Juda eine bis zu einem gewissen Grad unabhängige Politik treiben kann. Ablesen läßt sich das daran, daß das Land zu seiner kulturellen und religiösen Identität zurückfindet.

Im Jahre 622 findet man im Tempel Schriften, von denen man heute annimmt, daß sie der Grundbestand des Deuteronomiums bildeten, die aber mit Sicherheit vielleicht hundert Jahre zuvor in Samaria redigiert worden und verloren gegangen waren (2 Kön 22,8-17). Die Predigt des

Propheten Zefanja wie die Lektüre der Texte bewegen den König, durchgreifende Veränderungen auf religiösem wie politischem Gebiet in die Wege zu leiten.

Anfänglich fand Joschija mit seiner Reform bei der Mehrheit des Volkes Unterstützung und Bewunderung. Doch nach und nach erkannten die Menschen, daß er sich darauf beschränkte, den Gottesdienst im Tempel in Jerusalem zu zentralisieren und Altäre und Heiligtümer auf dem flachen Land zu zerstören. Nur an die Konzentration des Landbesitzes in der Hand einiger weniger wie an die Strukturen der ungleichen und ungerechten Gesellschaft ging er nicht heran. So machte sich allerorten im Land Enttäuschung breit, ja, es kam sogar zu Aufständen.

Eines der Anliegen Joschijas war es, den Norden des Landes zurückzuerobern und Juda und Israel wiederzuvereinen. Das Volk sollte glauben, das alte ungeteilte Reich König Salomos würde wiedererstehen.

Politisch ist die Zeit alles andere als leicht. Juda bekommt die Versuchungen einer tiefgreifenden internationalen Umbruchsituation zu spüren: Noch immer bildet Assyrien eine Gefahr, Babylon expandiert rasch, und im Süden tritt Ägypten auf den Plan. So ist es nicht verwunderlich, daß sich in Juda gegensätzliche Parteien bilden, für diese und gegen jene Weltmacht.

Eingespannt in dieses Dreieck, trifft Joschija eine Entscheidung, die ihn das Leben kostet. Im Jahre 609 zieht er gegen Ägypten, das an der Seite Assyiens gegen Babylon kämpft. Im Norden Judas wird der König von den Truppen des Pharao Necho getötet. Seitdem ist Juda Ägypten abgabepflichtig, und aller Glanz verblaßt Stück für Stück.

In dieser Situation wirken die Propheten Zefanja und Jeremia.

a. Zefanja: Hoffnung auf die Armen. – Seit Micha und Jesaja sind vielleicht fünfzig Jahre vergangen. Da tritt im Süden der Prophet Zefanja auf. Da für die Bibel das Entscheidende das Wort Gottes ist, das der Prophet vermitteln soll, und weniger sein persönliches Leben, wissen wir von Zefanja selbst kaum etwas.

»Zefanja berührt sich mit den früheren Propheten in der negativen Einschätzung der Gesellschaft seiner Zeit. Er sieht, wie die Mächtigen die Kleinen ausbeuten (1,8ff; 3,1–4), auf Geschäftemachen erpicht sind (1,10f), am Reichtum hängen (1,12f) und aus Jerusalem ›eine trotzige, schmutzige und gewalttätige Stadt‹ machen (3,1). Der üblichen Liste von Verantwortlichen: große Herren (1,8), Fürsten (3,3), Richter (3,3), Priester (3,4; 1,9) und falsche Propheten (3,4) fügt er eine neue Gruppe hinzu: die Königssöhne (1,8)... Nach und nach überwindet Zefanja die Angst, auch den königlichen Hof des Südreiches aufs Korn zu nehmen. So tut er einen gewaltigen Schritt vorwärts und macht es damit Jeremia möglich, gegen König Jojakin, den Nachfolger Joschijas, heftige Anklage zu erheben.«[24]

Doch hören wir Zefanja selbst: »Ich rechne ab mit den großen Herren und mit den Königssöhnen und allen, die fremdländische Kleider tragen« (1,8). »Das ganze Krämervolk verstummt, alle Geldwechsler sind ausgerottet« (1,11). »Sie werden Häuser bauen, aber nicht darin wohnen; sie werden Weinberge anlegen, aber den Wein nicht trinken« (1,13).

Wem gilt die Drohung? Mit Sicherheit nicht den verschuldeten Bauern, die inzwischen ihr Land, ihre Weinberge, ihre Häuser, kurz: alles verloren haben. Für sie hat der Prophet ein anderes Wort: »Sucht den Herrn, ihr Gedemütigten im Land, die ihr nach dem Recht des Herrn lebt. Sucht Gerechtigkeit, sucht Demut! Vielleicht bleibt ihr geborgen am Tag des Zornes des Herrn« (2,3).

»Ja, dann entferne ich aus deiner Mitte die überheblichen Prahler, und du wirst nicht mehr hochmütig sein auf meinem heiligen Berg. Und ich lasse in deiner Mitte übrig ein demütiges und armes Volk, das seine Zuflucht sucht beim Namen des Herrn« (3,11–12). »Juble, Tochter Zion! Jauchze, Israel! ... Der König Israels, der Herr, ist in deiner Mitte ... Fürchte dich nicht, Zion! Laß die Hände nicht sinken! Der Herr, dein Gott, ist in deiner Mitte, ein Held, der Rettung bringt ... In jener Zeit vernichte ich alle, die dich unterdrücken. Ich helfe dem Hinkenden und sammle die Verstreuten ... In jener Zeit bringe ich euch heim, in jener Zeit führe ich euch wieder zusammen« (3,14–20).

Das eigentlich Neue an Zefanja ist vielleicht, daß er die Armen des Landes als Beispiel für die darstellt, die am Tage des Zornes gerettet werden wollen. Sie bilden den Kern der zukünftigen, neuen Gemeinde, des »demütigen und armen Volkes, das seine Zuflucht sucht beim Namen des Herrn«. Damit öffnet er den Weg für die Seligpreisungen Jesu. Jesaja hatte die künftige Gerechtigkeit auf neue aufrechte Verantwortungsträger gegründet gesehen, Zefanja sieht sie auf dem »demütigen und armen Volk« ruhen.

b. Das Deuteronomium und seine Theologie des Landes. – Wir wissen bereits, daß das Deuteronomium seine erste Redaktion Mitte des

---

[24] Ebd. 335.

8. Jahrhunderts im Nordreich erfuhr, zur Zeit des Amos und des Hosea. Es ist das Werk eines Kreises von Predigern in den letzten zwanzig, dreißig Jahren vor dem Fall Samarias. Diese versuchten, die Katastrophe zu verhindern – ohne Erfolg. Die erste Redaktion dieses für das Neue Testament so wichtigen Buches umfaßte, mit einigen Varianten, sicher die Kapitel 5 bis 26, zuzüglich des Kapitels 27, so wie uns das Buch heute vorliegt.

Mit allen Mitteln wollen die Verfasser Israel auf das eine Wesentliche hinweisen: ein Gott, ein Volk, ein Land, ein Gesetz, ein Tempel. Innerhalb dieses Geistes ist das entscheidend Neue und Wichtige des Deuteronomiums vielleicht die Aufforderung, Gott »mit ganzem Herzen, mit ganzer Seele und mit ganzer Kraft« zu lieben (6,5 und passim). Die Gebotstafel im Buch Exodus hatte lediglich gefordert, neben Jahwe keinen weiteren Gott zu haben (Ex 20,3); jetzt wird das erste Gebot vertieft: man soll Gott auch lieben.

Ausgangspunkt ist stets die Erfahrung Gottes und seines Wortes. Vor der Grenze lagernd, den Jordan noch vor sich, soll – so die Mahnung des Buches – das Volk tun, was es am Anfang zum Volk gemacht hat: das Wort Gottes hören. »Höre Israel« wird Israel später jeden Tag beten. Es geht um die Zuordnung zweier Pole: die Bundesworte hören und sie ins Werk setzen. Das ist es, was Israel ausmacht. Daß es das Land dann besitzen konnte, beruht auf der Verkündigung des Wortes, auf dem Hinhören des Volkes auf das Wort und auf der Praxis des Gesetzes, als Bewußtsein davon, daß der Herr sein Volk liebt.

Das Deuteronomium will Erinnerung sein. Vierunddreißigmal heißt es: »Denk daran . . .!« Der Besitz des Landes setzt voraus, daß sich das Volk seiner Geschichte bewußt ist und zu seinen Wurzeln steht. Und was sind die Hauptpunkte, die das Volk im Angesicht der Grenze nicht vergessen darf? Einige möchten wir nennen:

Das Land ist für das Volk Gottes die Gabe, die Jahwe ihm verheißen hat. Israel hat es weder verdient noch aus eigenem Vermögen oder aus eigener kriegerischer Kraft sich selbst erobert. Es ist ein fruchtbares und kostbares Land, voller Segen und Lust (6,10–11; 8,7–10). »Es ist ein Land, um das der Herr, dein Gott sich kümmert. Stets ruhen auf ihm die Augen des Herrn, deines Gottes, vom Anfang des Jahres bis zum Ende des Jahres« (11,12).

Das Deuteronomium betont, der Besitz des Landes sei daran geknüpft, daß man auf das Wort des Herrn hört. Das Verhältnis zwischen Volk und Gott zerbricht, wenn Israel nicht seiner Verantwortung nachkommt, mit dem Land, in dem es leben und sich vermehren kann, wie mit einer Gottesgabe umzugehen. Ebensowenig darf es das Land nach Belieben benutzen; immer muß es vor Augen haben, daß es ein Mittel ist, mit dem Herrn Kontakt zu pflegen. Es ist ein Land des Bundes. Daß Israel dort leben darf, hängt davon ab, ob es den Bund erfüllt.

Wichtig ist auch das Sabbatgebot. Doch geht es dabei um mehr als um irgendeine Kultvorschrift. Der Sabbat entsteht in Israel zum Schutz des Arbeiters, Sklave wie Knecht haben ein Recht auf einen Ruhetag. Als solcher ist er ein Schritt zur Befreiung der Sklaven, und Schulden, die Sklaven machen, soll er tilgen. Begründet wird der Sabbat im Deuteronomium nicht damit, daß Gott am siebten Tag selbst geruht hat (Ex 20,5), sondern damit, daß Gott sein Volk am Sabbat aus der Sklaverei in Ägypten befreit hat (5,12–18).

Wenn das Land ein Geschenk ist, dann erwachsen dem Volk daraus auch Verbindlichkeiten, die es nicht vernachlässigen darf. Deshalb unterstreicht das Deuteronomium nachdrücklich, welche moralischen Verpflichtungen Israel gegenüber den Armen (15,7–11), gegenüber Ausländern, die im Land leben (10,19), gegenüber Witwen und Waisen (24,19–22) wie auch gegenüber den Leviten (14,27) hat. Sie alle besitzen ja nichts an Grund und Boden. Gleichwohl sind sie Israels Brüder und Schwestern, mit denen man die Erträge der Felder zu teilen hat.

Das Ideal, das das Buch entwirft, ist, daß es im Volk Gottes »eigentlich keine Armen« geben darf (15,4). Da es sie faktisch aber doch gibt, spricht es ständig die Mahnung aus, jedem einzelnen Notleidenden zu helfen. In diesem Zusammenhang haben die sogenannten »humanitären Gesetze« des Deuteronomiums ihren Ort (15,1–8; 22,1–8; 23,15–25; 24,5–6.10–22; 25,1–4).

In den genannten Kapiteln wird mehr als achtzigmal das Land erwähnt, stets voller Hochachtung und Liebe, weil es das besondere Geschenk Gottes an sein Volk ist: »Das Land, das der Herr, dein Gott, dir gibt« (5,6), so wie er es verheißen hat (27,3), damit du dort leben (8,1) und glücklich werden kannst (6,18). Die Zuwendung, die Gott den Vorfahren geschworen hat (7,12), macht er sichtbar in reichen Ernten (7,13). Doch die Liebe beruht auf Gegenseitigkeit: Israel darf sich von einem solchermaßen großzügigen Gott nicht abwenden. Das segensreiche Geschenk des Landes soll das Volk dazu bewegen, Gott aus ganzem Herzen zu lieben. Nur unter dieser Bedingung wird Gott auch weiterhin seinen Segen über die Früchte der Erde ausgießen. Das Ganze ist ein Bündnis auf Gegenseitigkeit; jede der beiden Seiten verpflichtet sich zu Treue und Hochherzigkeit.

Wen wundert es da, daß das Deuteronomium, so betrachtet, ein einziges Loblied auf das Land ist? Auf jeder Seite ist die zärtliche Liebe zu der Scholle zu spüren, auf der man geboren wurde, zu der Erde, die Gott einem gegeben hat, zu den Hügeln, Tälern und Bergen, für die man leidet und dankt, hofft und stirbt:

»Der Herr, dein Gott, führt dich in ein prächtiges Land, ein Land mit Bächen, Quellen und Grundwasser..., ein Land mit Weizen und Gerste, mit Weinstock, Feigenbaum und Granatbaum, ein Land mit Ölbaum und Honig, ein Land, in dem du nicht armselig dein Brot essen mußt, in dem es dir an nichts fehlt... Dort wirst du essen und satt werden und sollst den Herrn, deinen Gott, für das prächtige Land, das er dir gegeben hat, preisen...« (8,7–10).

So verstanden, ist das Deuteronomium ein Buch für jeden Bauern, der an den Gott der Bibel glaubt und nach Anregung für sein Glaubensleben sucht.

c. Jeremia: Hoffnung im Schmerz. – Ein paar Jahre nach Zefanja ist in Jerusalem der Prophet Jeremia zu hören. »Im Alten Testament ist Jeremia der Dichter par excellence des Landes. Niemand war tiefer als er verwurzelt in den alten Traditionen des frühen Israel, als die Stämme, wie Nabot, das Land noch voll vitaler Dankbarkeit und voller Lust am Neuen bewohnten. Keiner sah deutlicher als er, daß sich mit dem Land nicht umgehen läßt, wie die israelitischen Könige mit ihm umgehen wollten.«[25]

Das Buch Jeremia ist vielschichtig und komplex. Es spiegelt unterschiedliche Situationen wider. Ein gut Teil des Textes wurde erst von den Schülern des Propheten redigiert.

Die Berufung des Propheten wird in einer Weise geschildert, daß der Konflikt um die Schwierigkeit seines Auftrags von Anfang an zu ahnen ist. Jeremia fühlt sich klein und unfähig: »Ich kann doch nicht reden, ich bin ja noch so jung.« Doch der Herr antwortet ihm: »Fürchte dich nicht; denn ich bin mit dir, um dich zu retten... Hiermit lege ich meine Worte in deinen Mund. Sieh her! Am heutigen Tag setze ich dich über Völker und Reiche; du sollst... vernichten und einreißen, aufbauen und einpflanzen« (1,6–10).

Der Auftrag, zu »vernichten und einzureißen«, verweist dem Wortlaut nach auf den Verlust des Landes, wie die beiden entgegengesetzten,

[25] *W. Brueggemann,* A terra na Bíblia, São Paulo 1986, 153 (Orig. engl.: The land. Place as gift, promise, and challenge in Biblical Faith [Overtures to Biblical Theology], Philadelphia 1977.

positiven Verben »aufbauen und einpflanzen« zunächst die Zerstörung voraussetzen. Jeremia selbst eröffnet seine Rede denn auch sinngemäß: »Abermals erging an mich das Wort des Herrn: Was siehst du? Ich antwortete: Einen dampfenden Kessel sehe ich; sein Rand neigt sich von Norden her« (1,13-14).

Aus dem Norden war – in Form Assurs – das Unheil über das Bruderreich Israel hereingebrochen. Gut hundertdreißig Jahre später sollte auch für Juda aus dem Norden die Vernichtung kommen, diesmal von seiten Babylons. Jeremia erlebt den Untergang seines Volkes mit.

Anfangs unterstützt der Prophet das Reformwerk Joschijas. Voll Begeisterung für das Bemühen des Königs, die Grenzen seines Reiches bis in die Gebiete des alten Israel vorzuschieben, kündigt er den israelitischen Schwestern und Brüdern in der Verbannung die Rückkehr in die Heimat an (vgl. Jer 2-3; 30-31). Doch als Joschija im Jahre 609 auf die bekannte tragische Weise zu Tode kommt, schlägt sein freudiger Ton in Trauer um. So beginnt eine zweite, düstere Phase. 605 eröffnete der babylonische König Nebukadnezzar eine Reihe glänzender Siege. Zu allem Unglück erweisen sich die Nachfolger Joschijas auch noch als unfähig und im Einzelfall sogar als unheilvoll. Die Gewalt nimmt zu, und immer mehr geben persönliche Interessen und Unrecht und Ungerechtigkeit den Ton an. Alles das aber verbirgt sich unter einem entfremdeten Glauben und entfremdeten Gottesdienst.

Zum ersten Mal greift in Juda ein Prophet den König frontal an. König Jojakim hält Jeremia vor: »Dein Vater [Joschija] hat für Recht und Gerechtigkeit gesorgt. Und es ging ihm gut. Dem Schwachen und Armen verhalf er zum Recht. Heißt nicht das, mich wirklich erkennen? – Spruch des Herrn. Doch deine Augen und dein Herz sind nur auf deinen Vorteil gerichtet, auf das Blut des Unschuldigen, das du vergießt, auf Bedrückung und Erpressung, die du verübst... In das Land aber, nach dem ihr Herz sehnlich zurückverlangt, werden sie nie wieder kommen« (22,15-17.27).

»Land, Land, Land, höre das Wort des Herrn! So spricht der Herr: Schreibt diesen Mann als kinderlos ein, als Mann, der in seinem Leben kein Glück hat. Denn keinem seiner Nachkommen wird es glücken, sich auf den Thron Davids zu setzen und wieder über Juda zu herrschen« (22,29-30).

Die Entweihung des Bundes bedeutet die Entweihung des Landes (3,1-12). So erzählt Jeremia die ganze Geschichte Israels als eine Geschichte des Besitzes und des Verlustes des Landes, als Zeichen für Gemeinschaft mit dem Herrn und für die Entfernung von ihm.

Unmißverständlich sieht und sagt der Prophet, die Konzentration des Landbesitzes aufgrund der Ausbeutung der Armen werde das Volk in die Sklaverei führen und des gesamten Landes berauben. Wer die biblische Theologie des Landes verstehen will, muß wissen, daß, wie bei Jeremia, der Besitz des Landes stets an die Praxis von Gerechtigkeit und die Beobachtung des göttlichen Gesetzes gebunden ist.

In diesem Zusammenhang scheint Jeremia mit dem, was er tut und sagt, den Babyloniern den Ball zuzuspielen. Sowohl die probabylonische Partei als auch Nebukadnezzar selbst fühlen sich von ihm bestätigt und setzen sich für ihn ein. Die Folge ist, daß das Volk ihm gegenüber noch mißtrauischer wird (vgl. Jer 19,11).

Im Jahre 588 v. Chr. belagert Nebukadnezzar Jerusalem. Da kommt die Nachricht, ein ägyptisches Heer sei im Anmarsch. Nebukadnezzar gibt die Belagerung der Stadt auf und tritt den Ägyptern entgegen. In Jerusalem hat König Zidkija mit den Reichen der Stadt vereinbart, jeder solle seinen hebräischen Sklaven anbieten, wer den Judäern bei der Verteidigung gegen die Babylonier helfen würde, sollte nachher in die Freiheit entlassen werden. Doch als sich die Babylonier plötzlich zurückziehen, belassen der König und die Adligen es beim alten, und kein Sklave erlangt die Freiheit. Jeremia ist empört und droht im Namen Gottes mit der Rückkehr der Babylonier, die alles in Schutt und Asche legen würden (Jer 34), was dann auch tatsächlich 587 geschieht.

Was Jeremia sagt, ist nicht leicht zu verstehen. Wenn Gott selbst entschieden hat, die einzige Möglichkeit für Israel, seinen Status als Volk Gottes, seine Identität und seine gesellschaftliche Gleichheit wiederzuerlangen, seien der Verlust des Landes und die Verbannung, dann sind jeder Widerstand gegen die Eindringlinge und jedes Bemühen, im Land zu bleiben, in diesem Zusammenhang Revolte und Ungehorsam gegen Gott. Das Volk hat die Dinge zu akzeptieren, wie sie sich entwickelt haben.

Wer heute diese Texte liest, darf sie weder als Legitimation von Landaneignung interpretieren noch als Rechtfertigung der Schuldgefühle von kleinen Bauern, die denken, sie würden von ihrem Grund und Boden vertrieben, weil Gott es so wolle oder weil sie gesündigt hätten.

Der uns fremd anmutende Gedanke des Propheten ist durch sein doppeltes Anliegen begründet: (a) Der gemeinschaftlich-familiäre Besitz des Landes ist ein Zeichen für den Bund mit Gott; das Exil ist die geschichtliche Folge aus der Untreue gegenüber dem Bund. (b) Die Verbannung, verstanden als Chance zur Umkehr, ist sozusagen ein Neubeginn der Geschichte. Nur unter den Verbannten weckt das Wort des Herrn neue Hoffnung.

8. *Verlust des Landes im 6. Jahrhundert*

Die Gefangenschaft in Babylon markiert innerhalb es Alten Testaments das Ende eines wichtigen Abschnitts in der Geschichte des Volkes Gottes und zugleich den Beginn einer neuen Phase.

Im Zusammenhang mit der Eroberung Jerusalems durch König Nebukadnezzar (2 Kön 25; Jer 39) wird ein Großteil der Juden in drei aufeinander folgenden Schüben (598, 587 und 582) ins Zweistromland verschleppt. Jerusalem wird dem Erdboden gleich gemacht. »Das Haus des Herrn, der königliche Palast und alle Häuser der Mächtigen gingen in Flammen auf« (2 Kön 25,9). Ins Exil gehen alle einflußreichen Kreise und ein gut Teil des Volkes. »Nur von den armen Leuten, die nichts hatten, ließ Nebusaradan, der Kommandant der Leibwache, einen Teil im Land Juda zurück und gab ihnen Weinberge und Äcker« (Jer 39,10). Jeremia kann zunächst im Land bleiben, muß aber dann im Zusammenhang mit einem Attentat gegen den Statthalter (vgl. 40,7–41,5) nach Ägypten fliehen. Dort stirbt er, gleichfalls im Exil. Ein anderer Prophet mit Namen Ezechiel wird, da er Priester ist, nach Babylon deportiert. Dort aber erwachsen Israel inmitten des Unheils neue Propheten.

Bisher waren die Propheten mit der Wirklichkeit hart ins Gericht gegangen. Das Thema »Land« hatte dabei eine wichtige Rolle gespielt. An Tadel und Strafandrohung hatten sie es nicht fehlen lassen. Doch seit der Verbannung schlagen sie einen neuen Ton an. Was sie dem Volk, das sein Land verloren hat, fortan zu sagen haben, sind Worte der Besinnung, des Mutes und der Hoffnung. Wenn die Strafe verbüßt ist, muß ein neuer Exodus in Gang kommen.

a. Ezechiel: Neues Land mit neuem Herzen. – Ezechiel ist der erste Prophet des Exils. Seine Rede gilt nicht dem Volk, sondern dem Land. »Das Ende kommt, das Ende kommt über die vier Ecken der Erde« (7,2). »Der Herr hat das Land verlassen« (9,9). Gott selbst ist verschleppt und unterdrückt. Aber dank der Heiligkeit seines Namens (und nicht mehr dank den Verheißungen und der Liebe zu seinem Volk) wird er die Geschichte neu beginnen. Einen neuen Bund wird er schließen und das Volk neuerlich im Land der Väter wohnen lassen (vgl. Ez 36,22–30; 37,25–28).

Kapitel 36 könnte man nachgerade »Evangelium des Landes« nennen. Mit der Liebe, mit der Gott sein Volk liebt, liebt er auch das Land. Beiden eröffnet er eine Hoffnungs- und Zukunftsperspektive. »Ihr aber, ihr Berge Israels, sollt wieder grün werden und Früchte hervorbringen für mein Volk Israel, denn es wird bald zurückkommen. Seht, ich wende mich euch wieder zu, und dann ackert und sät man wieder auf euch... Ich will dafür sorgen, daß ihr wieder bewohnt seid, wie ihr es früher wart« (36,8–11).

Damit das Volk das Land nicht noch einmal schändet, verspricht Gott, ihm »ein neues Herz« (36,26) zu geben. »Ich lege meinen Geist in euch und bewirke, daß ihr meinen Gesetzen folgt« (36,27). Nur so werden die Menschen als Volk Gottes das Land besitzen (36,28) und in Wohlstand leben können (36,29–30). »Damit beinhaltet die Verheißung des Landes nicht nur ein materielles, äußeres Geschenk. Was Gott in Wirklichkeit zusagt, ist ein neuer Mensch und ein neues Volk.«[26] Gottes Verheißung betrifft nicht nur das Land in seiner Materialität, sondern meint ein Land, in dem die Menschen in Würde als seine Kinder, als sein Volk leben können.

In den letzten Kapiteln (40–48) schildert die Gemeinde des Ezechiel ihre Hoffnung und ihr Zukunftsprojekt. Es mutet wie eine Bodenreform an. In Erinnerung an die Verteilung des Landes durch Josua ist die Rede von einer neuerlichen Rückkehr in das Land und einer neuen Art und Weise, mit dem Grund und Boden umzugehen, der jetzt geschwisterlich unter die Stämme aufgeteilt ist. Im Mittelpunkt aber steht der Tempel, und Gott selbst wird mit seiner Gegenwart das Land heiligen. An Wasser wird Juda keinen Mangel mehr leiden; denn eine Quelle wird im Tempel sprudeln und von dort aus das ganze Land tränken.

b. Deuterojesaja: Hoffnung aus dem Schmerz. – Die Verbannten haben schon jahrelang Not und Verzweiflung mitgemacht. Da nähert sich gegen das Jahr 550 v. Chr. der Perserkönig Kyrus, um Babylon zu erobern. Zu dieser Zeit beruft Gott in der Gemeinde der Sklaven einen Propheten aus der Schule des alten Jesaja und macht ihn zum Propheten des Trostes. Man nennt ihn Deuterojesaja, den zweiten Jesaja. Deuterojesaja hält Kyrus für ein Werkzeug in der Hand des Herrn,

---

[26] *X. Pikaza,* La Biblia y la teología de la historia, 167.

welches das Volk Israel befreien und in sein Land zurückkehren lassen soll.

Die Zusage, ins eigene Land zurückkehren zu können, ist das Kernstück der Botschaft des Deuterojesaja. Doch hat seine Prophetie insofern noch einen ganz besonderen Akzent, als nicht nur das Ziel, sondern auch der Weg dorthin genannt und gesagt wird, Gott selbst werde mit den Seinen den Heimweg antreten. Eingehüllt in Herrlichkeit (vgl. 40,5), Macht und Hoheit (40,10), kehrt der Herr selbst mit seinem Volk heim.

»Die Elenden und Armen suchen Wasser, doch es ist keines da; ihre Zunge vertrocknet vor Durst. Ich, der Herr, will sie erhören, ich, der Gott Israels, verlasse sie nicht. Auf dem kahlen Hügel lasse ich Ströme hervorbrechen und Quellen inmitten der Täler. Ich mache die Wüste zum Teich und das ausgetrocknete Land zur Oase. In der Wüste pflanze ich Zedern, Akazien, Ölbäume und Myrten. In der Steppe setze ich Zypressen, Platanen und auch Eschen« (47,17–19). Wie beim Exodus führt der Heimweg wiederum durch die Wüste. Aber die Wüste ist mehr als eine Örtlichkeit, die Wüste ist wie zur Zeit Josuas ein gesellschaftliches Projekt. Und der Herr wird aus der Wüste einen Platz machen, an dem es eine Lust ist zu leben (vgl. 43,18–20; 49,10).

Es scheint jedoch, daß Deuterojesaja am Ende von König Kyrus als einem Instrument Gottes enttäuscht ist und, was die Befreiung anbelangt, auf ein neues Werkzeug setzt: auf den leidenden Gottesknecht (42,1–7; 49,1–6; 50,4–9; 52,13–53,12). In dieser Hoffnung übermittelt er Israel, was der Herr dem Volk bezüglich des Landes verheißt: »So spricht der Herr: Zur Zeit der Gnade will ich dich erhören, am Tage der Rettung dir helfen. Ich habe dich geschaffen und dazu bestimmt, der Bund zu sein für das Volk, aufzuhelfen dem Land und das verödete Erbe neu zu verteilen... Sie leiden weder Hunger noch Durst... Denn er leitet sie voll Erbarmen und führt sie zu sprudelnden Quellen« (49,8–10).

In seinem letzten Kapitel (55) bedient sich Deuterojesaja des Stils eines Wanderpredigers und ruft das Volk auf, sich an den Gütern des messianischen Reiches zu laben: Wasser, Brot, Wein und Milch. Alles ist ohne Entgelt zu haben. Der Bund mit Gott ist wiederhergestellt. Das erste Zeichen für den Regen, der natürlich das Wort Gottes versinnbildlicht, ist, daß Erde, Berge und Hügel sich freuen, daß Zypressen wachsen, wo Dornen standen, und daß Myrten gedeihen, wo Brennessel wucherten. Das Land ist bei Deuterojesaja ohne Zweifel das konkrete Stückchen Erde Israels, darüber hinaus aber auch ein Hinweis auf alle Güter, mit denen Gott sein Volk beschenken will.

Zum Schluß noch eine Anmerkung zum Gottesknecht, ohne daß hier Einzelheiten ausgebreitet werden könnten. So viel immerhin läßt sich sagen: Im Gottesknecht erfüllt sich die Rückkehr ins Land: »Ich, der Herr, habe dich aus Gerechtigkeit gerufen, ... der Bund für mein Volk zu sein... und die Gefangenen aus dem Kerker zu holen...« (42,6–7). Versprengte und Gefangene führt er zu Gott und ins Land zurück. Doch er tut es auf eine geheimnisvolle Weise, die man bisher noch nie gesehen hat: durch Leiden (52,13–53,12). Die Gestalt des Messias mit seinem Auftrag beginnt sich abzuzeichnen...

9. Heimkehr aus der Verbannung und Wiederherstellung des Landes im 5. Jahrhundert

Ab 530 v. Chr. können die Juden in verschiedenen Bewegungen in ihr Land zurückkehren. In Juda ist inzwischen aus zurückgebliebenen Israeliten, Assyrern, Babyloniern und Persern eine Mischbevölkerung herangewachsen. So haben die Führer des Volkes mit dem kulturellen und religiösen Synkretismus zu kämpfen, den sie vorfinden. Immerhin war die Tatsache, daß Israel seines Landes verlustig gegangen war, ja auch vor dem Exil darauf zurückzuführen gewesen, daß man sich auf derartige Dinge eingelassen hatte.

Während dieser Zeit begegnen wir »einer Reihe von Propheten, Priestern und Gesetzesfachleuten, welche das Volk physisch und moralisch anleiten, ins Land zurückzukehren und es wiederaufzubauen. Wie immer gehen die Propheten indirekt vor. Die Priester und Spezialisten in Sachen Gesetz hingegen direkt, narrativ... Forciert von den Führern des Volkes, schälen sich bestimmte Tendenzen heraus: theokratische Vorstellungen, das heißt, das Gemeinwesen soll auf dem Willen Gottes gründen, nach Maßgabe des mosaischen Gesetzes gestaltet sein und unter der Führung des Hohenpriesters stehen; Absonderung von den Heiden (Verbot von Mischehen) und von der Geschichte anderer Länder; Einheit um den Tempel (wenn er denn wiederhergestellt ist) als Mittelpunkt des nationalen Lebens; Betonung der eigenen Identität und Zurückhaltung gegenüber jedweder anderen Identität.«[27] Allen gemeinsam ist der lebendige Wunsch nach einer gerechteren Gesellschaft.

Biblische Dokumente aus dieser Zeit gibt es nur wenige. Überliefert sind einige Texte von Propheten: Tritojesaja, Haggai, Sacharja und

[27] R. de Sivatte, Dios camina con su pueblo, 115 f.

Maleachi sowie die Bücher Esra, Nehemia, Jona und Rut. Vervollständigt werden einige ältere Bücher, und redigiert werden die Bücher der Chronik.

Auch deutliche Hinweise auf soziale Ungerechtigkeit in dieser Zeit sind selten. In einem dramatischen Lasterkatalog läßt Maleachi Jahwe als Zeugen auftreten gegen alle, »welche die Tagelöhner, Witwen und Waisen ausbeuten, den Fremden im Land ihr Recht verweigern und mich nicht fürchten« (Mal 3,5). Nehemia ist ausführlicher. Ihm wenden wir uns im folgenden zu.

a. Nehemia: eine Forderung nach Land wird erfüllt. – Natürlich können wir uns hier nicht mit der komplizierten Problematik der Historizität und der Chronologie des Buches befassen. Uns interessiert lediglich die spezielle Frage nach Grund und Boden und da vor allem eine Begebenheit in der Autobiographie des Nehemia (5,1–13). Das Thema ist »Großgrundbesitz«. Zwei Gesichtspunkte sind besonders interessant: Einmal schildert Nehemia die Reaktion und die Klagen der Geschädigten, und zum anderen liegt ihm an greifbaren Lösungen.

Der Text beginnt mit der Beschreibung, wie sich das Volk beklagt: »Die einen sagten: Wir müssen unsere Söhne und Töchter verpfänden, um Getreide zu bekommen, damit wir zu essen haben und leben können. Andere sagten: Wir müssen unsere Felder, Weinberge und Häuser verpfänden, um in der Hungerzeit Getreide zu bekommen. Wieder andere sagten: Auf unsere Felder und Weinberge mußten wir Geld aufnehmen für die Steuern des Königs. Wir sind doch vom selben Fleisch wie unsere Stammesbrüder; unsere Kinder sind ihren Kindern gleich, und doch müssen wir unsere Söhne und Töchter zu Sklaven erniedrigen. Einige von unseren Töchtern sind schon erniedrigt worden. Wir sind machtlos, und unsere Felder und Weinberge gehören anderen« (Neh 5,2–5).

Bewußt oder unbewußt schildert Nehemia, indem er die Klagen des Volkes festhält, ›die Kehrseite‹ des Großgrundbesitzes. Der Ausgangspunkt ist hier weder Habgier (Micha) noch Stolz (Jesaja) noch Laune (Ahab), sondern der blanke Hunger: Den Menschen fehlt das Elementarste zu essen, um überleben zu können. Die einzige Lösung ist, Felder, Weinberge und Häuser zu belasten. Doch ein Unheil kommt selten allein. Zum Hunger kommt die Steuerlast für den König hinzu. Aber jetzt kann man auf Äcker und Häuser kein Geld mehr aufnehmen, weil sie ja schon verpfändet sind. Der einzige Ausweg ist: Geld leihen, das für den Fall, daß man es nicht zurückzahlen kann, für

Söhne und Töchter die Versklavung bedeutet ... Die Wurzel des ganzen Problems sind Grund und Boden. Nur wenn die Leute ihr Land zurückbekommen, läßt sich das Problem lösen ... Wir hätten einen bloßen Schuldenerlaß vielleicht schon für eine große Sache gehalten, und möglicherweise hätte er die armen Menschen auch beruhigt. Aber Nehemia sieht die einzige Lösung darin, ihnen ihr Eigentum zurückzugeben und wieder bei null anzufangen.

Nehemias Position verdient ein genaueres Hinsehen. Wie ein Prophet wird er zornig, stellt die Vornehmen und Beamten zur Rede und hält ihnen vor: ›Die eigenen Stammesbrüder bedrückt ihr mit Schuldenforderungen‹ (5,6–7), was in einem Land, in dem Zinsnehmen verboten ist, einer harten Verurteilung gleichkommt. Nehemias Impuls könnte nicht prophetischer sein. Doch dann lenkt er seine Einlassung in eine andere Richtung. Allgemeine Ermahnungen sind ihm zu wenig ..., er geht auf Einzelheiten ein, argumentiert, fordert, schlägt eine konkrete Lösung vor: Alles zurückgeben und keine weitere Forderung!, und nimmt den Leuten das Versprechen ab, ihre Zusage zu halten ... (5,11–12). Indem Nehemia rechtzeitig seine harte prophetische Haltung zurücknimmt, gewinnt er den Kampf mit den Großgrundbesitzern.[28] Was das Buch allerdings nicht sagt, ist, wieweit Nehemia insgesamt Erfolg hat.

b. Utopie des Landes: Tritojesaja. – Bei der Schilderung seiner Berufung kündet Tritojesaja – der dritte Jesaja-Prophet (56–66) – ein neues Jubeljahr an (Jes 61). Wie Lev 25 sagt auch er Schuldenerlaß und Sklavenbefreiung vorher. Nur ist das Jubeljahr jetzt umfassender. Es soll internationale Dimensionen bekommen. Den Juden (jüdischen Sklaven) steht das Recht auf Befreiung und Heilung zu. Auch das Land muß ihnen zurückgegeben werden. Der Herr wird an den Feinden Israels Rache üben.

Die Gärten Baals, als Stätten von Götzendienst und Fruchtbarkeitsreligion, werden vernichtet werden, und Israel wird einen neuen Namen erhalten: Man wird es »Eiche der Gerechtigkeit« nennen. Die Städte wird man wiederaufbauen und auf dem Land Ackerbau und Hirtenwesen wiederherstellen (vgl. 49,8). Für die Plackerei auf den Feldern sind jetzt Ausländer zuständig, die bisher die Juden kommandiert haben. So ist das Volk frei, gottesdienstliche Dinge zu tun (vgl. 61,3–5).

---

[28] Vgl. *J. L. Sicre,* Con los pobres de la tierra, 267–268.

Tritojesaja wiederholt die Verheißung der früheren Propheten von der Utopie des Landes: »Nie mehr gebe ich dein Korn deinen Feinden zu essen. Nie mehr trinken Fremde deinen Wein, für den du so hart gearbeitet hast. Nein, wer das Korn geerntet hat, soll es auch essen und den Herrn dafür preisen. Wer den Wein geerntet hat, soll ihn auch trinken in den Vorhöfen meines Heiligtums« (62,8–9). Allerdings sind die Bilder nicht immer stringent oder folgerichtig. Einmal tun Ausländer die Erntearbeit für das Volk, und das andere Mal sollen die Bauern selbst säen und ernten und die Erträge essen können. Das Ganze ist ein freudiges, hoffnungsvolles Gedicht, das dem Volk auf dem Land Mut machen soll. In Zeiten des Kampfes und des Wiederaufbaus kommt es immer darauf an, sich im Namen Gottes seine radikale Hoffnung auf Glück und Fülle zu erhalten. Im Falle Tritojesajas ist die Hoffnung so umfassend, daß das verheißene Land nicht mehr in das Fleckchen Erde Israels paßt, sondern sich über die ganze Welt weitet und in Kürze zu einem neuen Himmel und einer neuen Erde wird (65,17).

Tritojesaja schließt seine Prophetie mit der Ansage des göttlichen Gerichtes. Die Erde wird neu in Jubel ausbrechen. Dem Volk, das auf die Einladung des Deuterojesaja (55) nicht eingegangen ist, und allen, die es hören wollen, verkündet Gott von neuem: »Sie werden Häuser bauen und selbst darin wohnen, sie werden Reben pflanzen und selbst ihre Früchte genießen« (65,21). Wo sich heute in Lateinamerika, im Rahmen der Landpastoral, Menschen treffen, ist dieser Vers immer wieder zu hören. Auch der alte von Hoffnung geprägte Kontext ist der gleiche: Das Ziel ist größer als das, was man im unmittelbaren Kampf um Grund und Boden erreichen kann.

c. Das deuteronomistische Geschichtswerk und seine Theologie des Landes. – Die babylonische Gefangenschaft war für das Volk Gottes ein schreiender Schmerz gewesen. Mit dem Verlust des Landes und der politischen Selbständigkeit hatte es auch den Tempel und die religiöse Freiheit eingebüßt. Ja, sein Glaube an Jahwe war in die Krise geraten.

Vor dem Exil hatte man darüber nachgedacht, wie es dem Gerechten und wie dem Ungerechten ergehen würde. Die entsprechende Theologie war ganz einfach gewesen: »Wohl dem Mann, der nach dem Gesetz des Herrn lebt; alles, was er tut, gedeiht; weh dem Mann, der treulos ist und andere unterdrückt; alles mißlingt ihm« (vgl. Ps 1; Jer 17,5–8).

Doch während des Exils hatte sich die Einstellung geändert. Ezechiel wollte für Israel nicht mehr das Sprichwort gelten lassen: »Die Väter essen saure Trauben, und den Söhnen werden die Zähne stumpf«

(Ez 18,2). Man konnte doch das Leid der Verbannten nicht mit der Sünde der Eltern erklären. Aber wie war dann zu verstehen, daß gerade Unschuldige zu leiden hatten? Wie den Verlust des Landes, das Scheitern des Gottesbundes begreifen? Und was wollte man von der kommenden Welt denken?

In der Bibel begegnen wir verschiedenen Gruppen und Bewegungen, die sich mit dem Problem auseinandersetzen. Schon im Exil (580–540 v. Chr.) findet sich um die Propheten aus dem Südreich eine religiöse Gemeinschaft zusammen, die, von der Theologie des Deuteronomium inspiriert, die Geschichte von Mose bis zur Verbannung in Babylon schriftlich festhält. Im gegenwärtigen biblischen Kanon finden wir das Werk in den Anfangs- und Schlußkapiteln des Buches Deuteronomium, in den Büchern Josua und Richter sowie in den beiden Samuelbüchern und in den beiden Büchern der Könige. Gewöhnlich heißt die Sammlung »deuteronomistisches Geschichtswerk« oder »deuteronomistische Redaktion«.

Natürlich ist das Werk weder neutral noch im modernen Sinn wissenschaftlich. Es ist eine erzählende, narrative Theologie. Ausgangspunkt ist stets die Problematik und der Fragehorizont der Zeit, in der es geschrieben wird. Deshalb übernimmt es die Überzeugung der ältesten Erzählungen im Volk, schon seit den Patriarchen seien die Hebräer Israel und Volk Gottes, doch durch den Bund und durch die Beobachtung des Gesetzes seien sie es im Vollsinn geworden.

In diesem Sinn kommt es, gemessen an früheren Geschichten, zu einer Akzentverschiebung. Die göttlichen Verheißungen: Landnahme, zahlreiche Nachkommenschaft und Segen Gottes im gegenwärtigen Leben, werden abhängig gemacht von der lebendigen Praxis des Volkes.

Wenn in dieser Zeit ein wesentlicher Grund dafür, daß das Volk den Mut verliert und in eine Glaubenkrise gerät, im Verlust der Monarchie besteht, so daß man meinen könnte, Gottes Zusage an David sei gescheitert, dann lehrt der Deuteronomist, nicht Gott habe gefehlt, sondern das Volk und der König, indem sie den Bund mit Gott gebrochen hätten. Doch sei noch nicht alles verloren. Gott sei zum Vergeben bereit und gehe seinen Weg weiter durch die Geschichte.

Als das Volk sündigte, habe Gott zugelassen, daß es von seinen Feinden unterdrückt worden sei. Also habe es um Vergebung gebeten, und Gott habe ihm verziehen und einen Richter geschickt, der es befreien sollte. So der Tenor des ganzen Buches Richter. Auch als das Volk später einen König haben wollte (1 Sam 8), habe Gott ihm vergeben und eingewilligt, Saul zum König zu weihen. Als König David gesündigt habe, habe Gott den Propheten Natan geschickt, der ihm die entsprechende Strafe androhen sollte; da habe der König sein Tun bereut und um Verzeihung gebeten, und Gott habe ihm tatsächlich vergeben (2 Sam 11–12). Das Schema Sünde–Strafe–Reue–Vergebung durchzieht das gesamte deuteronomistische Erzählwerk.

Auf dieser Linie sind auch die Geschichten von der Landnahme in den Büchern Josua und Richter zu verstehen. Josua stellt die Eroberung Kanaans als ein rasches Geschehen voller Gewalt dar, während die Geschichte im Richterbuch als ein allmählicher Prozeß erscheint, der bis in die Zeit Davids angedauert hat. Die Schilderung des Buches Richter ist älter und kommt näher an die Wirklichkeit heran. Der deuteronomistische Redakteur bedient sich ihrer und läßt sie gelten, macht aber aus ihr eine Art Rückeroberung. Offenbar will er eine theologische Lehre vermitteln: Der Herr hat Israel das Land gegeben; das Volk hat es erobert, wenn auch nicht aus eigener Kraft, sondern aus der Gnade und Macht Gottes; doch das Volk hielt sich nicht an den Bund und lief zu Baal über; also ließ Gott zu, daß Israel das Land verlor. Das Volk bat Gott um Verzeihung; und Gott ließ es durch die Richter das Land zurückerobern.

Mit der nachdrücklichen Betonung des Gehorsams gegen den Bund verfolgt der Deuteronomist im Blick auf seine Zeitgenossen in der Verbannung ein konkretes Ziel: Wenn Gott in der Vergangenheit so gehandelt hat, dann wird er auch jetzt mit seinem Volk ohne Land Erbarmen haben und es führen bei der Rückeroberung seiner Freiheit und seiner Erde, die er ihm ja zuvor schon geschenkt hat.

Das Deuteronomium hatte das Land, das Gott dem Volk zugesagt hatte, als ein unverdientes, liebevolles Geschenk des Herrn an die Seinen beschrieben. Der Hintergrund waren die Zeitumstände König Joschijas gewesen: Zwar hatte man sich von den Assyrern und Ägyptern bedroht gefühlt, doch die Grundstimmung war Hoffnung und Optimismus gewesen. Immerhin versuchte Joschija doch, das alte Nordreich Israel zurückzuerobern und das salomonische Gesamtreich wiederherzustellen.

Die deuteronomistischen Redakteure knüpfen an die Verheißung des Landes an. Doch die politische Lage ist anders: Das Volk steht ohne Land da und wird von fremden Reichen beherrscht, und von Befreiung kann in absehbarer Zeit keine Rede sein. Wie sollte man da Hoffnung haben? Hoffen kann nur, wer von Gott Vergebung erbittet und sich vom Herrn immer wieder geliebt weiß. Deuterojesaja hatte seine Trostbotschaft von der Wiederaufrichtung des Volkes mit der treuen und barmherzigen Liebe des Herrn begründet, der wie ein Hirt die versprengte Herde zurückführt, die Wunden des Volkes heilt und selbst den Menschen zur Freude wird. Der Deuteronomist ist da zurückhaltender. Sein Stil ist es ja auch, Geschichten zu erzählen. Aber durch die Gestalten der Propheten schildert er doch, wie sich Gott als solcher offenbart. So öffnet er die Tür für die Hoffnung, eines Tages doch noch das Land zurückzugewinnen.

B. Neues Testament

Gegenüber dem Alten Testament stellt sich die Lage im Neuen Testament anders dar: »Mit Jesus und dem Christentum fällt der Mythos von der Zugehörigkeit eines Landes zu einem Volk dahin. Es gibt weder einen geheiligten Besitztitel mehr noch unveräußerliche Rechte auf ein Land. Die gesamte Erde gehört allen Menschen, damit alle sich ihrer erfreuen und von ihr leben können. Die Regeln der Gerechtigkeit müssen in der gesellschaftlichen Organisation den Vorzug haben, und geschichtliche oder vermeintliche ›natürliche‹ Gründe müssen dem Primat des Besitzes der ganzen Erde durch alle Menschen weichen.«[29]

Das Neue Testament will nicht einfach die Geschichtsbetrachtung des Alten Testaments fortführen. Verglichen mit dem Gesamtumfang der vorausgehenden Geschichte, umfaßt es ja auch nur einen geringen Zeitraum (vielleicht fünfzig Jahre). Vielmehr will es aus dem Blickwinkel der Taten und Worte Jesu das Alte Testament neuinterpretieren, wie es umgekehrt auch aus der Perspektive der alten Propheten das Auftreten Jesu neu beleuchten will.

Die urkirchlichen Gemeinden verfaßten ihre Texte so, daß sie Antworten boten auf die Bedürfnisse und Probleme, mit denen sie es zu tun hatten. Einige dieser Gemeinden lagen anscheinend in ländlichen Gebieten Kleinasiens und bestanden möglicherweise aus Bauern. Andere und vielleicht die meisten sind in Außenbezirken der Städte zu vermuten. Aus den konkreten Erfahrungen heraus, die sie dort machten, erzählten sie vom Leben nach dem Evangelium und zeichneten die Gestalt Jesu Christi. Deshalb beginnen wir auch mit den ersten christlichen Gemeinden, um von dort aus zur geschichtlichen Person und zur Praxis Jesu von Nazaret zu kommen.

[29] *J. Comblin,* Das Bild vom Menschen (BThB), Düsseldorf 1987, 106.

1. Verhältnis zwischen Altem und Neuem Testament

Wer sich in Lateinamerika in christlichen Basisgemeinden wie in Gruppen von Landarbeitern und Kleinbauern, aber auch von Trägern der Pastoral und Bibelfachleuten umschaut und deren Erfahrungen bzw. Untersuchungen zum Thema »Land und Bibel« betrachtet, wird feststellen, daß das Alte Testament dort im allgemeinen mehr gelesen wird als das Neue. Gruppen und Gemeinden, die seit eh und je um ihr Stückchen Land hart zu kämpfen haben, begründen den Sachverhalt damit, sie fänden sich leichter im Alten Testament wieder, weil sie ja genau wie die Hebräer unter der Führung des Mose oder wie die Propheten zu kämpfen hätten.

Traditionell denkende Christen und Geistliche betrachten dies jedoch nicht selten mit Sorge und deuten es anders. Nach ihre Meinung neigen die, die in Lateinamerika die Bibel aus der Erfahrung des konkreten Lebens lesen, dazu, sich auf das Alte Testament zu berufen, weil dieses in der Tat materieller, gesellschaftsbezogener und politischer sei und immer wieder von Kämpfen um Gerechtigkeit und von sozialen Problemen handele. Doch das Alte Testament sei nur Vorbereitung auf das Neue Testament, das universal und geistig-geistlich sei und eben nicht derartige Probleme um Grund und Boden und Gerechtigkeit kenne.

So oder so, objektiv betrachtet geht es um die Frage, wie Altes und Neues Testament einander zuzuordnen seien. Ein wenig schematisiert, sehen wir drei Modelle:

1. Kontinuität und Fülle. In frühen judenchristlichen Kreisen verstanden sich die Anhänger Jesu als die, die den Bund Gottes mit ihren Vorfahren weitertrugen. Niemand wäre auf die Idee gekommen zu sagen, die Schrift (das heißt: das, was für uns heute das Alte Testament ist) sei überboten. Auf dem Weg des Glaubens von der Väterzeit über die Epoche der Propheten bis hin zu Christus entwickeln sich die Dinge, aber von Bruch kann keine Rede sein. Deshalb läßt Matthäus Jesus sagen: »Denkt nicht, ich sei gekommen, um das Gesetz und die Propheten aufzuheben. Ich bin nicht gekommen, um es aufzuheben, sondern um es zu erfüllen« (Mt 5,17).

2. Ermöglichung und Abhängigkeit. Eine zweite Figur zur Deutung des Verhältnisses zwischen Altem und Neuem Testament vertieft noch das erste Modell. Demnach hängt das Neue Testament vom Alten ab, wie ein Zweig durch den Stamm des Baumes ermöglicht wird. So vergleicht zum Beispiel Paulus in Röm 11 Israel mit einem Ölbaum, der

kraft seiner Heiligkeit auch alle eingepfropften Zweige heiligt. Die Kirche ist ein Zweig Israels.

3. Verheißung und Verwirklichung. Ein gut Teil des Neuen Testaments entsteht, als die Jesusanhänger schon aus der jüdischen Synagoge exkommuniziert sind und als Verräter und Häretiker betrachtet werden. Um in dieser polemischen Situation nicht den Makel der Exkommunikation auf sich sitzen zu lassen, interpretieren sie das Alte Testament als Verheißung der Heilsgeschichte, die sich im Neuen Testament verwirklicht. Vor allem Lukas bedient sich dieses Deutemusters. In der Synagoge von Nazaret sagt Jesus: »Heute hat sich das Schriftwort... erfüllt« (Lk 4,21).

In der Geschichte hat sich aufgrund des kirchlichen Antisemitismus eindeutig das letztgenannte Modell durchgesetzt, während die anderen Interpretationsfiguren in die Vergessenheit abgedrängt wurden. Natürlich geht es nicht darum, die eine für richtig und die anderen für falsch zu erklären. Alle drei sind zeitbedingt und ergänzen sich gegenseitig.

In der Regel verstehen wir die Heilsgeschichte in einem linearen Sinn: Vor Christus habe das Alte Testament gegolten, dann sei Jesus Christus gekommen, nach dem Erdenleben Jesu sei das Neue Testament entstanden, und dies sei die Zeit der Kirche, bis auf unsere Tage. Das Schema hat seine Wahrheit, ist aber unvollständig. Es erweckt den Eindruck, als sei die Bibel in ihrer Gesamtheit etwas Vergangenes, auf das wir zwar irgendwie Bezug nehmen, das aber keine aktuelle Bedeutung hat. Ein solches Geschichtsverständnis rechtfertigt zudem leicht ein System der »Christenheit« und eine Mißachtung der Autonomie der weltlichen Realität durch die Kirche; weil unsere Geschichte ja die lineare Fortsetzung der Geschichte Israels im Alten Testament sei. Wir sehen hierin einen gewissen Ethnozentrismus, weil sich alle Völker und Kulturen in diese Geschichtslinie einfügen müßten.

In Lateinamerika jedoch verstehen wir die Geschichte seit langem anders. Für uns als Christen kommt es entscheidend darauf an, daß Christus im Mittelpunkt der Geschichte steht. Alles strebt auf ihn zu. Sein Tod und seine Auferstehung öffnen für uns und für die Geschichte das Tor zum Reich Gottes. Die Geschichte, sagt Augustinus, gehe schwanger mit Christus. Aber nicht nur die Geschichte Israels, sondern die Geschichte der ganzen Menschheit. Wie das Volk Israel sein »Altes Testament«, seine Vorbereitung auf Christus, gehabt hat, so haben alle Völker ihr je eigenes und eigenständiges »Altes Testament«. Graphisch könnte man die Zuordnung so darstellen:

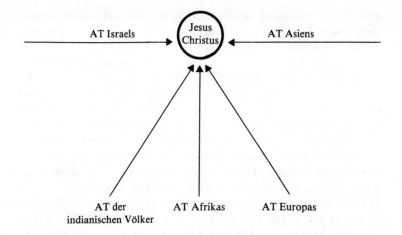

AT Israels → Jesus Christus ← AT Asiens

AT der indianischen Völker   AT Afrikas   AT Europas

Doch wenn sozusagen jedes Volk sein eigenes Altes Testament hat, was kümmert uns dann das Alte Testament des Volkes Israel, das heißt die hebräische Bibel? – Es ist unser fester Glaube, daß die Bibel, sosehr sie auch eine Sammlung geschichtsbedingter und in diesem Sinn menschlicher Worte ist und sosehr ihr auch wie jedem anderen menschlichen Wort Zweideutigkeit anhaftet, das Wort des lebendigen Gottes ist. In der Bibel sind Gottes Gegenwart und Wirkmächtigkeit geoffenbart, und Gott ist auch heute noch unter uns gegenwärtig und am Werk, wenn ihn unsere Sinne auch nur bis zu einem gewissen Grad zu spüren und unsere Augen zu sehen vermögen. Die Bibel leuchtet die wirkmächtige göttliche Gegenwart nicht vollends aus, wohl aber hilft sie uns wie eine Lampe, die im Dunkeln scheint, die Gegenwart des Herrn zu erkennen und uns auf sie einzulassen. Wir denken also, dieses Verständnis des biblischen Alten Testaments sei für Christen hilfreich und unerläßlich.

Dieses Schema vor Augen, könnte jemand einwenden, wir fielen in der Zeit zurück und sähen nicht mehr das absolut Neue, das mit dem Kommen Jesu angebrochen sei. Dazu ist zu sagen: Man kann von zwei Arten von Altem Testament sprechen. Das eine ist das vorchristliche Alte Testament; ihm begegnen wir zum Beispiel bei nichtchristianisierten Indianern oder bei afrikanischen Völkern mit ihren spezifischen Kulturen und Religionen. Diese Völker brauchen, um zu Christus zu gelangen, nicht durch das Alte Testament hindurch. So lautet die gesamte Theologie des Paulus. Die zweite Art von Altem Testament ist das von Völkern und Gemeinwesen, die, obwohl inzwischen christianisiert, immer noch in der Phase des Alten Testaments leben, insofern ihre Konflikte und Probleme, aber auch ihre Befindlichkeit als Wanderer unterwegs zum Reich Gottes alttestamentarische Züge tragen. Aber es handelt sich dabei um ein christliches Altes Testament. Wenn sich Jesus als Zeitgenosse Abrahams (Joh 8,58), Moses (Joh 5,46) und Davids (Mt 22,45) bezeichnet, warum sollten wir uns dann unseren auferstandenen Bruder nicht auch als Gefährten auf Wegen vorstellen können, die noch immer durch alttestamentarische Gefilde führen?

Zum Verständnis dieser Überlegungen mag das Wort eines Theologen hilfreich sein, der so etwas wie ein Vorläufer der lateinamerikanischen Theologie ist. Wenige Monate vor seiner Hinrichtung schrieb Dietrich Bonhoeffer in einem Nazigefängnis: »Ich spüre übrigens immer wieder, wie alttestamentlich ich denke und empfinde; so habe ich in den vergangenen Monaten auch viel mehr Altes Testament als Neues Testament gelesen. Nur wenn man die Unaussprechlichkeit des Namens Gottes kennt, darf man auch einmal den Namen Jesus Christus aussprechen; nur wenn man das Leben und die Erde so liebt, daß mit ihr alles verloren und zu Ende zu sein scheint, darf man an die Auferstehung der Toten und eine neue Welt glauben; nur wenn man das Gesetz Gottes über sich gelten läßt, darf man wohl auch einmal von Gnade sprechen, und nur wenn der Zorn und die Rache Gottes über seine Feinde als gültige Wirklichkeit stehen bleiben, kann von Vergebung und von Feindesliebe etwas unser Herz berühren. Wer zu schnell und zu direkt neutestamentlich sein und empfinden will, ist m. E. kein Christ . . . Man kann und darf das letzte Wort nicht vor dem vorletzten sprechen. Wir leben im Vorletzten und glauben das Letzte.«[30]

Es geht also um ein christliches Verständnis des Alten Testaments. Dieses nimmt die Geschichte und die Erstwirklichkeit der Texte absolut ernst; und indem es deren Historizität ernst nimmt, läßt es das Projekt des Gottes Jesu Christi deutlich hervortreten.

2. Palästina im 1. Jahrhundert

Im Jahre 63 v. Chr. erobert der römische Feldherr Pompeius Judäa, das fortan Teil des Römischen Reiches ist. Nach manchen Wirren

---

[30] *D. Bonhoeffer,* Widerstand und Ergebung. Briefe und Aufzeichnungen aus der Haft (Siebenstern-Taschenbuch), München – Hamburg [12]1983, 86.

kommt der Idumäer Herodes der Große an die Macht. Mit Hilfe von Verrat und Korruption erwirkt er sich von den Römern den Titel König. Herodes ist ein geschickter Verwalter und Taktiker. Immer wieder revoltiert das Volk. Bei seinem Tod im Jahre 4. v. Chr. werden Judäa, Samaria und Idumäa eine gemeinsame Provinz unter der Verwaltung eines römischen Prokurators. Galiläa und Peräa unterstehen König Herodes Antipas (4 v. Chr.–39 n. Chr.), und Inturäa und Trachonitis werden von dem Tetrarchen Philippus regiert (4 v. Chr.–34 n. Chr.). Es sind Jahre politischer Instabilität, heftiger Aufstände und böser Rivalitäten unter örtlichen Herrscherfamilien. Die Römer gehen mit eiserner Faust vor. Allein zweitausend Kreuzigungen finden statt. Die Römer belegen das Land mit gewaltigen Abgaben. In religiösen Dingen jedoch sind sie verhältnismäßig tolerant und lassen auch eine gewisse Selbstverwaltung zu. So liegt die Führung in Palästina nach wie vor beim Hohenpriester und bei den religiösen Größen in Jerusalem.

Geographisch gliedert sich Palästina, was die Produktionsmöglichkeiten und die kulturellen Charakteristika anbelangt, in zwei deutlich voneinander unterschiedene Gebiete. Galiläa im Norden ist eine ländliche Region. Seit dem Exil lebt dort eine Mischbevölkerung aus ursprünglichen Israeliten und Nachfahren ausländischer Herrschermächte. Der fruchtbare Boden gehört weithin zu Großbesitzen, deren Eigentümer im Süden oder in Rom wohnen. Judäa im Süden ist ein gebirgiges Stückchen Erde, kaum geeignet für den Ackerbau und weniger ländlich. Hier konzentriert sich alles auf Jerusalem, auf den Tempel und auf den Handel.

Der Staat, der Dienstleistungen wie Straßen und Bewässerung gewährleistet, verlangt vom palästinischen Volk enorme Abgaben. Mittelsmänner und Nutznießer spielen da eine große Rolle. Von vierzehn Jahren an muß jeder Mann Steuern zahlen. Da gibt es einmal die kaiserliche Steuer, die jeder Einwohner im Reich zu zahlen hat, und zum anderen gibt es die Steuer zum Unterhalt des römischen Besatzungsheeres. So finanzieren die Unterdrückten selbst das Militär, das sie knechtet. Darüber hinaus sind die Tempelsteuer und der Zehnte für die Priester zu entrichten. Was da insgesamt an Abgaben anfällt, ist gewaltig.

Der Tageslohn eines Landarbeiters (Tagelöhners) ist eine Drachme bzw. ein römischer Denar, entsprechend drei oder vier Gramm Silber. Vier Drachmen ergeben einen Schekel, der die jüdische Tempelwährung ist. Hundert Drachmen entsprechen einer Mine, sechstausend Drachmen einem Talent. Judäa schuldet Rom jährlich sechshundert Talente. Außerdem gibt es noch Steuern, die in der Provinz bleiben.

Die Mehrheit des Volkes lebt in schrecklicher Armut. In den Dörfern Galiläas treffen wir noch auf kleine Landbesitzer aus früherer Zeit, die als Selbstversorger durchzukommen versuchen. Aber auch sie müssen Steuern zahlen. Überall verdingen sich Landarbeiter als Tagelöhner auf den Großgütern. Außerdem gibt es auf dem Land noch die Handwerker, ausgebildete Leute, die zur Zeit der Saat und der Ernte auf den Feldern eine Arbeit suchen und ansonsten versuchen, sich mit Gelegenheitsarbeiten über Wasser zu halten. Heute würde man sie Unterbeschäftigte nennen. Im Aramäischen heißen sie schlicht »Zimmerleute«.

Nach und nach zieht Rom den gesamten Grund und Boden an sich, und die Bauern werden zum »dummen Volk vom Land« (ᶜam ha-arez), ohne Recht auf irgend etwas und in den Kategorien der offiziellen Religion als unrein geltend.

In Galiläa haben sich die Fischer zu Genossenschaften mit mehreren Booten zusammengeschlossen. Nirgends findet sich ein Hinweis darauf, von den Jüngern Jesu sei einer »Reeder« bzw. Bootsbesitzer gewesen, der andere Leute angestellt hätte.

Schließlich dürfen wir die Sklaven im eigentlichen Sinn nicht vergessen, Hausssklaven wie Sklaven in der Landwirtschaft.

Die Familie ist ausgesprochen patriarchalisch. Der Mann kann mehrere Frauen haben, sofern er sie ernähren kann. Frauen und Kinder haben in dieser Gesellschaftsformation weder Freiheit, noch können sie irgendwie mitreden.

In einigen Sozialwissenschaften heißt diese Art der sozioökonomischen Verhältnisse, wie sie im Palästina des 1. Jahrhunderts vorherrschen, »asiatische oder tributäre Produktionsweise«.[31]

In Judäa bahnt sich mittlerweile schon die Produktionsform der Sklavenhaltergesellschaft an, die sich vor allem im Handel und in der Stadt abzeichnet. In den Evangelien finden sich an verschiedenen Stellen Anzeichen von Widerspruch zwischen städtischer Bevölkerung und dem Volk vom Land.

Der Tempel ist Sitz der Regierung, des Hohen Rates. Doch der Tempel ist nicht nur sakrale Kultstätte, sondern auch so etwas wie eine Zentralbank. Die Regierung funktioniert folgendermaßen: Rom als die höchste Instanz greift ein, wenn es ihm notwendig erscheint. In der Regel jedoch läßt es den Provinzen eine gewisse Selbständigkeit. Der

---

[31] Vgl. *F. Belo*, Das Markus-Evangelium materialistisch gelesen, Stuttgart 1980, 57–120, näherhin 85.

Legat in Syrien regiert in Judäa mit Hilfe eines Prokurators, der sich um Steuereintreibung und öffentliche Ordnung zu kümmern hat.

Wer also im Dienste Roms vor Ort tatsächlich die Regierung ausübt, ist der Hohe Rat, ein Gremium von 71 Männern, das heißt: von Priestern aus den wichtigsten Familien und von anderen angesehenen Männern. Aufgabenbereiche des Hohen Rates sind Justiz und Kult. Koordiniert wird er vom Hohenpriester, den die Römer jährlich ernennen.

Viele seiner Mitglieder stammen aus der Partei der Sadduzäer, gehören zur Aristokratie und sind nicht selten Großgrundbesitzer. Sie kollaborieren mit den Römern und vertreten in religiösen Belangen konservative Positionen. Was die Bibel angeht, lassen sie nur den Pentateuch gelten. An die Auferstehung der Toten glauben sie nicht.

Die Priesteraristokratie (Partei der Sadduzäer) besteht aus dem Hohenpriester des jeweiligen Jahres und den vormaligen Hohenpriestern. Hinzu kommen noch der Kommandant des Tempels, die sieben Tempelwächter und die drei Tempelkämmerer. Wenn auch nicht Mitglieder des Hohen Rates im engen Sinn, zählen zur Priesteraristorkatie weiter die 24 Leiter der Wochenabteilungen der Priester wie auch die 158 Leiter der Tagesabteilungen. Das Priesteramt ist erblich und geht vom Vater auf das Kind über, sofern es männlichen Geschlechts ist, keine Verkrüppelungen hat und seine Mutter keine Ausländerin ist.

Mit religiösen Argumenten legitimiert diese ganze Tempelaristokratie, daß sie über die Ländereien der Kleinen verfügt.

Darüber hinaus gibt es noch eine Aristokratie von Laien, will sagen: von Großgrundbesitzern, Händlern und Steuereintreibern. Im Neuen Testament heißen sie »Älteste« oder die »Führer des Volkes«.

Einige Priester und Laien sind zugleich Großgrundbesitzer und Händler. So heißt es zum Beispiel, Hannas habe das Alleinrecht zum Verkauf der Tiere, die für die 329 täglichen Opfer im Tempel notwendig sind.

Neben den Sadduzäern bilden die Pharisäer eine zweite wichtige Partei. Pharisäer bedeutet »abgesondert«. Wir kennen verschiedene Gruppen von Pharisäern, die einen volksverbunden, die anderen elitärer. Im allgemeinen sind sie Gesetzeslehrer, religiös und offener als die Sadduzäer.

Die Essener sind so etwas wie Mönche, die in der Wüste am Toten Meer leben, in asketischen Gemeinschaften und unter einer monastischen Regel. Sie vertreten einen gewissen politischen Messianismus und rüsten sich zum heiligen Krieg.

Die Gruppe der Zeloten, schließlich, lebt im Kriegszustand. Die Zeloten bilden den radikalsten Flügel der Pharisäer. Sie wollen das Land vom römischen Joch befreien und durch revolutionäres Handeln das Reich Gottes herbeiholen. Mit Parolen von bevorstehender Befreiung mobilisieren sie das Volk und organisieren sich in den Bergen heimlich zum bewaffneten Kampf gegen die Römer.

Auf religiösem Gebiet heben sich im Judentum des 1. Jahrhunderts deutlich zwei Strömungen voneinander ab. (1) Aus verschiedenen Gründen ist das Judentum der palästinischen Gemeinden orthodoxer und konservativer. Die bekannteste Rabbinenschule ist die des Rabbi *Schammai.* Schammai legt das Gesetz eng aus. Seine Anhängerschaft hat er vor allem in Kreisen der Pharisäer, aber auch der Sadduzäer. (2) Die größere Zahl der Juden lebt in dieser Zeit freilich nicht im Lande selbst, sondern in der Diaspora. Hier ist die wichtigste Schule die von Rabbi *Hillel.* Hillel wendet eine offenere Methode an und ist in der Interpretation des Gesetzes wie des Wortes Gottes freier. Schon aus geographischen und gesellschaftlichen Gründen ist das Diasporajudentum gezwungen, sich ein Stück weit an die griechisch-römische Kultur anzupassen. Auch bei den Pharisäern hat die Hillelschule zahlreiche Anhänger. Einer von ihnen ist Gamaliel, der seinerseits einen Schüler namens Saulus bzw. Paulus aus Tarsus hat.

3. Das Problem des Landes bei Paulus

Jede paulinische Gemeinde hat ihr eigenes menschliches, soziales, wirtschaftliches, politisches und religiöses Gesicht. Die Christen in Korinth sind offenbar arme Leute, während sich die Gemeinde in Philippi allem Anschein nach aus der Mittelschicht rekrutiert. Gleichwohl haben sie alle doch auch gemeinsame Elemente.

Mit einiger Sicherheit läßt sich sagen, Paulus habe die meisten seiner Gemeinden am Rande der Synagoge gegründet, mit Gruppen von Juden, die Person und Botschaft Jesu Christi annahmen. Paulus selbst war ja Pharisäer gewesen und hatte treu zur jüdischen Überlieferung gestanden. In Korinth stammten viele Christen aus dem Heidentum, wie der Synagogenvorsteher Krispus, der sich mit seinem ganzen Haus bekehrt hatte (vgl. Apg 18,8). In Rom kam die Mehrzahl der Christen, an die Paulus schreibt, wahrscheinlich aus dem Heidentum (Röm 1,5.13–15; 11,33; 15,15). Doch gab es in Rom schon seit langem auch eine Synagoge. Claudius (41–54 n. Chr.) ließ die Juden zwar vertreiben, doch nach seinem Tod konnten sie in die Stadt zurückkehren. Sicher war ein gut Teil der römischen Christengemeinde zuvor jüdischen Glaubens gewesen. In Thessalonich bestand die Gemeinde aus Juden- und Heidenchristen.

Für viele Juden, die nach dem Exil in der Diaspora geboren worden waren und dort ja keinen Grundbesitz hatten, hatte sich die Frage nach dem Land auf eine bildliche und symbolische Ebene verlagert. Hinzu kam, daß Paulus seine Gemeinden in den städtischen Randzonen gründete, wo der ökonomische Horizont das »Haus« und nicht das Land war. Diese kleinen Kreise von Christen, die sich in den Häusern trafen, bezeichnet der Apostel als Kirchen.

In Lateinamerika finden wir die meisten kirchlichen Basisgemeinden auf dem Land und nicht in der Stadt. Doch eine immer größere Herausforderung für die Pastoral wird das Volk in den städtischen Randgebieten, wobei es sich vor allem um Familien handelt, die vom Land vertrieben wurden. Für die einen wie für die anderen kann die Art und Weise, wie Paulus die Gemeinden begleitet und auf ihre Fragen eingeht, eine große Hilfe sein.

a. Wiederkunft des Herrn. – Das erste Element, das noch im Rahmen der Synagoge zu Reibereien zwischen Jesusanhängern und Juden geführt hatte, war möglicherweise die Überzeugung ersterer, die Parusie, die Wiederkunft des Herrn, so wie die Propheten sie angesagt hatten, habe bereits mit der Auferstehung Jesu begonnen (1 Thess 1,10 f).

»Uns hat das Ende der Zeiten erreicht« (1 Kor 10,11). »Der Herr ist nahe« (Phil 4,5). »Über Zeit und Stunde, Brüder, brauche ich euch nicht zu schreiben. Ihr selbst wißt genau, daß der Tag des Herrn kommt wie ein Dieb in der Nacht« (1 Thess 5,1–2).

Die christlichen Gemeinden innerhalb des Verbandes des Judentums waren von der Apokalyptik geprägt. Seit dem 2. Jahrhundert war nämlich die Apokalyptik die bestimmende Richtung in den Synagogen allerorten. Der apokalyptische Tenor der paulinischen Briefe setzt im allgemeinen ärmliche Lebensverhältnisse, Randdasein und Unzufriedenheit mit dem System der vorfindlichen Welt voraus.

Das erste Mal, daß Paulus auf die Wiederkunft des Herrn zu sprechen kommt, ist gleich in seinem frühesten Schreiben, im ersten Brief an die Christen in Thessalonich, die Opfer von Verfolgung und immer wieder von Ungerechtigkeit waren. Im zweiten Thessalonicherbrief, so dieser Text wirklich Paulus zum Autor hat, betont der Apostel: »Dies ist ein Anzeichen des gerechten Gerichtes Gottes; ihr sollt ja des Reiches

Gottes teilhaftig werden, für das ihr leidet. Denn es entspricht der Gerechtigkeit Gottes, denen mit Bedrängnis zu vergelten, die euch bedrängen, euch aber, den Bedrängten, zusammen mit uns Ruhe zu schenken ...« (2 Thess 1,5-7).

Parusie bedeutet Gericht Gottes: Strafe für die Unterdrücker und Befreiung für die Unterdrückten des Landes. Im Alten Testament verbindet sich mit dem Tag des Herrn die Vorstellung, die Kleinen würden auf ihr Land, das man ihnen genommen hatte, zurückkehren. Doch die Verheißung der Heimkehr ins Land, auf den eigenen Grund und Boden, findet sich ausdrücklich in keiner der Anspielungen des Apostels auf die Parusie. Seine Gemeinden sind ja auch in der Stadt angesiedelt und haben keine unmittelbare Beziehung zum Land Israel. Wahrscheinlich hatten diese ersten Christen, ähnlich wie viele Gruppen in den Randzonen unserer Städte heute, gar nicht mehr die Erwartung, ein Stück Land zu bekommen, wie es noch die Perspektive im Alten Testament gewesen war. Ihre Sorgen waren vielmehr gerechter Lohn und Durchkommen, wenn man im Augenblick nichts hatte. Mit praktischen Fragen zu längerangelegten Wirtschaftssystemen befaßte sich Paulus nicht, weil er ja davon ausging, die Welt habe keinen Bestand. Im Rahmen seines Verständnisses von Welt und Leben ging er davon aus, die Ungerechtigkeiten der gegenwärtigen Welt würden bald ein Ende haben.

b. Erben kraft der Verheißung. – In dieser ersten Phase ist die Diskussion zwischen Juden und Jesusanhängern eine innerjüdische Kontroverse. Was Paulus sagt, haben andere auch schon zuvor gelehrt. Das Neue an seiner Argumentation ist, daß er die Offenbarungstat Jesu Christi durch den Rückgriff auf Stellen, Themen und Argumente aus dem Alten Testament vertieft. Er beginnt mit dem Hinweis auf den theologischen Ursprung des Volkes Israel, auf die Verheißung Gottes an Abraham. Vor allem im Galater- und Römerbrief stellt er die Verheißung Gottes dem Gesetz des Mose entgegen. Das zeitgenössische Judentum verstand sich in seinen offiziellen Strömungen als ein Geflecht von Gesetzen, die von Gott stammten und ohne die kein Mensch gerettet werden könne. Paulus, der es mit Gemeinden zu tun hat, die aus Juden, Proselyten und Heiden bestehen, betont immer wieder, das Heil hänge eben nicht am Gesetz. Jesus sei gerade aufgrund des Gesetzes verurteilt worden. Deshalb kann er sagen: »Abraham glaubte Gott, und das wurde ihm als Gerechtigkeit angerechnet« (Gal 3,6; Röm 4,3). »Der Gerechte aus Glauben wird leben« (Gal 3,11; Hab 2,4).

»Ihr alle seid ›einer‹ in Christus Jesus ... Nachkommen Abrahams, Erben kraft der Verheißung« (Gal 3,28–29).

Die ganze Argumentation des Paulus ist die: Die Verheißung, die Gott dem Abraham gemacht hat, ist nach wie vor gültig, und wir sind die Erben dieser Zusage. Daraus zieht der Apostel eine wichtige Konsequenz: »Abraham und seine Nachkommen erhielten nicht aufgrund des Gesetzes die Verheißung, *Erben der Welt* zu sein, sondern aufgrund der Glaubensgerechtigkeit« (Röm 4,13).

Nun versteht aber jeder, der das Wort Gottes liest, die Botschaft aus seiner kulturellen Befindlichkeit heraus. Die Verheißung, die in der Genesis für den Hebräer Abraham das Land, will sagen: ein konkretes Stück Grund und Boden, bedeutete, deuten Paulus und die ersten Christen als Zusage der ganzen Welt. »Alles gehört euch.« Oder besser: Das Erbe und die Nachkommenschaft Abrahams sind universal. »Welt, Leben, Tod, Gegenwart und Zukunft: alles gehört euch; ihr aber gehört Christus, und Christus gehört Gott« (1 Kor 3,22–23).

Paulus verbindet Verheißung und Nachkommenschaft miteinander. Was Gott Abraham zugesagt habe, sei Nachkommenschaft. Mitgemeint sei auch die Verheißung des Landes. Und schließlich will er zeigen, daß Christus *der* Nachkomme Abrahams ist (Gal 3,16).

An einigen Stellen spricht er von der Verheißung des *Testaments* bzw. des *Heils,* das das Gesetz nicht außer Kraft setzen kann. Alles führt eben zur Person Jesu Christi, dem Nachkommen Abrahams, Testament des Heils, das Gott mit uns geschlossen hat. Auf der Linie dieses Gedankens läßt sich schließen, für Paulus sei Christus das Land.[32]

Was bedeutet das konkret für uns? Bedeutet es, daß das Interesse am Land und der Kampf um den Boden jetzt ersetzt werden durch die Leidenschaft, Christus zu begegnen? Wer die Dinge so betrachtet, spiritualisiert Jesus Christus und baut einen Gegensatz zwischen ihm und der menschlichen Wirklichkeit auf. Wir dagegen meinen, in der Person Jesu Christi und durch sie sei die Verheißung Gottes an Abraham universalisiert worden, so daß das, was im Alten Testament, strenggenommen, nur ein Israelit sagen konnte: »Dieses Land gehört Gott, und Gott hat es uns gegeben«, kraft der Tat Jesu Christi jetzt alle sagen können. Dieses Erbe gehört der ganzen Welt, gehört allen Völkern.

Jesus ist der neue Josua, von dem er übrigens auch seinen Namen herleitet. Wie Josua führt auch Jesus sein Volk im Kampf um den Boden, um die Neuverteilung des Landes in einer gerechten Agrar-

---

[32] Vgl. *A. González Lamadrid,* La fuerza de la tierra. Salamanca 1981, 194.

reform und erneuert damit den Bund mit Gott, dessen erstes Sakrament nach wie vor die Erde ist.

Seit eh und je deuten die Gemeinden des Volkes Gottes die Verheißungen, die Abraham zuteil werden, als Segen. Doch das Neue Testament läßt diesen Segen allen Menschen der Erde zukommen.

Man muß das Revolutionäre sehen, das diesen Feststellungen im Kontext der paulinischen Gemeinden anhaftet. Denn die Christen waren ja in jeder Hinsicht Juden, die noch immer in die Synagoge gingen. Als Claudius, der die Juden aus Rom vertrieben hatte, von Agrippinus ermordet wurde, kam im Jahre 54 Nero an die Macht. »Die Juden der ganzen Welt meinen zu spüren, daß das Ende nahe ist, ein Ende, das sie zu apokalyptischer Hoffnung und verzweifeltem Mut hinreißt, während gleichzeitig die erste Christenverfolgung über das Römische Reich rollt und Paulus gefangengenommen und enthauptet und Petrus gekreuzigt wird.«[33]

Es kommt damals zu starken Wanderbewegungen von Leuten ohne Grund und Boden, von Landbesetzern und Fremden, denen die öffentliche Verwaltung den Status als Bürger verweigert und die mithin zu Verrandung und Schutzlosigkeit vor dem Gesetz verdammt sind. In dieser Situation des Randdaseins entstehen die ersten christlichen Gemeinden. Natürlich soll hier nicht verallgemeinernd behauptet werden, das eigentliche Motiv dieser Menschen sei das Bemühen gewesen, mit der politischen Verrandung fertig zu werden. Tatsache indes ist, daß sie, indem sie sich um die Gestalt Jesu Christi und in der Hoffnung auf das Reich Gottes zusammenschließen, allmählich dieses soziale Problem überwinden. Vor dem Hintergrund des Kampfes um Land versteht man besser, was Paulus meint, wenn er schreibt: »Unsere Heimat ist im Himmel« (Phil 3,20). Im Kolosserbrief heißt es: »Richtet euren Sinn auf das Himmlische und nicht auf das Irdische« (3,2).

So verstehen wir, weshalb Paulus im Römerbrief wiederholte Male zu Bildern wie Lohn, Bezahlung und Neuverteilung greift und weshalb er die Geschichte aus der Perspektive des Kreuzes Christi betrachtet. Das Kreuz ist die Hoffnung der Kleinen, die vom System verdammt worden sind, darauf, daß sie doch noch den Sieg erringen werden; und die Hoffnung ist die Kraft des Christen.

»Keiner der Machthaber dieser Welt hat die Weisheit Gottes erkannt; denn hätten sie sie erkannt, so hätten sie den Herrn der Herrlichkeit nicht gekreuzigt« (1 Kor 2,8). »Seht doch auf eure Berufung, Brü-

[33] A. *Chouraqui*, Un pacte neuf, Paris 1977, 28.

der! Da sind nicht viele Weise im irdischen Sinn, nicht viele Mächtige, nicht viele Vornehme, sondern das Törichte in der Welt hat Gott gewählt, um die Weisen zuschanden zu machen, und das Schwache in der Welt hat Gott erwählt, um das Starke zuschanden zu machen. Und das Niedrige in der Welt und das Verachtete hat Gott erwählt: das, was nichts ist, um das, was etwas ist, zu vernichten« (1 Kor 1,26–28).

Einer der entscheidensten Texte des Neuen Testaments ist Röm 8. Paulus behauptet hier zunächst, die Welt könne nicht durch das Gesetz gerettet werden, weil es den Menschen nur versklave, sondern allein die Gnade Jesu Christi befreie ihn. Wir, die wir den Geist Gottes empfangen hätten, seien Erben der Verheißung, die an Abraham ergangen sei. Die Verheißung, die sich ursprünglich auf das Land bezogen habe, dürfe jetzt nicht mehr allein im Sinne von Grund und Boden verstanden werden, sondern meine das »neue Leben«.

Und er führt aus: »Ich bin überzeugt, daß die Leiden der gegenwärtigen Zeit nichts bedeuten im Vergleich zu der Herrlichkeit, die an uns offenbar werden soll. Denn die ganze Schöpfung wartet sehnsüchtig auf das Offenbarwerden der Söhne Gottes. Die Schöpfung ist der Vergänglichkeit [Nutzlosigkeit, wie brachliegendes Land oder unbewirtschafteter Grundbesitz] unterworfen, nicht aus eigenem Willen, sondern durch den, der sie unterworfen hat; aber zugleich gab er ihr Hoffnung: Auch die Schöpfung soll von der Sklaverei und Verlorenheit befreit werden zur Freiheit und Herrlichkeit der Kinder Gottes. Denn wir wissen, daß die gesamte Schöpfung bis zum heutigen Tag seufzt und in Geburtswehen liegt. Aber auch wir, obwohl wir als Erstlingsgabe den Geist haben, seufzen in unserem Herzen und warten auf die Erlösung unseres Leibes« (Röm 8,18–23).

Paulus beschreibt also die Erlösung, indem er auf den Topos »Land« und »Erde« zurückgreift. Übrigens geschieht das in der Bibel immer, wenn das Thema »Erlösung des Volkes« anklingt, sei es im Bild des Gartens, mit dem das irdische Paradies gemeint ist, sei es im Bild der neuen, erlösten Gesellschaft. Die Hoffnung auf das Reich Gottes, angespannt und freudig, wie sie ist, hat drei Ebenen: die gesamte Schöpfung, die in Geburtswehen liegt; die Christen, die darauf hoffen, daß der Körper [das heißt: die ganze Person] befreit wird; und die unaussprechlichen Seufzer des Heiligen Geistes. Der Geist befreit die Menschen vom Fleisch, will sagen: vom System, von der Illusion der Macht aufgrund von Waffen, vom Geld, von der Wissenschaft, letztlich von jeder Sünde, die in der Struktur dieser Gesellschaft haust. Der Gläubige hat mit den Regeln der Welt zu brechen (vgl. Röm 6,17–22).

Jedem Christen obliegt die Pflicht, nicht nur den Menschen, sondern auch die in Geburtswehen liegende Welt zu verändern, damit aus ihr eine neue Schöpfung werden kann.

4. Die Gemeinden der synoptischen Evangelien

a. Das Evangelium des Markus. – Ob in Rom oder im weiteren Milieu der Judenverfolgung unter Kaiser Nero entstanden, das Markusevangelium reflektiert Erfahrungen sowohl einer palästinischen Gemeinde als auch hellenistischer Christen.

Hier wie dort gerieten die Gemeinden, die sich zu dieser Zeit ja noch kaum von der Synagoge unterschieden, in den Strudel der sich zusehends verschärfenden Spannungen zwischen dem Römischen Reich und den Juden. In Palästina bahnt sich inzwischen ein schrecklicher Krieg an. Wen wundert es, daß das älteste Evangelium Jesus da als Kämpfer schildert?

Die messianischen Taten Jesu, des Propheten, erinnern an einen starken Kämpfer, der Dämonen und böse Geister besiegt und allen trotzt, die auf der Seite des Bösen stehen. Markus bietet zweimal eine redigierte Zusammenfassung von Worten Jesu: Mk 4 und Mk 13. Mk 4 entfaltet in der Sprache des galiläischen Agrarlebens Bildworte vom Reich Gottes: »Mit dem Reich Gottes ist es so, wie wenn ein Mann Samen auf seinen Acker sät; dann schläft er und steht wieder auf, es wird Nacht, und es wird Tag, der Samen keimt und wächst, und der Mann weiß nicht, wie« (Mk 4,26–27). Die Kunst des Bauern besteht in dem Geheimnis, den Acker sachgerecht zu bestellen und dann bis zur Ernte warten zu können. Natürlich ist das Bild theologisch und geistlich gemeint; nichtsdestoweniger muß jeder Theologe, vor allem wenn sein Arbeitsgebiet »Theologie des Landes« heißt, sich fragen, welche gesellschaftliche und wirtschaftliche Realität hinter solch einer Skizze von Landleben steht.

In einem politischen Kontext, in dem zelotische Aufstände die Bauern vom Land wegzulocken scheinen, will der Text offenbar sagen, in einer Theologie des Landes dürfe man nichts überstürzen. In Erde, Land, Grund und Boden liege, gleich einem Samenkorn, ein Geheimnis, das zu freiheitsstiftender Nahrung werden solle.

Die zweite Sammlung von Worten Jesu ist die Rede über die Endzeit in Mk 13. Das Kapitel ist eine kleine christliche Apokalypse. Sie zeigt, wie Jesus den Jüngern hilft, angesichts der Zerstörung Jerusalems und der Zertrümmerung des Landes sich vom Tempel unabhängig zu machen und Glauben und religiöse Identität nicht zu verlieren. Manche Hinweise sind so konkret, daß sich an ihnen ablesen läßt, was während der Jahre tatsächlich passiert ist.

Die Christen hatten kein großes Interesse am Kampf der Juden gegen die Römer. Sie flohen auf die andere Jordanseite. In den führenden Köpfen des Aufstandes, die als Befreier auftraten, sahen sie falsche Christusse. Ihnen gegenüber stellten sie die Gestalt Jesu von Nazaret heraus: Jesus ist ein Prophet aus ländlichem Milieu; die Großen in der Stadt erschrecken ihn mit ihren Drohungen, aber er weicht nicht vor ihnen zurück. Sie lassen ihn gefangennehmen; er wird rechtswidrig zum Tode verurteilt und hingerichtet. In der Leidensgeschichte Jesu, so wie Markus sie bringt, kommen deutlich die Schwäche und das Leiden des Herrn heraus, von den Seinen verlassen, von Judas verraten, von Petrus verleugnet. So stirbt er zwischen zwei Verbrechern. Am Sonntag, es ist noch dunkel, entdecken ein paar Frauen (Frauen galten nichts in der damaligen Gesellschaft), daß das Grab leer ist. Ein Bote Gottes verkündet ihnen, er lebe und erwarte die Seinen in Galiläa, im Bauernland Galiläa. Entsetzt verlassen die das Grab und sagen niemandem etwas davon, so erschrocken sind sie (Mk 16,8). So endet die ursprüngliche Fassung des Markusevangeliums.

Dennoch wurde der christlichen Gemeinde die Nachricht zuteil: Jesus lebt und erwartet uns in Galiläa – obwohl doch die Frauen voller Schrecken über die Botschaft nichts gesagt hatten. Und wir?

b. *Der jüdische Aufstand.* – Nach jahrelangen Aufständen in Palästina erobert im September des Jahres 70 n. Chr. der römische Feldherr Titus Jerusalem. Der Tempel wird zerstört, und die Stadt geht in Flammen auf. Für Israel war Jerusalem mit dem Tempel immer das sichtbare Zeichen der schützenden Gegenwart Gottes inmitten seines Volkes gewesen. Wie zur Zeit des babylonischen Exils erfahren die Juden nicht nur materielles Leid und politische Demütigung; sie sehen sich der Zeichen des Bundes beraubt und stürzen in eine tiefe Glaubenskrise. In apokalyptischen Bildern deuten sie das Verhängnis als Ende der Welt. Wo ist Gott geblieben?

Die Christen, die ja zur selben Rasse und Kultur gehören, bleiben von derartigen Prüfungen nicht verschont. Auch sie greifen zu apokalyptischen Interpretationen. Der Glaube bietet ihnen die Erklärung: Jerusalem und Israel ist das Verhängnis widerfahren, weil das Volk den Herrn nicht erkannt hat, als er es in der Gestalt Jesu besuchte:

»Ein Mann legte einen Weinberg an, zog ringsherum einen Zaun, hob eine Kelter aus und baute einen Turm. Dann verpachtete er den Weinberg an Winzer und reiste in ein anderes Land. Als nun die Zeit dafür gekommen war, schickte er einen Knecht zu den Winzern, um bei ihnen seinen Anteil an den Früchten des Weinbergs holen zu lassen. Sie aber packten und prügelten ihn und jagten ihn mit leeren Händen fort. Darauf schickte er einen anderen Knecht zu ihnen; auch ihn mißhandelten und beschimpften sie. Als er einen dritten schickte, brachten sie ihn um. Ähnlich ging es vielen anderen; die einen wurden geprügelt, die anderen umgebracht. Schließlich blieb ihm nur noch einer: sein geliebter Sohn. Ihn sandte er als letzten zu ihnen, denn er dachte: Vor meinem Sohn werden sie Achtung haben. Die Winzer aber sagten zueinander: Das ist der Erbe. Auf, wir wollen ihn töten, dann gehört sein Erbgut uns. Und sie packten ihn und brachten ihn um und warfen ihn zum Weinberg hinaus. Was wird nun der Besitzer des Weinbergs tun? Er wird kommen und die Winzer töten und den Weinberg anderen geben« (Mk 12,1–9).

Im Alten Testament heißt Israel mitsamt seinem Land Gottes Erbe. Jetzt aber hat sich erwiesen, daß Jesus Christus der Erbe ist. Doch die Bauern, die auf Gottes Land leben (vgl. Jes 5), haben ihn nicht angenommen. Also hat Gott sie den Römern in die Hände fallen lassen. Der Bruch zwischen Juden und Christen ist perfekt, von beiden Seiten aus.

c. Die Neuinterpretation der Bibel durch Matthäus. – Manche Juden sehen die einzige Möglichkeit, dem Wort Gottes in der Schrift treu zu bleiben, darin, sich auf den »neuen Weg« zu machen, wobei »neuer Weg« das bezeichnet, was sich da als Christentum entwickelt. So entsteht unter den Bedingungen des judenchristlichen Milieus und mit ihm als Adressaten eine Sammlung von Worten Jesu, erweitert durch Erzählungen von einigen seiner Taten im Sinne des Reiches Gottes; das Ganze gipfelt im evangelischen Bericht von Tod und Auferweckung Jesu. Die Tradition der Kirche nennt diese Sammlung schon bald »Evangelium Jesu Christi nach Matthäus«.

In unseren Bibelausgaben eröffnet des Matthäusevangelium das Neue Testament. Es sieht Jesus in der jüdischen Überlieferung begründet und steigt deshalb mit dem Stammbaum Jesu Christi ein, des Sohnes Davids, des Sohnes Abrahams. Doch gehen die beiden ersten Kapitel möglicherweise auf eine zweite Redaktion zurück. Wie dem auch sei, als Eröffnung fügen sie sich gut in das Gesamtkonzept ein. Mit seinen Taten und Worten resümiert Jesus den Weg Israels im Alten

Testament. Er ist der von Gott verheißene Immanuel (Jes 7). Wie Israel muß er nach Ägypten flüchten, und wie Israel aus dem Exil in Ägypten kommt, so führt auch ihn der Weg von dort ins verheißene Land. Wie das alte Volk Gottes muß auch er durch das Wasser des Jordan (Taufe) und lebt eine Zeitlang in der Wüste (Versuchung). Wer das Evangelium unter dem Gesichtspunkt des Landes liest, dem fällt auf, daß dem Einzug ins verheißene Land und der Verteilung des Landes zur Zeit Josuas auf seiten Jesu das Auftreten in Galiläa entspricht, dem Gebiet der Heiden und dem Reich des Todesschattens (Mt 4,12–17).

Wie Mose steigt auch Jesus auf den Berg. Seine Jünger kommen hinzu, und vor einer großen Menge aus verschiedenen Gegenden verkündet er das »neue Gesetz des Himmelreiches«. In fünf Reden faßt Matthäus die Worte des Herrn zusammen, wie das Alte Testament fünf Bücher des Gesetzes beinhaltet. Jeder Rede entspricht eine Phase im Wirken Jesu.

Die Bergpredigt (Mt 5–7) beginnt Jesus mit der Seligpreisung der Kleinen, das heißt des *am ha-arez* (des armen Volkes vom Land), das im herrschenden System überhaupt nicht vorkommt. Gemeint sind die, die vor Gott und nicht bloß im sozialen Sinn arm sind und die nach dem Jüdischen Krieg die Verrandung um des Reiches willen akzeptieren, das in der Person Christi angebrochen ist. »Selig, die keine Gewalt anwenden; denn sie werden das Land besitzen« (5,5). Das Land wird das Erbe der Geschundenen sein, die das Evangelium als Fortschreibung des ganzen Alten Testaments annehmen. Selig, die wegen ihrer Treue verfolgt werden; denn sie haben Gott zum König. So hat man auch schon vorher die Propheten verfolgt.

Christentum ist so etwas wie eine prophetische Schule, deren Ziel Leben, Land, Glück und Freude in der Gottesherrschaft sind. Gesetz und Propheten sind nicht aufgehoben, Jesus will sie erfüllen. Mit diesen Kapiteln will Matthäus das Gesetz und die Moseüberlieferung in ein neues Licht rücken und sie im Sinne einer Gerechtigkeit neuinterpretieren, welche über die Gerechtigkeit von Schriftgelehrten und Pharisäern hinausgeht. Die neue Gerechtigkeit erheischt ein neues Verständnis von *Almosen:* Das Almosen ist fortan ein Akt der Gerechtigkeit; hochherzig und diskret läßt es dem Bedürftigen das ihm Zustehende zukommen (Mt 6,1–4). Auch das *Gebet* darf nichts mehr von Heuchelei haben; entscheidend ist das Gebet in der Stille des Herzens, das sich freilich öffnet für die Segnung der Gemeinschaft im Vaterunser (6,5–15). Schließlich geht es bei der neuen Gerechtigkeit noch um einen neuen, zwangfreien Stil des *Fastens* wie um Vertrauen auf die göttliche Vorsehung, die allein die kleinen Leute vom Land zu verstehen imstande sind (6,19–34).

Die heftige Polemik gegen die Schriftgelehrten und Pharisäer (besonders Mt 23) spiegelt wohl mehr die Erfahrung der Gemeinden des Matthäus mit der Synagoge wider, als daß sie mit dem historischen Jesus zu tun hätte.

Den Einzug Jesu in Jerusalem (21,1–10) erzählt Matthäus in der Bildlichkeit des jüdischen Laubhüttenfestes. Dieses war ein typisch ländliches Fest, zur Erinnerung an die Jahre in der Wüste. Man übernachtete in Hütten vor dem Tempel, hielt Prozessionen mit Zweigen in den Händen, um den kommenden König zu grüßen, und skandierte messianische Sprüche. Matthäus berichtet, Jesus sei im Rahmen dieses Festes in Jerusalem eingezogen, nach Art eines Bauern auf einem Esel; der Esel war für Bauern das übliche Verkehrsmittel, wenn sie in die Stadt wollten. Allerdings hatte schon Deuterosacharja (Sach 9,9) davon gesprochen, der messianische König werde auf einem Esel nach Jerusalem kommen, als Zeichen des Friedens und als Ausdruck dafür, daß der Sieg nun den Kleinen gehöre.

Die apokalyptische Rede des Markus übernimmt Matthäus, erweitert sie aber und paßt sie den neuen Verhältnissen an. Im Bild des unfruchtbaren Feigenbaums wird Israel jetzt von Jesus verflucht, genauso wie die Christen vom Judentum verflucht worden waren (Mk 11,12–14; Mt 21,18–22). Christen müssen wachsam sein. Zum göttlichen Gericht kommen alle Nationen zusammen; Richter wird der Mensch bzw. der Menschensohn sein. Mit diesem Titel will Jesus sagen, der Mensch werde obsiegen und er selbst sei dieser Mensch, der von Gott kommt (vgl. das Buch Daniel). Anhaltspunkt für das kommende Gericht ist das Verhalten eines jeden Gemeinwesens (eines jeden Volkes) gegenüber seinesgleichen.

Die Geschichte von Leiden und Sterben des Herrn gestaltet Matthäus im Rückgriff auf die Prophetien des leidenden Gottesknechtes (bei Deuterojesaja) und auf Psalmen wie Ps 22 und Ps 69.

d. Das lukanische Geschichtswerk. – Mitte der achtziger Jahre entsteht, wahrscheinlich in kleinasiatischen Gemeinden, ein Doppelwerk, das die Tradition dem Heidenchristen Lukas zuschreibt: das Lukasevangelium und die Apostelgeschichte.

Nach der Zerstörung Jerusalems werden die Christen gewahr, daß die Wiederkunft des Herrn womöglich länger auf sich warten lassen würde, als sie anfänglich angenommen hatten. So legt sich ihnen der

Gedanke nahe, das Leben nach dem Evangelium sei nicht nur eine geistige Frage, sondern erfordere auch einen Dienst an den physischen Bedürfnissen der Menschen. Deshalb betont Lukas, wie sehr sich Jesus den Armen und Verrandeten zuwendet, an denen es in der Zeit, in der er schreibt, wahrlich nicht mangelt.

Der dritte Evangelist gliedert seine erste »Geschichte« des Herrn in drei zeitliche, aber nicht minder theologische Etappen: 1. Zeit Israels (Altes Testament), 2. Zeit des irdischen Lebens Jesu (Evangelium) und 3. Zeit der Kirche, die von der »Himmelfahrt des Herrn« bis zu seiner Wiederkunft in Herrlichkeit am Ende der Welt geht (Apostelgeschichte).

Das Schema hat natürlich Folgen für unser Thema. So darf es niemanden wundern, daß – da Lukas und seine Gemeinde aus dem Heidentum und aus dem griechischen Kulturkreis stammen – das Alte Testament nur summarisch in den Blick kommt und keinen historischen Wert an sich hat. Es ist Verheißung und Vorbereitung auf die Zeit Christi und der Kirche. Oder umgekehrt: Christus ist das Heil, das Gott Israel zugesagt hat, das aber jetzt nicht nur Israel, sondern durch die Kirche der ganzen Welt zuteil wird.

Die beiden ersten Kapitel, die Jesus und Johannes den Täufer in sich überbietender Parallelisierung darstellen, sind möglicherweise in einer zweiten Redaktion dem bis dahin bekannten Evangelium vorgebaut worden.

In zwei von den reichsten Stellen des Alten Testaments inspirierten Liedern, im Lobgesang des Zacharias und im Magnifikat Marias, preist Lukas den Herrn, der als das »aufstrahlende Licht aus der Höhe« (1,78) uns besucht und des Erbarmens eingedenk ist, »das er unseren Vätern verheißen hat, Abraham und seinen Nachkommen auf ewig« (1,55.73). In Jesus gehen diese Verheißungen in Erfüllung. Weil er nun kommt, singen die Gemeinden mit dem Munde Marias: »Er zerstreut die im Herzen voll Hochmut sind; er stürzt die Mächtigen vom Thron und erhöht die Niedrigen« (1,51).

Wichtig ist der gesellschaftliche und politische Rahmen der christlichen Gemeinden, wie er durch das Lukasevangelium hindurchschimmert. Der Hinweis auf die Volkszählung erinnert an die Kontrollen, die im Reich stattfinden, damit die Steuern reichlich fließen. Jesus selbst wird auf der Wanderschaft geboren, ohne Dach über dem Kopf und ohne Platz in der Gesellschaft. Wer ihm beisteht, sind gesellschaftlich verrandete Gestalten, Hirten, die von der offiziellen Religion als Sünder verachtet werden.

Johannes der Täufer wird als Vorläufer des göttlichen Heils für alle Menschen dargestellt (3,6). Seine Predigt ist schon frohe Botschaft, wiewohl er nicht der Christus ist. Anders als bei Matthäus steht Jesus im Stammbaum, so wie Lukas ihn bringt, nicht unbedingt in der Linie Abrahams und Davids, sondern als Nachfahre Adams, des Sohnes der Erde, ist er solidarisch mit der ganzen Menschheit (3,38). Nach der Taufe durch den Geist (3,21–22) führt ihn dieser in die Wüste, wo er auf die Probe gestellt und versucht wird (4,1–13). Die Macht dieser Welt geht offenbar auf den Teufel zurück (4,6; 22,25; Apg 4,26; 26,18). Hinter all dem steht die Erfahrung der Gemeinden. Von den vierundzwanzig Heilungen, die Jesus tut, finden laut Lukas achtzehn in Galiläa statt; dort ist Jesus zu Hause, und dort wirkt er hauptsächlich.

Besonders an dieser Art von Menschen erfüllt sich die Verheißung, die Maria und Zacharias besingen. Deshalb ist für Lukas auch die Rede, die Jesus in der Synagoge von Nazaret hält (4,16–30), sehr wichtig. Markus hatte sie nur summarisch erwähnt. Lukas referiert auch, was Jesus inhaltlich sagt. Und gerade der Inhalt empört die Hörer (4,28). Und was ist der Inhalt?

Jesus zitiert Jes 61 und bezieht die Stelle auf sich selbst. Jedermann hört daraus die Ansage des Jubeljahres: Sünden werden vergeben und Freiheiten wiederhergestellt; und wer sein Land verloren hat, bekommt es zurück. Nun bedeutet Freiheit damals aber nachgewiesenermaßen: Verheißung der Rückkehr ins verheißene Land. Lukas versteht das Wort so, als ob die Heimkehr in Christus schon in Erfüllung ginge. Die historische Grundlage für diese Rede Jesu ist in Galiläa gegeben, wo es von landlosen Bauern nur so wimmelte; sie alle stöhnten unter der Last der Steuern, und einzig die Hoffnung auf Befreiung durch das Jubeljahr hielt sie noch aufrecht.

So sagt denn auch der lukanische Jesus ohne Wenn und Aber: »Selig, ihr Armen« (6,20), ohne Attribute oder nähere Bestimmungen wie bei Matthäus. Frohe Botschaft heißt Nachlaß der Schulden (7,41–43) und Befreiung der Unterdrückten. Jesus wendet sich Menschen zu, die konkret am Rande der Gesellschaft stehen: Armen, Kindern, Frauen, Heiden. So trägt er weniger die Züge eines neuen Mose (wie bei Matthäus), sondern eher eines neuen Elija, der ebenfalls den Sohn einer Witwe ins Leben zurückführt (Lk 7,11–17), Nahrungsmittel vermehrt und seine Jünger aussendet. Der Prophet Elija kämpft gegen Ahab und Isebel, damit es auf dem Land zu Gerechtigkeit kommt und der wahre Gott angebetet wird und nicht mehr irgendwelche Götzen. Die Urkirche konnte darüber nur staunen und sagte im Chor: »Ein großer Prophet ist unter uns aufgetreten: Gott hat sich seines Volkes angenommen« (Lk 7,16).

In diesem Zusammenhang kommt dem ganzen Mittelstück des Evangeliums, der Reise Jesu nach Jerusalem (9,51-19,27), ungeheures Gewicht zu: »Jesus entschloß sich, nach Jerusalem zu gehen« (9,51). Unterwegs sendet er seine Jünger aus; wo sie hinkommen, beginnt die messianische Zeit. Zu zweit und ohne jeden Schutz sollen sie verkünden, das Reich Gottes sei angebrochen. Unterdessen schart Jesus die Menschen um sich, prangert die Führer Israels an und erzählt Gleichnisgeschichten, daß der Vater allen, die man als Sünder beiseite geschoben hat, in seiner Barmherzigkeit vergebe. Gott tritt an die Seite derer, die als Sünder unten stehen. Jesus erzählt die Geschichte vom unehrlichen Verwalter, der gelobt wird, weil er sich mit dem »ungerechten Mammon« Freunde gemacht habe. Nicht zu vergessen das Gleichnis vom reichen Mann und vom armen Lazarus. Er heilt die zehn Leprakranken. Ein ganzer Abschnitt bringt Worte, die Jesus bei einem Essen sagt (Lk 14); gerade auf Randexistenzen solle man achten und sich zu ihnen auf den untersten Platz setzen; nur so habe man eine Chance beim göttlichen Mahl. Wenn Matthäus eine Rede über das Ende der Welt bringt, dann Lukas zwei (17; 21); er redigiert sie aber so, daß sie die Verhältnisse der christlichen Gemeinden um das Jahr 80 berücksichtigen.

Der dritte Evangelist hat ein besonderes Augenmerk für die Samariter. Zwischen dem offiziellen Judentum, das mit der römischen Besatzungsmacht kollaboriert, und den Samaritern, die im Grunde noch den ursprünglichen Jahweglauben pflegen, ländlich geprägt sind und als das verachtete und verrandete »dumme Volk vom Land« gelten, ergreift Jesus Partei für die Samariter.

Die Anklage, aufgrund deren Jesus schließlich zum Tode verurteilt wird, klingt klar politisch: »Wir haben festgestellt, daß dieser Mensch unser Volk verführt, es davon abhält, dem Kaiser Steuern zu zahlen, und behauptet, er sei der Messias und König« (23,2). Aus der Leidensgeschichte spricht das Erbarmen Gottes mit allen Menschen. Jesus tröstet die Frauen, verspricht dem reumütigen Schächer das Paradies und bittet den Vater um Vergebung für seine Henker. Auferstanden, bewirkt er, daß die Emmausjünger zu ihrer Gruppe zurückkehren, um den verängstigten und zweifelnden Männern und Frauen Mut zu machen. Bei der Himmelfahrt sagt er den Seinen, sie sollten in Jerusalem bleiben und darauf warten, daß ihnen der Geist gegeben werde. Dann aber sendet er sie von Jerusalem über Judäa, Samaria und

149

Galiläa in die ganze Welt. Heilsuniversalismus strömt vom Tempel aus in die ganze Welt.

Die Apostelgeschichte vervollständigt diese Sicht und schildert den Beginn der Missionstätigkeit des Petrus und des Paulus. Die Verheißung des Landes klingt in der Rede des Stephanus (Apg 7) an. Daß Lukas die gesamte Heilsgeschichte darstellt, soll dem Ausschließlichkeitsanspruch Israels wie des Tempels wehren.

Das Land, das Gott verheißen hat, ist das Reich Gottes. Für die Menschen, die in der damaligen Gesellschaft keinen Platz haben, kann das offenbar nur der Himmel sein. Zwischen den Zeilen dieser Passage und anderer universalistischer Texte lesen wir die Botschaft: »Die Erde gehört Gott, und Gott hat sie uns allen gegeben.« Wie aber läßt sich so etwas in der Situation, in der sich die Christen gegen Ende des 1. Jahrhunderts befinden, konkret vermitteln?

In zwei idealtypischen Skizzen (Apg 2,44–47; 4,32–35) schildert Lukas, wie die Jerusalemer Urgemeinde eine Ethik des Gemeinbesitzes pflegte; diese aber sei für Christen aller Zeiten ein Imperativ. So entsprechen sich das Ideal des Deuteronomiums: »Eigentlich soll es bei dir gar keine Armen geben« (15,4), und die Praxis der Urchristen: »Es gab keinen unter ihnen, der Not gelitten hätte« (Apg 4,34). Gerade im hellenistischen Milieu, in dem man schicklicherweise nur mit Personen gleichen Standes verkehrte, ist der Umgang mit vermeintlich Niedrigerstehenden eine Herausforderung. Doch das Modell, das Lukas zeichnet, gilt nicht nur für das damalige Kleinasien, sondern ebenso für Christen aller Länder und aller Zeiten.

»Das römische System ... erzeugte allmählich eine Masse von Verrandeten, weil sich – vor allem in Italien – riesige Landgüter bildeten. Die früher dort verwurzelten kleinen Landeigentümer wurden mittellos vertrieben und mußten nach Rom ziehen, wo sie die berühmten ›Inseln‹ (die insulae, heute würden wir Slums sagen) vollpropften ... Verschiedene Versuche einer Agrarreform erzielen keine Erfolge, und schließlich entscheiden die Autoritäten sich für eine paternalistische Lösung, bekannt unter den Namen ›Brot und Spiele‹ (panem et circensem): Gratisverteilung von Weizen, Öl, Salz, Wein, Kleidung. Doch kommen, bis Diokletian, nur römische Bürger in den Genuß solcher Kampagnen. Die anderen nennt das römische Recht die ›Niederen‹ (humiliores) im Gegensatz zu den ›Ehrenhaften‹ (honestiores); sie umfassen Sklaven, Freigelassene, Ehrlose wie Gladiatoren, Tierwärter im Zirkus, Tänzer, Sänger,

Prostituierte, Frauen und Kinder. Unter ihnen müssen wir die Christen suchen.«[34]

Worum es Kleinbauern und Landarbeitern mit ihrem Kampf um ein Stückchen Land heute geht, das suchten die urchristlichen Gemeinden in ihrem Verlangen nach Heil. Ihnen konnte das Evangelium sagen: »Heute ist euch der Retter geboren; er ist der Messias, der Herr« (Lk 2,11).

5. Die johanneischen Gemeinden und das Land

In einem Klima grausamer Christenverfolgungen durch Kaiser Domitian (81–96) wie auch wachsender Spannungen mit dem Judentum, aber auch rejudaisierender Strömungen innerhalb der christlichen Gemeinden entstehen zwischen 90 und 100 n. Chr. die johanneischen Schriften: das vierte Evangelium, die drei Johannesbriefe und die Geheime Offenbarung. Natürlich können wir hier nicht die ganze Theologie der johanneischen Literatur ausbreiten. Einige Hinweise auf die Theologie des Landes müssen genügen.

Interessanterweise erwähnt das *Evangelium* verschiedene Male den Topos jüdischer Feste (4,45; 5,1; 6,4 7,1–37; 10,22; 19,31); Fest aber ist ein Sinnbild für Erinnerung, Gemeinschaft, Freiheit, Leben, Licht, Wahrheit ... Doch Johannes stellt all diese alttestamentlichen Hoffnungsfeste in den Lichthof des Christusereignisses. Für ihn ist jede Religion, die nicht dem Leben und dem Heil dient, falsch und blasphemisch. So soll das ganze Geschehen bei der Brotvermehrung am See von Galiläa, als Jesus Brot und Fisch an die Menge verteilt (6,1–15), eine Warnung vor eigennützigem und verkürzendem Messianismus sein (6,26: »Ihr sucht mich..., weil ihr von dem Brot gegessen habt und satt geworden seid«). Manna, Wasser, Gesetz und selbst Befreiung sind Gaben Gottes; und wir glauben, daß Jesus Christus den Zugang dazu eröffnet (10,9: »Tür«). Die johanneische Christologie ist von fundamentaler Bedeutung für unser Thema, ebenso wie die Ekklesiologie von der Einheit im Geist. Als Trost, Hilfe und Mahnung wird uns der Geist als persönliche Gegenwart geschenkt; er soll das Werk Jesu fortführen und den Jüngern und Jüngerinnen des Herrn auf ihrem Weg durch die Welt beistehen und sie schützen.

---

[34] *E. Hooernaert,* Die Anfänge der Kirche in der Erinnerung des christlichen Volkes (BThB), Düsseldorf 1987, 40–41.

Die drei *Briefe,* die wahrscheinlich im Umfeld des Evangeliums geschrieben wurden, setzen die Linie fort. Auch sie unterstreichen die Gemeinschaft der Brüder und Schwestern untereinander wie auch die Befreiung aus der Herrschaft der Welt.

Die Geheime *Offenbarung* bzw. Apokalypse, die wahrscheinlich in verschiedenen Ansätzen und zu unterschiedlichen Zeiten geschrieben wurde, soll den kleinen, verstreuten Gemeinden während der domitianischen Verfolgung Trost zusprechen. Zu diesem Zweck holt sie sie in eine himmlische Liturgie hinein und läßt sie immer wieder den auferweckten Herrn betrachten. In der Apokalypse steht Jesus im Mittelpunkt aller Dinge, ist der Herr der Geschichte wie des Alls und tritt uns in vielfältigen starken und farbigen Bildern entgegen, immer aber begegnet er den Gemeinden voller Zärtlichkeit. Diese sehen in ihm den Garanten dafür, daß ihnen am Ende doch noch der Sieg zuteil werden wird.

Das Alte Testament erscheint aus der Warte des auferstandenen Christus in einem neuen Licht. Das gilt vor allem für das Buch Exodus und für Deuterojesaja mit ihren für den Kampf um das Land wichtigen Texten. Auch die Offenbarung universalisiert die Verheißungen des Alten Testaments. Die Rede ist nicht mehr von Land, sondern von einem möglichen Sieg in einer neuen Welt. Das neue Jerusalem ist die Versöhnung zwischen Stadt und Land, was für unsere Gemeinden ein drängendes Thema ist. Während die Stadt Werk von Menschenhand ist, kommt das neue Jerusalem vom Himmel, ist also Geschenk Gottes. Es hat einen Garten, einen Fluß und Bäume, ja, selbst der Baum des Lebens aus dem alten Paradies fehlt nicht. Es ist schön, als hätte Gott selbst es geschmückt.

Wahrscheinlich sind auch die Gemeinden, an die sich die Offenbarung wendet, eher in städtischen Randzonen als im ländlichen Milieu zu suchen. Trotzdem ist die Apokalypse vielleicht die neutestamentliche Schrift, welche die Verbindung zwischen Stadt und Land am deutlichsten aufdeckt, ihre Form im Römischen Reich anprangert und eine gegenseitige Ergänzung im Sinn von Achtung und Gerechtigkeit fordert.

Die Bilder, anhand deren die Offenbarung die Befreiung der Dienerinnen und Diener Gottes darstellt, erinnern an die ägyptischen Plagen, mit denen die Unterdrücker bestraft und durch die die Kinder Israels befreit wurden. In der Mitte des Buches begegnen wir der Gestalt der Frau, die sich am Ende in das Gewand des neuen Jerusalem hüllt. Dieses ist als Stadt zwar von Menschen gebaut, aber Gott hat es sich zu eigen gemacht. Es steigt vom Himmel herab. Wiewohl niemand davon träumt, zurückzukehren in den Garten Eden oder in die Idylle des Landlebens, an die dieser denken läßt, greift Offb 22 doch zurück auf das Bild vom Strom, der die Erde bewässert, und vom Baum, der zwölf Früchte trägt und hinter dem sich der Baum des Lebens verbirgt, welcher dem Erdenmenschen Adam zur Versuchung wurde (22,1-2).

Wer die Bibel unter dem Gesichtspunkt der Problematik von Grund und Boden liest, sollte nicht übersehen, daß in dem zentralen Bild von der schwangeren Frau und dem Neugeborenen (12,1-6), das heißt: dem Messias und seiner Nachkommenschaft, der Drache zwar die Frau verfolgt, um das Kind zu verschlingen, daß das Kind aber zu Gott entrückt wird und die Frau in die Wüste flieht, wo Gott einen Zufluchtsort für sie hergerichtet hat ... Die Schlange speit einen Strom von Wasser gegen die Frau, damit sie von den Fluten weggespült wird. Aber die Erde kommt der Frau zu Hilfe; sie öffnet sich und verschlingt den Strom, den der Drache gespieen hat (12,13-18).

Natürlich müssen wir uns vor überstürzten und tendenziösen Schlußfolgerungen hüten. Alle diese Symbole haben verschiedene Bedeutungsebenen und lassen sich vielfältig deuten. Historisch betrachtet, spielen sie womöglich auf die Schutzstrategie der kleinen christlichen Gemeinden an, die auf dem Land nicht so leicht vom Strom des Imperiums verschlungen wurden. Aus der Natur der Sache heraus ist der ländliche Raum für die Christen ein Bundesgenosse.

Im Martyrium nehmen die Gläubigen das Fest der Erwählten Gottes im Himmel vorweg. Dieses beschreibt der Autor in den Farben des jüdischen Laubhüttenfestes, bei dem Israel in Erinnerung an die Zeit in der Wüste und an die Erwartung des Volkes mit Zweigen in den Händen symbolisch den Zug ins gelobte Land nachvollzieht (Offb 7; 14).

Den spezifischen Beitrag der Apokalypse für eine Theologie des Landes sehen wir in Elementen der Spiritualität wie auch im Verständnis des Martyriums.

6. Jesus von Nazaret und das Problem des Landes

Christentum ist Nachfolge Jesu. Wer Jesus Christus nachfolgen will, »muß leben, wie er gelebt hat« (1 Joh 2,6). Doch wie hat der Nazarener unter den Bedingungen seiner Zeit gelebt? Konkret: Was trägt der historische Jesus von Nazaret zu dem uns beschäftigenden Thema »Theologie der Erde und des Landes« bei? Ohne die Diskussion um den

Christus des Glaubens und den Jesus der Historie auch nur andeutungsweise resümieren zu wollen, halten wir einige Punkte fest:

1. Jesus von Nazaret wurde kurz vor dem Tod Herodes' des Großen, also vor dem Jahre 4. v. Chr., geboren. Nach der Begegnung mit Johannes dem Täufer beginnt er als erwachsener Mann sein öffentliches Wirken. Damit steht er in der Tradition der Propheten. Daß er sich von Johannes am Jordan taufen läßt, ist ein wichtiges Datum. Fortan sieht er seinen Auftrag an das Wort Gottes bei Deuterojesaja über den leidenden Gottesknecht gebunden.

2. Nach Galiläa zurückgekehrt, wirkt er als Prophet und schließt sich Kreisen von Schriftgelehrten und Pharisäern an. Ohne mit Kritik an ihnen und Widerspruch gegen sie zu sparen, ist er gleichwohl in ihrer Tradition verwurzelt und bedient sich ihres Gedankenguts. Als Wanderlehrer durchzieht er Galiläa. Seine Jünger und Jüngerinnen findet er unter den Ärmsten.

3. Die Jesusbewegung ist anfänglich auf dem Land zu Hause und ganz in Galiläa verwurzelt (vgl. Mk 14,70; Apg 1,11; 2,7). Die gesamte synoptische Tradition spricht von kleinen galiläischen Dörfern: Nazaret, Nain, Kana. Von etwas größeren Orten wie Sepphorias, Tiberias oder Gischala schweigt sie.[35]

Der Widerstand gegen die Römer und gegen die mit den Römern kollaborierenden Landsleute läuft ganz auf dem Land. Zeloten und Sikarier betreten, Hippolyt zufolge,[36] keine Stadt, um nicht durch Tore mit Bildsäulen zu müssen. Allein die Tatsache, daß jemand aus Galiläa ist, macht ihn in Jerusalem schon verdächtig (vgl. Mk 14,67.70).

4. Was die berufliche Tätigkeit Jesu anbelangt, ist aus den Evangelien wenig zu erfahren. Nahezu einstimmig lehrt die Tradition freilich, er habe sie direkt von seinem Pflegevater gelernt. Nur einmal, nach seiner Rede in der Synagoge in Nazaret, wird erzählt, die Leute seien darüber erstaunt gewesen, daß ein Zimmermann (Mk 6,3) bzw. der Sohn eines Zimmermanns (Mt 13,55) solch große Weisheit habe.

Heute fragt die historische Forschung, ob Jesus wirklich Zimmermann gewesen sei. Die *griechische* Textgrundlage ist verworren und sprachlich schwierig. In *jüdischen* Kreisen bedeutete das aramäische Wort »naggar« (Handwerker, Zimmermann) bekanntlich etwas anderes und wurde als Metapher verstanden. Sowohl in Jerusalemer als auch in babylonischen Targumen begegnet der Begriff »naggar« in der

---

[35] Vgl. *G. Theißen,* Soziologie der Jesusbewegung, München ⁵1988, 47.
[36] Adv. Haer. 9,26; vgl. *G. Theißen,* Soziologie der Jesusbewegung, 50.

Bedeutung von »ausgebildeter Mann«, genauso wie im Evangelium der Terminus »Zimmermann« benutzt wird.

Am realistischsten dürfte Jesu berufliche Tätigkeit in Nazaret ähnlich zu sehen sein, wie sich die Landbevölkerung auch heute vielerorts in Lateinamerika durchschlägt: Zur Saat- und Erntezeit arbeitet man in der Landwirtschaft, zwischendurch aber muß man von kleinen Geschäften oder handwerklichen Verrichtungen leben. Denn Galiläa, wo Jesus zu Hause ist, »ist üppig und waldreich, mit Bäumen aller Art bepflanzt und so ergiebig, daß es auch den Trägsten zur Arbeit anregt«.[37]

Von manchen Exegeten werden heute die Konflikte zwischen der Jesusbewegung und den jüdischen Führern als Widerspruch in den gesellschaftlichen Interessen zwischen Landbevölkerung und städtischer Oberschicht gedeutet.[38]

5. Nahezu alle Gleichnisse Jesu sind Ereignisse aus dem Leben im ländlichen Milieu. Jesus erzählt von den Dingen, wie sie sind. Die Jünger sollen erkennen, daß Gott sich in der Konfliktträchtigkeit des Lebens offenbart und daß sein Reich den Bruch mit der bestehenden Gesellschaft voraussetzt.

Durch die Gleichnisse schimmert viel an Information über das Leben der Bauern im damaligen Galiläa durch. Kaum jemand hat eigenes Land. Der Grund und Boden gehört den Römern oder den Großen. Diese wohnen als Verwalter oder Leiter in den Städten und kommen nur aufs Land, um die Arbeiten zu kontrollieren. Wer in Schuld gerät und die Schuld nicht begleichen kann, wird üblicherweise als Sklave verkauft. Viele Landarbeiter sind Tagelöhner; immer wieder sieht man sie auf der Straße herumstehen, weil sie an dem Tag keine Arbeit gefunden haben. Normalerweise bekommt man eine Drachme pro Tag. Ein Landarbeiter, der ein Stück Land kaufen oder sein Land zurückkaufen will, muß sein ganzes Hab und Gut dafür veräußern. So böse wie die Dinge auf dem Land liegen, kommt es dort ständig zu schrecklicher Gewalt. Ab und zu revoltieren die Bauern und bringen den Verwalter eines Gutes, den Sohn des Besitzers oder gar den Eigentümer selbst um.

Jesus erzählt von derartigen Vorfällen und deutet sie aus dem Blickwinkel der Landarbeiter. Allerdings hinterfragt er auch mitunter die Empfindlichkeit der Bauern. Seine Gleichnisse vom Reich Gottes

[37] *Flavius Josephus,* Geschichte des Jüdischen Krieges, Dreieich 1977, 219.
[38] Vgl. *G. Theißen,* Soziologie der Jesusbewegung, 47.

(Mk 4; Mt 13) rühren aus diesem Zusammenhang von Schmerz und Scheitern. Wie es scheint, konnte Jesus sein Projekt vom Kommen des Reiches Gottes nicht verwirklichen. Da sich aber nach biblischer Überlieferung die Wahrheit der Botschaft eines Propheten darin zeigt, ob sein Wort in Erfüllung geht, wird Jesus als falscher Prophet beschuldigt. Immerhin hatte er ja das Anbrechen des Reiches Gottes als unmittelbar bevorstehend angesagt, doch offenbar war es nicht gekommen. Als Antwort auf derartige Vorwürfe greift er auf das Leben auf dem Land und auf die Weisheit der Bauern zurück. Wie das Scheitern auf gesellschaftlich-politischem Gebiet nicht der Landbevölkerung angelastet werden kann, so trifft auf theologaler Ebene auch ihn, den Sämann, keine Schuld. Im übrigen liegt der Same schon in der Erde, und wenn der Boden aufnahmebereit und fruchtbar ist, wird die Ernte nicht ausbleiben.

Das Reich Gottes kehrt die Gerechtigkeitsmaßstäbe des obwaltenden Systems um. Den Arbeitern, die Hitze und Last des Tages getragen haben, enthält der Herr den verdienten Lohn nicht vor; doch die Letzten sollen nicht weniger bekommen als die Ersten. Zu den Gleichheitskriterien der Welt paßt so etwas natürlich nicht (Mt 20). Jesus macht es nichts aus, den unehrlichen Verwalter als lobenswert erscheinen zu lassen, denn Freundschaft ist im Reich Gottes ein größerer Wert als wirtschaftliche Leistung zugunsten der Unternehmer. Den älteren Sohn, der wie selbstverständlich bei seinem Vater lebt, mag Gott nicht besonders; statt dessen nimmt er den heimkehrenden Sohn mit offenen Armen auf, vergibt ihm und veranstaltet gar ein Fest für ihn (Lk 15,11–32).

6. Das Wirken Jesu in Galiläa im Dienst am Reich Gottes besteht grundlegend darin, daß er Kranke heilt und Sünden vergibt. Das ist eine konkrete Art und Weise, das unmittelbar bevorstehende Anbrechen des Reiches Gottes zu verkünden. Von den achtzehn Wunderheilungen, von denen Lukas in seinem Evangelium erzählt, finden vierzehn in Galiäa statt. Die Art der Krankheiten sowie die Form, wie der Evangelist die Heilungen schildert, zeigen, wie arm das Volk ist, welche Kultur auf dem Land herrscht und wie solidarisch Jesus mit dieser Kultur umgeht. Wenn das Reich Gottes Leben und Heil ist, dann ist das erste Zeichen für sein Anbrechen, daß der Krankheit der Kampf angesagt wird. Wie die Heilungen vonstatten gehen, ist den Evangelien im einzelnen nicht zu entnehmen, dafür sind sie zu zurückhaltend. Hin und wieder klingen volkstümliche Sitten und Glaubensvorstellungen an, etwa daß man Speichel, Lehm, Öl u. ä. benutzt. Das alles ist Teil der

ländlichen Volkskultur. Jesus bedient sich all dieser Elemente, geht aber insofern einen Schritt mit ihnen weiter, als er sie als Schauprobe dafür einsetzt, was Reich Gottes ist. So hält er sich etliche Male nicht an die gesetzmäßige religiöse Praxis der jüdischen Führer. Dadurch zieht er natürlich deren Haß auf sich und veranlaßt sie zu dem Entschluß, ihn zu töten.

Sündenvergebung heißt für Jesus: dem Sünder zeigen, daß Gott ihn liebt und ihn in seine Freundschaft hereinzieht. Da der vermeintliche Sünder in der Regel zu einer Schicht mit geringem gesellschaftlichem Prestige gehört, gliedert ihn die Sündenvergebung wieder in die Gesellschaft ein, an deren Rand man ihn gedrängt hatte. Und so befreit Jesus die Menschen aus der Angst und Abhängigkeit, die in der offiziellen Religion herrschte.

7. Das Reich Gottes, das Jesus ansagt und von dem er zeigen will, daß er es bringt, war schon von den Propheten angekündigt worden. Doch Jesus beleuchtet und betont bisher nicht gekannte charaktertistische Aspekte daran.

Zunächst einmal ist es Reich Gottes, das heißt: Geschenk Gottes, das den Menschen ohne eigenes Verdienst zuteil wird. Sodann kommt es allen zu und will von allen bejaht werden. Von den Großen und Reichen fordert es Umkehr, von den Armen und Kleinen Christusnachfolge. Umkehr aber heißt: Schluß machen mit dem bisherigen Lebensstil, das Ruder des Lebens herumwerfen und sich fortan auf das, was da kommen soll, einstellen und vorbereiten. Dazu gehört aber auch, daß man in ein soziales Milieu überwechselt, in dem der Same sprießen und gedeihen kann. Nachfolge schließt Umkehr ein, ist aber mehr. Nachfolge heißt: persönlich ja sagen zu Jesus Christus und zur Gemeinde.

8. Das Reich Gottes wendet sich an die Armen im Sinn von Unterdrückten. Arme sind die, die nichts zu essen und zu trinken haben, die nichts anzuziehen noch ein Dach über dem Kopf noch irgendeine Chance in der Gesellschaft haben (Mt 25,31–46). In der Welt dieser Armen findet Jesus Annahme, hier sucht er seine Jünger und Jüngerinnen.

9. Im Wirken Jesu lassen sich in der Tat verschiedene Phasen unterscheiden. Im ländlichen Galiläa tritt er als Prophet auf, heilt Kranke und vergibt Sünden. Hier verkündet er, daß das Reich Gottes nahe ist und daß es für alle ein Jubeljahr geben wird. Doch damit gerät er in Opposition zu den örtlichen wie gesamtjüdischen Größen. Andererseits gewinnt er damit die Sympathie des kleinen Volkes, das gleichwohl nicht auf sein Vorhaben eingeht. Also verläßt er Galiläa und überdenkt

seinen Auftrag und seine Vorgehensweise. Das Bekenntnis des Petrus in Cäsarea gehört in diesen Zusammenhang.

Jetzt geht er nach Samaria. Zahlreiche Samariter schließen sich der Gruppe an. Immer deutlicher wendet sich Jesus gegen das offizielle Judentum und seine Führer in Jerusalem.

Die letzte Wegstrecke führt ihn anläßlich eines Osterfestes nach Jerusalem. Hier legt er den Finger auf das System der Tempelsteuer (Joh 2,13–22) und feiert mit seinen Jüngern Ostern – an unstatthafter Stelle und dazu noch einen Tag zu früh (Mt 26,17–30). Am Ende wird er verhaftet und zum Tode verurteilt. Daß er am Kreuz hingerichtet wird, läßt den Rückschluß zu, daß er von den Römern verurteilt wurde – und nicht von den Juden. Das nächtliche Verhör vor dem Hohen Rat war illegal. Aber Jesus war ja auch nicht aus der Stadt, und seine Anhänger hatten ihn im Stich gelassen. So hatte er niemanden, der ihn hätte verteidigen können. Religiöse Instanz und politische Macht, beide gemeinsam machen kurzen Prozeß.

10. Die Gruppe der Anhänger ist schwach. Die meisten halten sich versteckt. Daß dann aber nach und nach aus gespaltenen und am Boden zerstörten Jüngern eine missionarische Gemeinde wird, ist historisches Faktum. Doch die Auferstehung selbst entzieht sich der historischen Überprüfung in physischen Kategorien. Historisch sind das Zeugnis der Jünger und Jüngerinnen, der unglaubliche Bewußtseinsumschwung, den sie erleben, und die bisher nicht gekannte Sicherheit, mit der sie es akzeptieren, von den Juden und von der Welt verfolgt zu werden. So belegen sie mit ihrem Zeugnis: Der Herr ist wahrhaft auferstanden!

IV. Erde und Land, Grund und Boden in der Geschichte der Kirche

Wir haben einen weiten Weg zurückgelegt. Ausgehend von den Gegebenheiten in Lateinamerika ging es uns zunächst um eine politisch-ökonomische Übersicht darüber, wie das Land bei uns verteilt ist. Sodann fragten wir, wie unsere ländliche Bevölkerung im Lichte des Glaubens und vor dem Hintergrund überlieferter Kulturen das vielfältige Problem von Grund und Boden erlebt. Schließlich schauten wir in die Bibel und wollten wissen, wie sich das Thema »Erde und Land, Grund und Boden« im Alten und im Neuen Testament darstellt. Im folgenden vierten Kapitel tun wir einen Blick in die Geschichte der Kirche[1]: ins europäische Mittelalter, in die ersten Jahrzehnte der spanischen Conquista (16. Jahrhundert) ebenso wie in Dokumente und Erklärungen der lateinamerikanischen Kirche und der Päpste der letzten hundert Jahre. Münden soll das Ganze im abschließenden fünften Kapitel in die Frage, welche Herausforderungen sich für die Pastoral stellen.

1. Eigentum in Pastoral und Lehre der Kirche des Mittelalters

a. Sorge um den Armen. – Zu Beginn des Mittelalters bringen »Konzentration des Landbesitzes und Verschuldung« dem Kleinbauern in der byzantinischen Welt »Sklaverei und veranlassen ihn zur Abwanderung in die Städte. In den Randgebieten der Städte wimmelt es nur so von Armen«. Im Westen ist »im Gegensatz zum Orient ... die Armut ... vor allem auf dem Land zu finden«.

Im 7. Jahrhundert begegnen wir der bemerkenswerten Gestalt des Seranus. »Er macht sich zum Armen, um unter den Bauern zu leben und zu arbeiten.«

Die mittelalterlichen Konzilien verteidigen die Armen gegen die Ungerechtigkeiten der Großen. »Das Konzil von Mâcon (585) be-

---

[1] Angaben zur Literatur über unser Thema im Altertum bei *C. Boff/J. Pixley,* Die Option für die Armen (BThB), Düsseldorf 1987, 174.

zeichnet das Haus des Bischofs sogar als Haus der Armen. Und den Bischöfen ist es verboten, sich mit Hunden zu umgeben, damit diese die Armen nicht anfallen und letztere sich ihnen ohne Angst nähern können ...«[2]

Caesarius von Arles bewirtet als Bischof der Stadt ständig die Armen an seinem Tisch, und in seinen Predigten prangert er Zinswucher, Unterdrückung und Ausbeutung der Bauern an.

Mittelalterliche Benediktinerklöster sind nicht nur von Mönchen bevölkert, sondern auch von Oblaten und Kindern, die von den Eltern dort abgegeben werden, damit sie eine Ausbildung bekommen. Benedikt legt in seiner Regel großen Wert darauf, daß im Kloster »alle gleich sind, Sklaven wie Freie, Bauern wie Gebildete«. Jede Abtei hat verschiedene armen Familien, um die sie sich kümmert. Wenn Arme im Gästehaus anklopfen, müssen – so die Regel – die Mönche vor ihnen niederknien und ihnen die Füße waschen, um zum Ausdruck zu bringen, daß sie Jesus Christus in ihnen sehen.

Im 12. und 13. Jahrhundert treten verschiedene Bischöfe dafür ein, daß den Armen das Recht auf Mundraub zusteht.

Der Hauptunterschied zwischen den ersten Jahrhunderten und dem Hochmittelalter besteht darin, daß die Kirche der Bischöfe, Priester und Mönche mittlerweile reich und mächtig geworden ist, Ländereien erworben hat und auch sonst nicht unvermögend geblieben ist. In der Regel tritt sie zwar für die Armen ein, garantiert aber den Fortbestand eines in Klassen gespaltenen Systems. Reichtum, so die Lehre der Kirche, seit etwas Gutes und bedeute Segen Gottes. Einzig dürfe der Reiche kein schlechter Mensch sein, und die Kleinen dürfe er nicht unterdrücken.

Ab dem 12. Jahrhundert entstehen nach und nach verschiedene Bewegungen, welche die Armut nicht als ein natürliches Unglück betrachten, das die Reichen zu lindern hätten, sondern als eine gesellschaftliche Wirklichkeit, in die sich die Kirche in der Nachfolge Jesu hineinzugeben und in der sie sich zu bewähren habe.

So bemüht sich der Mönch Joachim von Fiore mit seinem Chiliasmus um eine Spiritualität der Armut und der Entäußerung. Aus dieser Haltung heraus wartet er auf die Wiederkunft Christi.

Petrus Waldes in Lyon und die Armen in der Lombardei sind die Speerspitze dieser Bewegungen. Besitzlose Landarbeiter sind zu einer hin und her schiebbaren Masse von Arbeitskräften geworden, ähnlich

[2] Ebd. 175–177.

den heutigen Saisonarbeitern in Stadt und Land, und der Handel nimmt einen nie gesehenen Aufschwung. Armutsbewegungen hatte die christliche Welt, die ja bisher unter den stabilen Bedingungen der ländlichen Gesellschaft und des Feudalismus existiert hatte, allenfalls am Rande gekannt. Die Freiheit, dem Evangelium zu folgen, sehen diese Menschen nunmehr darin, sich auf den Weg zu machen und als Arme unter den Armen zu leben. Dabei ist das Anliegen des sozialen Protestes besonders bei den Armen der Lombardei sichtbar. Sie kämpfen für Kommunen, in denen sich die Armen selbst regieren können und Alternativen zum Leben in den Städten und auf den feudalen Landgütern finden.[3]

Unter der Leitung des Durandus von Huesca kommt es 1182 zu einem messianisch inspirierten Aufstand der »Kapuzenträger«. Diese brandmarken die mit Zwangsmaßnahmen erwirtschafteten Gewinne der großen Lehnsherren und vertreten ein egalitäres Gesellschaftsbild. Doch die Kirche und die Feudalherren schlagen sie nieder.

Im 13. Jahrhundert treten dann die Franziskaner und Dominikaner in der Kirche auf den Plan. Auch für sie sind die Armen die Lieblingskinder Gottes. Sowohl Franziskus als auch Dominikus hatten in ihnen die Hauptträger der Mission erblickt. Beide hatten sich für die Erneuerung der Kirche eingesetzt und sie auch von innen her erreicht.

Nie war die Kirche frei von zeitbedingter Zweideutigkeit, die nun einmal unumgänglich ist. Gleichwohl spüren wir auch in dieser Zeit, daß Gott inmitten seines Volkes am Werk ist und nicht zuläßt, daß die Prophetie vollends verstummt. Immer hat es Christen und Hirten gegeben, denen die Armen am Herzen lagen und die die Sendung der Kirche an sie geknüpft sahen.

b. Eigentum bei Thomas von Aquin.[4] – In Anbetracht der Tatsache, daß man sich immer wieder auf Thomas von Aquin bezogen hat, um das Recht auf Gebrauch und Verbrauch des Großgrundbesitzes zu ausschließlich individualistischen Zwecken zu rechtfertigen, meinen wir, kurz darauf eingehen zu sollen, was der Aquinate in diesem Punkt wirklich lehrt.

---

[3] Vgl. *J. de Santa Ana,* Gute Nachricht für die Armen. Die Herausforderung der Armen in der Geschichte der Kirche, Wuppertal 1979, 96.

[4] Zu diesem Abschnitt s. *Thomas von Aquin,* Summa theologiae II–II q. 66 (Deutsche Thomas-Ausgabe 18); ferner *R. Antoncich/J.M. Munárriz,* Die Soziallehre der Kirche (BThB), Düsseldorf 1988, 134–136.

Eine erste Frage lautet: »Steht es in Einklang mit der Natur, daß der Mensch äußere Dinge besitzt?« Thomas zögert nicht, zu antworten: »Der Mensch hat eine natürliche Herrschaft über die Dinge, insofern ihm die Macht verliehen ist, sich ihrer zu bedienen.«

Direkter gefragt: »Darf man etwas auch als sein Eigentum besitzen?« Zwei Aspekte unterscheidet der Aquinate in seiner Antwort: »In bezug auf die äußeren Dinge steht dem Menschen zweierlei zu. Das eine ist die Berechtigung zur Anschaffung und zur *Verfügung*. Und so weit ist es den Menschen erlaubt, Eigentum zu besitzen ... Das andere aber, was dem Menschen in bezug auf die äußeren Dinge zusteht, ist deren *Gebrauch*. Und in bezug darauf muß der Mensch die äußeren Dinge nicht als Eigentum betrachten, sondern als Gemeinbesitz, so nämlich, daß er sie ohne Schwierigkeit mitteilt zum Bedarf der anderen.« Thomas zufolge widerspricht Privateigentum also nicht dem Naturrecht, und zwar deshalb nicht, weil jeder Mensch einfach bestimmte Dinge braucht, um leben zu können. Wer daher mehr hat als das Notwendige, muß bereit sein, mit Bedürftigen zu teilen. Der thomasische Eigentumsbegriff zielt also auf soziale Verantwortung ab, nie aber auf Egoismus.

Und Thomas geht noch einen Schritt weiter: Da menschliches Recht nicht göttlichem Recht widersprechen kann, kann sich niemand auf das Eigentumsrecht berufen, um sich von der Pflicht zur Hilfe gegenüber Notleidenden entbunden zu sehen. Daß das wirkliche Naturrecht im Recht auf den Gebrauch aller Güter besteht, liegt für Thomas dermaßen klar auf der Hand, daß er sagen kann: »In necessitate sunt omnia communia.« Das heißt: In Notzeiten kann niemand unter Berufung auf das Recht auf Privateigentum es einem Bedürftigen verwehren, sich der Güter anderer zu bedienen.

Wörtlich schreibt Thomas von Aquin: »Was menschlichen Rechtes ist, kann dem Naturrecht oder dem göttlichen Recht nicht Abbruch tun. Nach der Ordnung der Natur ist aber von der göttlichen Vorsehung her bestimmt, daß die niederen Dinge dazu da sind, der menschlichen Bedürftigkeit aufzuhelfen. Deshalb hindert die Verteilung und Zueignung der Dinge, die nach *menschlichem* Recht vor sich geht, nicht, daß der Not des Menschen durch eben diese Dinge begegnet werden muß. Daher ist der Überfluß, den einige haben, auf Grund des *Naturrechtes* dem Unterhalt der Armen geschuldet.«

Angesichts der Menge der Notleidenden, präzisiert der Kirchenlehrer, obliegt die Pflicht zur Hilfe dem Eigentümer. Doch dieses Prinzip gilt nicht im Falle extremer Not: »Der Gebrauch einer fremden Sache, die man im Falle äußerster Not sich heimlich genommen hat, hat nicht eigentlich die Bewandtnis des Diebstahls, denn durch eine solche Notlage wird das zum Eigentum, was einer sich nimmt, um das eigene Leben zu erhalten. Im Falle ähnlicher Notlage kann man heimlich auch fremdes Gut an sich nehmen, um dem Nächsten, der seiner bedarf, zu Hilfe zu kommen.«

Nach Thomas soll also Überflüssiges für den Unterhalt des Armen eingesetzt werden. Ja, im Notfall kann dieser sich sogar selbst nehmen, was er braucht. Von Diebstahl zu reden, wäre da abwegig. Ebenso kann auch ein Dritter etwas nehmen, um es dem Notleidenden zukommen zu lassen.

»Auf der Grundlage dieser Prinzipien kommt Thomas zu einem Begriff von Eigentum, der sich deutlich von dem im römischen Recht abhebt. Dieses argumentiert nämlich streng exklusivistisch (ius utendi et abutendi quantum iuris ratio patitur). Sein Einfluß auf moderne, nachnapoleonische Gesetzbücher ist enorm. Für den Aquinaten wie für die Kirchenväter ist der Besitzer Verwalter im Namen Gottes. Das heißt: »Unter dem Gesichtspunkt, daß einem Güter zur Verwaltung überantwortet worden sind, kann man sie als Privateigentum betrachten, haben aber als Gemeineigentum zu gelten, was den Gebrauch anbelangt.«[5]

Im Rahmen der so beschriebenen thomasischen Prinzipien stellt sich natürlich die Frage, welche Rechte den zahllosen Bauern ohne Land zukommen. Sie alle brauchen unbedingt ein Stückchen Grund und Boden, um auch nur ihre elementarsten Bedürfnisse befriedigen zu können, während andere brachliegendes Land in Hülle und Fülle haben und bloß damit spekulieren. Nach Thomas kann niemand von Diebstahl oder Raub reden, wenn Menschen in äußerster Notlage unbebautes Land besetzen..., weil ja Gott seine Güter den Menschen gegeben hat, damit alle davon leben können.

Das Recht auf Privateigentum ist mithin nicht unbegrenzt, sondern dem Gemeinwohl untergeordnet. Eigentum hat eine soziale Funktion, und ohne diese verlöre es seine Rechtmäßigkeit. Besitz an Grund und Boden muß also jedem Landarbeiter und Kleinbauern zugänglich sein. Niemand kann sich gerechterweise auf das Recht auf Eigentum stützen, um andere leer ausgehen zu lassen.

[5] G. *Mattai,* Art. »Propiedad«, in: Diccionario Enciclopédico de Teología Moral, Madrid 1978, 868. Vgl. *K. Hörmann,* Art. »Eigentum«, in: Lexikon der christlichen Moral, Innsbruck u. a. 1976, 313–347.

2. Reformation und Bauernfrage

»Die Reformation des 16. Jahrhunderts hat den doppelten Aspekt einer gesellschaftlichen und einer religiösen Revolution. Die Klassen des Volkes erhoben sich nicht nur gegen die Korruption des Dogmas und die Mißbräuche des Klerus. Sie erhoben sich auch gegen Elend und Ungerechtigkeit. In der Bibel suchten sie nicht nur die Lehre vom Heil aus Gnade, sondern auch den Beleg für die ursprüngliche Gleichheit aller Menschen.«[6]

Im Gemenge all der Veränderungen, die zu Beginn des 16. Jahrhunderts stattfanden, war Martin Luther ein Prophet, der ein großes Werk der Befreiung in Gang brachte. Mit seinem Schrei nach Freiheit an die Adresse der römischen Kirche eröffnete er einen neuen Weg religiöser und gesellschaftlicher Freiheit. Immerhin war ja die Kirche der Kitt, der die feudale und lehnsherrliche Gesellschaft zusammenhielt. Die Kirche reformieren hieß: auch die Gesellschaft reformieren. Seit einer Reihe von Jahren gab es eine Bauernbewegung, die sich der Kontrolle durch die Fürsten entzog, obgleich sich ihr auch etliche Adlige und Fürsten angeschlossen hatten. Mit seinen Predigten über die Rechte der Laien wie über die christliche Freiheit trug Luther in gewisser Weise dazu bei, daß 1525 Thomas Müntzer dann seine radikale Bewegung beginnen konnte.

An die Fürsten schreibt Luther: »Es sind nicht Bauern, liebe Herren, die sich euch widersetzen – Gott ist's selber.«[7] Allerdings ist es immer äußerst problematisch, ein solchermaßen komplexes politisches Geschehen ausschließlich mit religiösen Maßstäben sachgerecht erfassen zu wollen. So schlägt sich der Reformator dann am Ende auch auf die Seite der Fürsten und verurteilt Müntzer samt den Bauern.

Doch wie hätte Luther, der ein paar Jahre zuvor von einem Kurfürsten auf dessen Burg versteckt gehalten und vor dem Tod bewahrt worden war, in einer solchen Situation auch anders reagieren können? Trotz aller geschichtlich und gesellschaftlich bedingten Unzulänglichkeiten macht ihn seine Genialität zum gemeinsamen Lehrer aller Kirchen. Die letzte Notiz, die er auf seinem Schreibtisch hinterläß, bevor ihn der Tod in der Nacht vom 17. auf den 18. Februar 1546 ereilt, schließt mit den Worten: »Wir sind Bettler, das ist wahr.«

---

[6] *H. Hauser,* Études sur la Réforme Française, Paris 1909, 83 (zitiert nach: *L. Boff,* Und die Kirche ist Volk geworden. Ekklesiogenesis, Düsseldorf 1987, 207).

[7] *M. Luther,* Vermahnung zum Frieden auf die zwölf Artikel der Bauernschaft in Schwaben, in: K. Bornkamm/G. Ebeling (Hrsg.), Martin Luther – Ausgewählte Schriften, Frankfurt/M. 1982, Bd. IV, 103 (vgl. Weimarer Ausgabe 18, 291–334).

3. Die lateinamerikanischen Bischöfe des 16. Jahrhunderts und das Kommendenwesen

Im Jahre 1492 geht Christoph Kolumbus auf unserem Erdteil an Land - und mit ihm eine ganz und gar neue Kultur. Natürlich hatten unsere Vorfahren auch schon ihre Kultur, insbesondere was das Verständnis von Erde und Land und den Umgang damit betrifft. Doch die Eindringlinge sind nicht einmal imstande, das wahrzunehmen. Ihr Überheblichkeitskomplex blendet sie, so daß ihnen die Werte der »entdeckten« Völker verschlossen bleiben. Und was ihnen die Blendung an Augenlicht noch läßt, nimmt ihnen die Habgier.

Viele von ihnen waren über den Ozean gekommen »in der Hoffnung, eines Tages als reiche Leute heimzukehren. So wäre es ein Angriff auf ihre Ehre gewesen, hätten sie aus den indischen Ländern ohne prallvolle Taschen nach Hause kommen sollen«, schreibt der Jesuit José de Acosta.[8] Der Weg zum Reichtum führt über die Arbeitskraft der Indianer, über die Schätze und die Ländereien der einheimischen Völker.

Im folgenden Abschnitt konzentrieren wir uns auf die Probleme, die das Kommendenwesen aufwirft. Auf diese Weise, so hoffen wir, kommen wir einer impliziten Theologie des Landes auf die Spur.

a. Prophetische Option für die Indianer. - »Schneidig gingen die Eroberer gegen die Indianer mitsamt ihren Organisationen, Reichen und Heeren vor. Dabei entdeckten sie, daß der Widerstand alles andere als hartnäckig war. Vor allem gewöhnten sie sich daran, daß die Eingeborenen folgsame, beinahe phlegmatische und keineswegs rebellische Wesen waren. So nahmen sie die Pose von Herren ein und machten die Indianer zu Knechten, zu Wesen zweiter Klasse . . .«[9] Der Zivilisationsschock führte schließlich zur Auflösung der indianischen Kultur, dem demographischen Schwund der Rasse, zur gesellschaftlichen Unterjochung als Klasse wie insgesamt zum menschlichen und wirtschaftlichen Ruin . . .

Angesichts solcher Berge von Unrecht gibt das Gewissen zahlreichen Menschen, die aufrichtig an Gott glauben, keine Ruhe. Pro-

---

[8] *J. de Acosta,* De procuranda indorum salute III, Kap. V (zitiert nach: *M. Martínez,* Fray Bartolomé y sus contemporáneos, Mexiko 1980, 51).
[9] *E. Dussel,* El episcopado latinoamericano y la liberación de los pobres 1504–1620, Mexiko 1979, 17.

phetische Stimmen werden laut, die sich gegen die amerikanischen Spanier erheben und für die Indianer einsetzen.

Sie denken und spüren, daß auch die Indianer Kinder Gottes sind und genau dieselben Rechte haben wie andere Menschen auch. Christus leidet in ihnen, und durch sie spricht er zu ihnen. Das ist es, was der junge Kommendenbesitzer Bartolomé de las Casas intuitiv wahrnimmt. Er selbst erzählt, die Bibel habe ihm die Augen geöffnet, als er einmal im Buch Ekklesiastikus (34,27) (Vulgata) gelesen habe: Es komme auf dasselbe hinaus, ob man jemanden umbringe oder einem Tagelöhner das geschuldete Entgelt vorenthalte. Sein Leben überdenkend, sagt er viele Jahre später in Spanien: »Ich ließ in den indischen Ländern Jesus Christus, unseren Gott, zurück: gegeißelt, gequält und gekreuzigt, und zwar nicht nur einmal, sondern millonenfach.«[10] Gustavo Gutiérrez merkt zu dieser Stelle an: »In der Theologie Bartolomé de las Casas' liegt hier . . . der Kern des Ganzen: Christus spricht uns aus der Position der Unterdrückten heraus an, entlarvt ein unterdrückerisches System, das ihnen vermeintliche Christen aufzwingen, und ruft uns im Sinne des Evangeliums zu größerer Treue zum Evangelium auf.«[11]

Doch die Option des las Casas für die Indianer hat nicht nur ihren Grund darin, daß er in ihnen Kinder Gottes und leidende Christusse sieht. Ein weiterer, negativer Grund ist die Kehrseite dieses ersten Motivs: Der Dominikanerbischof ist empört über den Mißbrauch, den die Spanier mit dem Namen Gottes und mit dem Auftrag des Christentums treiben. Denn ehrlich, wie las Casas und andere sind, spüren sie, daß der christliche Gott, in dessen Namen Conquista und Kommendenwesen gerechtfertigt werden, nicht der Gott ist, an den sie glauben. Deshalb haben sie keinen Zweifel daran, die Habgier vieler Spanier als Götzendienst anprangern zu müssen.

»Ich sah, daß der Gott, . . . den sie sie lehren, heißt: Gib-mir-Gold!, Gib-mir-Geld!«[12] Tomás de Toro, Bischof von Cartagena, beschreibt die Greuel, welche die Spanier den Indianern antun, »weil diese ihnen nicht sagen, wo das Gold zu finden ist; denn dies ist der Name ihres Gottes und nicht der des wahren Gottes«[13]. Im Jahre 1550 schreibt Domingo de Santo Tomás, späterer Bischof von La Plata (1563–1570):

---

[10] Historia de las Indias, in: Obras escogidas II, Madrid 1958, 356.
[11] *G. Gutiérrez,* Die historische Macht der Armen, München – Mainz 1984, 164.
[12] Fray Tomás de Ortiz, zitiert nach: *E. Dussel,* El episcopado latinoamericano, 51.
[13] Tomás de Toro (Bischof von Cartagena), zitiert nach ebd. 53.

»Vor vielleicht vier Jahren – und das bedeutet das Ende dieses Landes – entdeckte man ein Tor zu Hölle, durch das alljährlich eine große Zahl von Menschen geht, welche die Habgier der Spanier ihrem Gott opfert; die Hölle ist eine Silbermine, welche Potosí heißt . . .«[14] Ein paar Jahre später wird Juan de Medina, Bischof von Michoacán, noch präziser: »Etliches von dem Silber, das hier gewonnen wird und ins Königreich geht, ist erworben mit dem Blut der Indianer und wird, wenn es auf die Reise geht, in deren Haut verpackt.«[15]

In seiner Auseinandersetzung mit Ginés de Sepúlveda sagt Bartolomé de las Casas einmal mit feiner Ironie: »Mit Fug und Recht kann man sagen, die Spanier hätten ihrer geliebten und angebeteten Göttin, der Habgier, jedes Jahr, das sie mittlerweile in den indischen Ländern sind, seitdem sie in die einzelnen Provinzen gekommen sind, mehr geopfert als die Indianer ihren Göttern in allen indischen Ländern zusammen im Lauf von hundert Jahren.«[16]

Eine ganze Reihe von Männern, die während der ersten Jahrzehnte des 16. Jahrhunderts nach Amerika kommen, werden im Kern ihres Christseins von der Empörung über »die gegeißelten Christusse der indischen Länder« erfaßt, Bischöfe wie Ordensleute wie Laien. Sie überhören nicht den Schrei, der zum Himmel emporsteigt. »Diese Länder lassen sich eher mit Babel vergleichen als mit dem Reich von Don Carlos, und es steht außer Zweifel, daß ihre Bewohner erschöpfter sind als die Israeliten in Ägypten«,[17] sagt Fray Bartolomé de las Casas. Und Fray López de Solís, Bischof von Peru, ist sich sicher: »Das Schreien dieser Naturmenschen dringt wegen der vielen schweren Demütigungen, die ihnen von den Spaniern zugefügt werden, bis in die Ohren Gottes.«[18]

Von diesem Geist beseelt, erheben nicht wenige Ordensleute ihre Stimme zur Verteidigung der Indianer und zur Empörung der Mehrzahl der Eroberer, die im Gegenzug kräftig zuschlagen. Von denen, die nachhaltig für die Indianer optieren, nennen wir vorerst nur Vasco de Quiroga, Bischof von Michoacán, der von sich meint, er sei »mehr Bischof der Indianer als der Spanier«, und Cristóbal de Pedraza, Bischof von Honduras, der sich als »Vater der Indianer« versteht.[19]

[14] Ebd.
[15] Ebd.
[16] Zitiert nach: *V. Codina*, De la modernidad a la solidaridad, Lima 1984, 277.
[17] Ebd. 263.
[18] Ebd.
[19] Ebd. 264.

Eine ganze Reihe anderer Namen wird uns im Laufe dieses Abschnittes begegnen.

Offiziell verbrieft wird die Option für die Indianer in den örtlichen Konzilien und Synoden. So erklärt etwa das III. Konzil von Lima, das auch das lateinamerikanische Trient genannt wird, im Jahre 1582: »Es gibt nichts, was die Prälaten und sonstigen Amtsträger, kirchliche wie weltliche, in diesen Provinzen der indischen Länder als nachdrücklicher von Christus unserem Herrn, welcher der Höchste Brückenbauer und König der Seelen ist, geboten und empfohlen betrachten müssen, als brüderliche Zuneigung und Sorge um das Wohl und um die Verbesserung dieser jungen Pflanzen der Kirche zu haben und an den Tag zu legen, wie es allen ansteht, die Amtsträger Christi sind. Und in der Tat: Die Milde dieser Menschen und die ständige Arbeit, mit der sie dienen, ihr Gehorsam und ihre natürliche Unterwerfung könnten mit Recht jeden Menschen, so rauh und wild er auch sein mag, dazu bewegen, diese Indianer freudig zu unterstützen und zu verteidigen, anstatt sie zu verfolgen und von schlechten und dreisten Leuten ungerecht behandeln zu lassen.«[20]

b. Kampf gegen die Kommenden. – Die »Konquistadoren« unternehmen ihre Eroberungen auf eigene Rechnung. Dafür überläßt ihnen die spanische Krone die Pfründe einer Anzahl von Indianern, die man »Kommende« nennt. Gehört zu der Gruppe der »kommendierten« Indianer auch deren Territorium, so spricht man von »repartimiento« (Anteil).[21]

In der Theorie ist die Kommende nichts weiter als die Pfründe, welche die »Kommendierten« dem Kommendenherren, zu entrichten haben und für welche dieser jenen im Gegenzug Unterstützung zu gewähren und die christliche Lehre beizubringen hat. In der Praxis indes übersteigen die zu entrichtenden Abgaben, welche in Edelmetallen und/oder landwirtschaftlichen bzw. handwerklichen Erzeugnissen zu zahlen sind, die Möglichkeiten der Ureinwohner. Das Defizit muß durch Leiharbeit ausgeglichen werden, was zur Folge hat, daß die Kommende zu echter Sklaverei wird. Eine Unmenge von Indianern arbeitet ohne Entgelt das ganze Leben im Haus, in den Minen und auf den Ländereien der Kommendenbetreiber. Mit der Zeit wird die Kommende, wenn auch gegen heftigen Widerstand, erblich. So verbirgt

---

[20] Ebd. 264–265.
[21] Vgl. *J. M. Barnadas,* Charcas, orígenes históricas de una sociedad colonial, La Paz 1973, 221.

sich hinter dieser – ob indirekten oder direkten – Sklavenhaltung, von der ein Heer von geldgierigen Leuten profitiert, ein Meer von Nötigungen und Mißhandlungen, die mitunter in grausamer Folter und massenhaftem Mord enden.[22]

Damit ist die Kommende der Einstieg, um an indianisches Land, das allein verhältnismäßig leicht zu bestellen ist, heranzukommen und um die Ureinwohner an die Arbeit zu kriegen, zumal Spanier und Portugiesen physische Arbeit für unter ihrer Würde halten.

So wird die Kommende zum vorrangigen Kriterium sozialer Schichtenbildung; denn in ihr verwirklicht sich der Traum zahlreicher hispanischer Soldaten nach gesellschaftlichem Aufstieg. Die Kommende ist der rascheste Weg in den Kreis der »Neureichen«. Überdies setzt die Krone sie auch als Lockmittel zur Belohnung ihrer Soldaten und Regenten bzw. als Waffe zu deren Bestrafung ein.

Wen wundert es da, daß sich aufrichtige Bischöfe und Ordensleute fragen, ob denn die Kommende überhaupt ein rechtmäßig Ding sei? Die verschiedensten Meinungen sind zu hören. Die einen verteidigen sie, die anderen – und zwar nicht wenige – sind dagegen, wobei hier noch einmal die einen nur die Mißbräuche einschränken wollen und die anderen vollends gegen die Institution als solche sind.

Uns interessiert hier vor allem die dritte Gruppe, welche die Existenz der Kommende insgesamt in Frage zieht, das heißt konkret: die Tatsache, daß sich die Spanier der Länder der Indianer bemächtigen und diese zu unentgeltlicher Arbeit zwingen. In der Gefolgschaft Bartolomé de las Casas' – weshalb sie auch »Lascasianer« heißen – kämpfen sie deshalb gegen die Kommende, weil sie sie als Widerspruch sowohl zur Natur als auch zum Evangelium empfinden. Jeder einzelne von ihnen – ob im Stich gelassen oder verbrannt, ob ermordet oder in Vergessenheit versunken – bezeugt mit seinem Leben, wie hart die Aufgabe ist, der sie sich da stellen.

Die ersten radikalen Stimmen gegen das Kommendenwesen werden schon früh laut. Bereits ein Jahr nach Ankunft der Dominikaner hält Fray Antonio de Montesinos am 21. Dezember 1511, mit voller Rückendeckung seiner Ordensgemeinschaft, jene Predigt, die als der erste grundlegende Aufschrei gegen die Kommendenherren berühmt geworden ist: »Im Stande der Todsünde lebt ihr alle, in ihm lebt ihr, und werdet ihr sterben – wegen der Grausamkeit und Tyrannei, die ihr gegen diese unschuldigen Opfer walten laßt. Sagt: Mit welchem Recht

---

[22] Vgl. Ebd. 237.

und mit welcher Gerechtigkeit haltet ihr diese Indianer in einer solch grausamen und schrecklichen Sklaverei? Kraft welcher Vollmacht habt ihr solch verachtenswerte Kriege gegen diese Menschen geführt, die in ihren endlosen Ländern sanft und friedlich lebten, und habt ihr sie mit Tod und nie gehörtem Schaden vernichtet? Wieso haltet ihr diese Menschen solchermaßen unterdrückt und erschöpft, ohne ihnen zu essen und Arzneien für ihre Krankheiten zu geben, die sie sich wegen der übermäßigen Arbeiten zuziehen, die ihr ihnen auftragt? Ja, sie sterben dahin, oder – besser gesagt – ihr bringt sie um, nur um Tag für Tag Gold aus ihnen zu pressen und reich zu werden... Sind sie denn keine Menschen? Haben sie denn keine vernunftbegabte Seele? Seid ihr denn nicht verpflichtet, sie zu lieben wie euch selbst? Versteht ihr das denn nicht? Habt ihr denn kein Gefühl? Wie kann euch ein solch tiefer Schlaf überkommen, und wie könnt ihr so vergessen vor euch hinschlafen? Dessen könnt ihr sicher sein: In dem Zustand, in dem ihr euch befindet, kann keiner von euch mehr gerettet werden als irgendein Maure oder Türke, die ja beide weder Glauben an Jesus Christus haben noch haben wollen...«[23] Kaum daß Montesinos die Predigt gehalten hat, bricht die Ablehnung über ihn herein. Sie ist total.

Immer wieder schicken Männer dieses Zuschnitts »informes« an die Regierung in Spanien. In der Regel handelt es sich dabei um eindeutige und mutige Anklagen. Aus einigen dieser Schreiben möchten wir ein paar Stellen bringen, in denen es um Probleme geht, die mit der Frage nach Grund und Boden zu tun haben.

Aus Hispaniola (Dominikanische Republik und Haiti) schreibt Fray Pedro de Córdoba 1517: Die Spanier verwenden »viel Mühe und Sorgfalt darauf, die Indianer anzutreiben, daß sie Gold heranschaffen und andere Landgüter bestellen und die Glut der Sonne auf der nackten Haut erleiden und schwitzen unter der Furie der Arbeiten...«[24] So kommt es immer wieder vor, daß die Indianer »unter der Last der Pfründe und außerstande, sich und ihre Frauen und Kinder zu ernähren, diese kurzerhand im Stich lassen, ihre Hütten und Felder aufgeben und von einem Ort zum anderen herumvagabundieren... Einige haben sich schon aus Verzweiflung erhängt.«[25]

---

[23] Historia de la Indias III, Kap. IV, in: *J. B. Lassègue Moleres,* La larga marcha de las Casas, Lima 1974, 78.

[24] Zitiert nach: *J. Friede,* Bartolomé de las Casas: Precursor del anticolonialismo, Mexiko 1974, 35.

[25] Zitiert nach Ebd. 238.

Martín de Calatayud, Bischof von Santa Marta (Bogotá), beschwert sich 1545 heftig über die Konquistadoren, weil sie den Indianern Frauen und Töchter wegnehmen und »die Pflanzungen rauben«.[26]

Aus Honduras schreibt Bischof Cristóbal de Pedraza 1547 an den König: »Wie kann Eure Majestät wollen, daß das Indianervolk das Wort Gottes hört und die Lehre kennenlernt, wenn es Tag für Tag vom Kommendenherrn mißhandelt und gezwungen wird und wenn dieser es mit Lasten von einem Ort zum anderen schickt, ohne es einen einzigen Tag im Dorf ausruhen zu lassen...?«[27]

In einem Schreiben des Fray Pedro de Gante aus dem Jahre 1552 heißt es: »Nirgends auf der Welt hat man gehört, Menschen müßten Abgaben leisten, die sie gar nicht haben... Den Leuten geht es dermaßen elend, daß viele von ihnen nichts zu essen haben, außer Wurzeln und Kräutern... Hunden geht es besser als Indianern; Hunden geben sie zu fressen, aber die Menschen bekommen nichts.«[28]

Ja, selbst ein gemäßigter Mann wie Jerónimo de Loaysa, Erzbischof von Lima, schreibt 1567: »Man kann sich nur wundern, daß die Spanier, die doch so großen Gewinn von den Indianern und ihrem Land haben, so wenig Wert darauf legen und Sorgfalt verwenden, ihnen Gutes zu tun. Vielmehr behandeln sie sie wie angeheuerte Mauleselinnen, denen sie nur deshalb zu fressen geben, damit sie Meilen über Meilen laufen.«[29]

Im Jahre 1572 meldet der Bischof von Popayán, Augustín de la Coruña, dem König: »Alle Welt ist dazu übergegangen, sich (gegen die Gesetze) der Indianer zu bedienen, ihrer Frauen wie ihrer Kinder, in einer schreckenerregenden und niedagewesenen Sklaverei, in willkürlicher Gefangenschaft. Wen sie wollen, schicken sie in die Minen; wen sie wollen, schicken sie auf ihre Landgüter und stellen sie zu Hausdiensten ab; und die übrigen müssen mit großer Mühe pflanzen, und – da es nur noch wenige Indianer gibt (die meisten haben sie schon zugrunde gerichtet) – bleibt ihnen nicht einmal mehr Zeit, um etwas anzubauen, das sie denn essen könnten...«[30]

[26] *E. Dussel,* El episcopado latinoamericano, 69.
[27] Ebd. 345.
[28] *J. Friede,* Bartolomé de las Casas, 70.
[29] Ebd.
[30] *E. Dussel,* El episcopado latinoamericano, 358.

Ähnliche Äußerungen ließen sich beibringen von Juan Ramírez, Bischof von Guatemala,[31] oder von dem in Paraguay geborenen Bischof von Tucumán, Hernando de Trejo[32].

Doch diese Männer lassen es nicht mit Briefeschreiben und Anklageerheben bewandt sein. Immer wieder machen sie sich auf den Weg nach Spanien, um die Regierung persönlich zu informieren und zu drängen, Gesetze zum Schutz der Indianer zu erlassen. Auf diese Weise ringen sie 1512 König Ferdinand die »Gesetze von Burgos« zum Schutz der Indianer ab. Kardinal Francisco Cisneros, der nach dem Tod König Ferdinands Spanien regiert, zweifelt sogar unter dem Einfluß Bartolomé de las Casas' das ganze Conquista-Unternehmen mitsamt dem Kommendenwesen an und verleiht dem Dominikaner 1516 den Titel »Klerikoprotektor der Indianer«. Drei Jahre später steht der neue Protektor am Hof in Barcelona vor Karl V. und tritt für die Indianer ein.[33] 1523 schreibt Karl V. an Ernán Cortés: »Uns scheint, daß wir die genannten Indianer, weil Gott sie frei und niemandem unterworfen geschaffen hat, guten Gewissens nicht verkommendieren noch ›Anteile‹ für die Christen bilden lassen dürfen.« Doch das Schreiben des Regenten kann Cortés nicht bewegen, dem Wunsch des Königs zu folgen.[34]

In der Tat, die Anliegen der Krone decken sich sogar mit den Interessen der Indianer. Denn der König will nicht nur die einheimische Bevölkerung schützen, sondern auch die unangemessene Widerspenstigkeit und das übertriebene Autonomiebestreben der Kommendenherren bremsen. Zu diesem doppelten Behuf verleiht er verschiedenen Ordensleuten und Bischöfen wiederholte Male das Amt des »Indianerprotektors«. Je, nach der Auffassung des Consejo de Indias, des »Rates für die Indischen Länder« sind allein die Bischöfe imstande, wirksam die Indianer zu schützen. Deshalb bemüht er sich darum, daß nur wirklich würdige und verantwortliche Männer ernannt werden – wie Francisco de Marroquín, Bischof von Guatemala (1533), Juan López de Zárate, Bischof von Oaxaca (1535), und Vasco de Quiroga, Bischof von Michoacán (1538), »Tata Vasco«, wie die Indianer heute noch sagen. Die Bischöfe haben rechtliche Befugnisse, die es ihnen zumindest theoretisch ermöglichen, in die Beziehungen zwischen Indianern und Weißen einzugreifen.

[31] Vgl. ebd. 90.
[32] Vgl. ebd. 373.
[33] *J. Friede,* Bartolomé de las Casas, 35.
[34] Ebd. 38.

Derweil ist Fray Bartolomé de las Casas davon überzeugt, daß das Kommendenwesen von Grund auf ungerecht und pervers ist, und kämpft dafür, daß es abgeschafft wird. Zu diesem Zweck schreibt er unter vielem anderen ein klcines Buch »El octavo remedio« (Das achte Heilmittel). Darin entwickelt er zwanzig theoretische und praktische Gründe, aufgrund deren er den König bittet, die Kommenden aufzuheben. So sagt er zum Beispiel, die Kommenden seien unvereinbar mit der Predigt des Glaubens; denn sie jagten den Indianern Angst vor Gott ein, ruinierten die Indischen Länder und die Kommendenherren seien »Geizhälse, die nichts anderes im Sinn haben, als aus der Armut herauszukommen und reich zu werden«. Die Kommende widerspreche dem Naturgesetz, weshalb sie für außerhalb des Gesetzes stehend und jeder vernünftigen Begründung des Staates zuwiderlaufend erklärt werden müsse; die Indianer hätten ihr nie zugestimmt; und den Kommendenherren »geht es nicht darum, das Land zu bevölkern, sondern es auszubeuten, solange die Indianer das aushalten, um dann nach Kastilien zurückzukommen und hier zu genießen und alles zu verjubeln«. Nach zahlreichen weiteren religiösen und politischen Begründungen kommt las Casas zu dem Schluß: »Eurer Majestät obliegt es demnach aufgrund göttlicher Vorschrift, das besagte Kommendenwesen zu verbieten.«[35]

Las Casas' Bemühen ist nicht vergebens. Am 20. November 1542 unterschreibt Karl V. die Leyes Nuevas, die »Neuen Gesetze«. Das Gesetz Nr. 30 besagt, daß »indianische Kommenden« weder für immer übertragen noch vererbt werden dürften und daß alle Indianer nach einer Generation frei seien. Die Krone unterstützt das neue Gesetz und ernennt eine ganze Reihe heldenhafter Bischöfe. Bei ihrem Einsatz scheuen sie weder Mißerfolg noch Vertreibung, weder Gefangenschaft noch gewaltsamen Tod.

Doch insgesamt gesehen, scheitert das Unternehmen zugunsten der Indianer rundum. Erwähnt sei nur das Beispiel des Bischofs von Nikaragua, Antonio Valdivieso (1544–1550). Dieser greift direkt den Gouverneur Contreras wie dessen Familie an. Bei seiner Ankunft in Nikaragua 1544 schreibt er: Contreras hat auf den Namen von Frau und Kindern »mehr als ein Drittel der wichtigsten Dörfer dieser Provinzen ... Allein die Frau von Contreras besitzt Nicoya, welches ein Indianervolk mit zehn oder elf ›Anteilen‹ ist.« Am 26. Februar 1550

---

[35] *J. B. Lassègue Moleres,* La larga marcha de las Casas, 260–271.

wird Bischof Valdivieso in León von einem gedungenen Killer erstochen...[36]

Angesichts dieses Mißerfolgs trifft sich 1546 eine Reihe von Bischöfen, um das Problem zu erörtern: Marroquín (Guatemala), López de Zárate (Oaxaca), Vasco de Quiroga (Michoacán) und las Casas (Chiapas). Die Beschlüsse, die sie fassen, sind für unser Thema nicht uninteressant:

»1. Alle Ungläubigen, welcher Sekte und Religion sie auch angehören und welche Sünde auf ihnen auch lastet, haben und besitzen kraft natürlichen und göttlichen Rechts wie auch des sogenannten Rechts der Nationen die gerechte Vollmacht über ihre Dinge..., und dank derselben Gerechtigkeit besitzen sie ihre Herrschaften, Königreiche, Staaten, Würden, Jurisdiktionen und Hoheiten. 2. Der Krieg gegen die Ungläubigen, mittels dessen diese gewaltsam der Herrschaft der Christen unterworfen und gefügig gemacht werden sollen, die christliche Religion anzunehmen, oder die Hindernisse dazu beseitigt werden sollen, ist willkürlich, ungerecht, pervers und tyrannisch... 4. Als der Heilige Apostolische Stuhl den Spaniern die genannte höchste Verfügungsgewalt einräumte..., dachte er nicht daran, den natürlichen Königen und Herren der Indischen Länder ihre Staaten, Herrschaftsbereiche und Jurisdiktionen zu nehmen.«[37]

Unter dem Druck spanischer Siedler verläßt las Casas 1547 sein Bistum Chiapas im südlichen Mexiko und kehrt nach Spanien zurück. Hier verbringt er die Jahre seines langen Alters damit, unermüdlich gegen das Kommendensystem zu kämpfen. In einem Brief an den König kurz vor seinem Tod (1566) möchte er die Indianer lieber als Nichtchristen denn weiterhin all die abscheulichen Grausamkeiten erleiden sehen: »Falls Eure Majestät Eure ganze königliche Herrschaft verlieren könnte und die Indianer niemals Christen werden sollten, ohne daß sie ermordet und ganz und gar zunichte gemacht würden, wäre es nicht unbillig, daß Eure Majestät davon abließe, ihr Herr zu sein, und sie niemals Christen würden... Unordnung und eine gewaltige Todsünde ist es, ein Kind in den Brunnen zu werfen, um es zu taufen und seine Seele zu retten; denn wer ein Kind in den Brunnen wirft, bringt es um... Gott will keinen Gewinn bei so großem Verlust!«[38]

[36] E. Dussel, Geschichte der Kirche in Lateinamerika, Mainz, 1988, 88f.
[37] E. Dussel, El episcopado latinoamericano, 307.
[38] Ebd. 36.

c. Schlußfolgerung. – Die Konflikte um das Kommendenwesen im 16. Jahrhundert berühren sich auf charakteristische Weise mit den Problemen von heute.

Das Engagement dieser Menschen für das Anliegen der Indianer erwächst aus der Berührung ihres Glaubens mit ihrem Umfeld, in dem sie die Indianer auf unmenschliche Weise ausgebeutet sehen. So überspringen sie die Barriere des rassisch-kulturellen Vorurteils wie auch den spanischen Stolz der Zeit. Im Antlitz des Indianers erkennen sie die Leidenszüge Christi, der sie zum Kampf herausfordert. »Bevor sie den Mund auftun, um das Wort Gottes zu verkünden, lauschen sie seiner Stimme und hören sie im Mund der Indianer geknebelt. Diese sind für sie der bevorzugte theologische Ort, von dem aus sie das Wort Gottes verstehen und ihren kirchlichen Auftrag neuverstehen.«[39]

Diese Einstellung bringt sie zu der Einsicht, daß Glaube ohne Gerechtigkeit ein Unding ist. Und da ihnen aufgegangen ist, daß die strukturelle Grundlage der Ungerechtigkeit die Institution der Kommende ist, machen sie sich auf den harten und beschwerlichen Weg, sie, einschließlich ihrer Folgen, zu bekämpfen.

Natürlich hindert sie das zeitgenössische kulturelle Netz, in das sie eingespannt sind, daran, die ganze schöpferische Kraft zu entfalten, deren dieser Prozeß an sich bedurft hätte. Vor allem bindet sie die Tatsache, daß sie im System der kolonialen Christenheit leben, in dessen Mittelpunkt der König steht. Ebensowenig können sie sich von dem sie umgebenden Paternalismus voll befreien. Und schließlich gelingt es ihnen nicht, hinreichend tief in den göttlichen Untergrund einzudringen, der jeder Kultur innewohnt und den wir heute »Samenkörner des Wortes« nennen. Dessenungeachtet ist ihre Einstellung unbedingt ehrenwert und rührt nicht selten an Heldenmut. Alles, was nur irgendwie in ihren Händen liegt, tun sie, um die »arbeitenden Massen der Indianer den Klauen des Kolonialsystems zu entreißen«[40].

Ein Trost für uns ist, daß wir uns heute in den klaren Wassern dieser Menschen wie in einem Spiegel wiedererkennen. Das aber bedeutet auch eine Herausforderung; denn um ihren Spuren wirksam zu folgen, brauchen wir nicht gegen so viele Behinderungen durch das koloniale System anzukämpfen wie sie; im Gegenteil, wir können uns auf Sozialwissenschaften und theologische Disziplinen stützen, die sie noch nicht zur Verfügung hatten und die sich inzwischen entwickelt haben. Im

[39] *V. Codina,* De la modernidad a la solidaridad, 282.
[40] *J. M. Barnadas,* Charcas, 336.

Grunde ist das Problem nach wie vor dasselbe: die Frage nach Grund und Boden und nach den Menschen, die darauf grausam mißhandelt werden.

Das Scheitern dieser Männer und Frauen ist das Scheitern des christlichen Kreuzes, das auch in unserer Zeit zur Auferstehung führen will.

4. Die Kirche im 18. und 19. Jahrhundert

Gegen Ende des 18. Jahrhunderts schreibt der peruanische Priester Vicente Amil y Feijóo folgende Sätze: »Ob der Fürst seine Macht zum Guten oder zum Bösen einsetzt, stets ist sie ihm von Gott gegeben ... Selbst wenn seine Regierung so tyrannisch ist, daß er aufhört, ein Fürst zu sein und ein Teufel wird, schulden wir ihm Treue, und es bleibt uns keine andere Berufungsinstanz als Gott, König der Könige, damit dieser uns in unseren Anfechtungen beisteht.«[41]

In Lateinamerika ist Anfang des 19. Jahrhunderts überall die Atmosphäre von den Unabhängigkeitskämpfen geprägt. In Europa wirken sich wenig später die Bewegungen aus, die in dieser oder jener Form Erben der Französischen Revolution und der Strömungen des utopischen Sozialismus sind. Mitte des Jahrhunderts entwickeln Marx und Engels Prinzipien und systematische Praxisregeln der sozialen Revolution. Doch die katholische Hierarchie – wir kommen nicht umhin, das zuzugeben – bezieht immer Position gegen diese befreienden Bewegungen; und die Ausnahmen, denen wir in Amerika begegnen, sind zu schwach, als daß sie eine Bewegung oder eine kontinuierliche Linie im Sinne von wirklicher Befreiung ausmachen könnten.

Am 29. März 1790 verurteilt Papst Pius VI. die Erklärung der Menschen- und Bürgerrechte. Die Stellungnahmen der Päpste zu den Unabhängigkeitskriegen in Lateinamerika unterscheiden sich in nichts davon. In seiner Enzyklika »Etsi longissimo«[42] verurteilt Pius VII. 1816 die Unabhängigkeitsbewegungen. Acht Jahre später bekräftigt Leo XII. mit seinem Rundschreiben »Etsi iam diu« die Absage. Erst 1831 anerkennt Gregor XVI. in einem Schreiben »Sollicitudo Ecclesiarum«, daß unsere Länder ein Recht darauf haben, frei zu werden.[43]

---

[41] Zitiert nach: *F. Barreda Laos,* Vida intelectual del virreinato del Perú, Buenos Aires 1937, 62 f.

[42] Deutsche Übersetzung in: Bedrohte Befreiung. Zur lateinamerikanischen und katholischen Kontroverse um die politische Praxis im Christentum, Rheinfelden 1985, 114–115 (Anm. des Übersetzers).

[43] Vgl. *J. Comblin,* Théologie de la révolution, Paris 1970, 186.

Während sich in den verschiedenen Ländern unseres Amerika die höchsten Vertreter der Hierarchie den revolutionären Strömungen widersetzen, engagieren sich in vielen Staaten Ordensleute in den Heeren zur nationalen Befreiung. Der einflußreichste Theoretiker der Unabhängigkeit ist in Mexiko Fray Servando Teresa de Mier OP (gestorben 1827) und in Chile der Priester José María Bazaguchiascúa. Der aus Chinandega gebürtige nikaraguanische Indianerpriester Tomás Ruiz ist der Theologe der mittelamerikanischen Revolution. Auch in Brasilien entdeckt man allmählich die Bedeutung von Männern wie Frei Joaquim Rabelo und Frei Caneca.

In Chile mutet Bischof José Ignácio Cienfuegos schon wie ein Vorläufer der Theologie der Befreiung an. Er setzt sich für die Kreolen bzw. Mestizenbauern ein. 1826 sagt er: »Ich kann nur Mitleid verspüren mit dem Los derer, die von anderen als ›Plebejer‹ bezeichnet werden. Diese tun das aus Stolz, geben aber vor, die Rechte der Gottheit damit verteidigen zu wollen. Doch sie mögen wissen, daß alle Menschen gleich sind ... Alle sind wir kraft göttlichen und nicht bloß menschlichen Rechtes frei. Unterschiede darf es nicht mehr geben, ... und die Menschenrechte müssen geachtet werden.«

Cienfuegos' Forderung ist ein prophetisches Wort, in dem schon etwas von Anklage und Enttäuschung über die neuen Regierenden liegt. Doch verfolgen die Emanzipationsbewegungen in den verschiedenen Ländern offenbar politische und nationale Ziele ohne gesellschaftlich befreienden Inhalt. Viele dieser Bewegungen stützen sich zwar auf große Teile der ländlichen und städtischen Arbeiterschaft; aber ihr ideologisches Projekt sieht keine Veränderung der sozialen und politischen Unterdrückung und Verrandung vor, in der das Volk lebt.

Wir könnten uns ergehen in der Darstellung der schwierigen Beziehungen zwischen der Kirche und den verschiedenen Regierungen in Lateinamerika. Doch darauf kommt es an dieser Stelle nicht an. Hier kann nur hervorgehoben werden, daß der Kirche in etlichen Ländern wie Mexiko, Guatemala, Honduras, Haiti, Kolumbien, Venezuela, Ekuador und Paraguay der Besitz genommen wird und sie mithin den größten Teil der Ländereien, die sie besitzt, verliert. Nichtsdestoweniger wird sie nach wie vor beschuldigt, mit den Landbesitzern, die in sämtlichen Ländern die konservativste Klasse bilden, gemeinsame Sache zu machen und dem sozialen Fortschritt im Wege zu stehen.

Nirgends klingt in zeitgenössischen Verlautbarungen der Kirche etwas von Sorge um die Lebensbedingungen der Landarbeiter an. Was den Bischöfen Sorge macht, ist die religiöse Unwissenheit und die Leichtigkeit, mit der die Armen in Aberglauben und Ketzerei abgleiten. Die Theologie des Landes, die sie vertreten, ist eine andere als die, die wir meinen.[44]

5. Von Leo XIII. bis zum II. Vaticanum

Bis zur Mitte des 18. Jahrhunderts halten sich die Moraltheologen in Sachen »Eigentum« genau an die Lehre des Thomas von Aquin. »Doch ab diesem Datum geraten die Dinge durcheinander. Ihren Höhepunkt erreicht die Verwirrung in der ersten Hälfte des 19. Jahrhunderts. Nunmehr neigen die Theologen dazu, den Kapitalismus, einschließlich seines individualistischen und ausschließenden Begriffs von Privateigentum, zu akzeptieren, ohne indes seinen Sinn und seine Grenzen gebührend zu präzisieren.«[45] Das geht so weit, daß Eigentum und individuelle Verfügung über die materiellen Güter nahezu ineinsgesetzt werden. Die vorfindliche Ordnung gilt als gut, ohne daß jemand Sinn und Form des Eigentums hinterfragte.

Die Kirche ist in dieser Zeit einem doppelten Feuer ausgesetzt. Auf der einen Seite vertritt die Ideologie des liberalen Individualismus das Prinzip des freien Wettbewerbs sowie das Recht auf Eigentum im individualistischen und beinahe absoluten Sinn ebenso wie auf freien Vertragsabschluß willensautonomer Partner. Doch das führt dazu, daß die Stärkeren ihre Möglichkeiten über die Maßen mißbrauchen und die Klasse der Industrie- und Landarbeiter zu kurz kommt. Auf der anderen Seite gewinnt der Sozialismus Profil und Kraft. Das gilt insbesondere für den marxistisch inspirierten Sozialismus, der sich für atheistisch erklärt und nichts von Privateigentum wissen will. Von diesen beiden Seiten beschossen und sich noch mehr vom zweiten als vom ersten Feuer bedroht fühlend, weiß die Kirche nichts Besseres zu tun, als in Verteidigungsposition zu gehen; und um sich zu verteidigen, fällt ihr kein anderes Mittel ein, als sich auf die erste Seite zu stützen. Den Päpsten der Zeit, allen voran Pius IX. (1846–1878), mangelt es an der notwendigen Besonnenheit, die neuen sozialen Probleme positiv anzugehen.

[44] Vgl.: Raíces de la teología latinoamericana, San José 1985, 127.
[45] G. Mattai, Art. »Propiedad«, 896.

a. Leo XIII. als Beginn einer neuen Zeit. – Als Leo XIII. (1878–1903) den Papstthron besteigt, gilt allenthalben der bürgerliche Begriff des absoluten und uneingeschränkten Privateigentums. Aufgeschreckt von Phänomenen des Sozialismus, wir sprachen soeben davon, meinen die Christen, das Eigentum auf Biegen und Brechen verteidigen zu müssen. Lehrer des neuen Papstes war Luigi Taparelli (1793–1862) gewesen, der die Lehre vom Recht auf Eigentum als einem Naturrecht in die Kirche eingeführt hatte.[46]

Taparellis Einfluß auf die Enzyklika »Quod apostolici muneris«, die Leo XIII. noch im Jahr seines Amtsantritts (Dezember 1878) gegen den Sozialismus schreibt, ist unübersehbar. Das Privateigentum wird als unverletzliches und nahezu heiliges Recht dargestellt.

»In der Tat«, heißt es in der Nr. 10, »während die Sozialisten das Eigentumsrecht als eine menschliche Erfindung gegen die natürliche Gleichheit der Menschen hinstellen, Gütergemeinschaft fordern und die Meinung vertreten, Armut dürfe nicht gleichmütig hingenommen werden, wohl aber dürfe man die Besitztümer und die Rechte der Reichen ungestraft verletzen, erkennt die Kirche mit größerer Weisheit und größerem Nutzen auch im Besitz der Güter die Ungleichheit der Menschen, die sich durch die Kräfte des Körpers und des Geistes von Natur aus unterscheiden, und gebietet, daß das Recht auf Eigentum und Verfügung darüber, das sich aus der Natur selbst herleitet, für alle unantastbar und unverletzlich ist. Die Kirche weiß nämlich, daß Gott als Urheber und Wächter allen Rechts Diebstahl und Raub verboten hat, so daß man nicht einmal den Wunsch nach fremden Dingen hegen darf, und daß Diebe und Räuber, wie Ehebrecher und Götzendiener, vom Reich Gottes ausgeschlossen sind.«

»Einen Schritt nach vorne bedeutet indes die Enzyklika ›Rerum novarum‹ vom 15. Mai 1891. Sie macht sich unter vielen Gesichtspunkten tatsächlich um die Arbeiterklasse verdient. Anliegen des Schreibens ist es, bei der Suche nach Lösungen für eine unmenschliche Situation zu helfen, ›in der wenige übermäßig Reiche einer Masse von Besitzlosen ein fast sklavisches Joch‹ auflasten (2). Doch ehe es von solchen positiven Lösungen spricht, stellt es das Recht auf Eigentum dar und polemisiert wieder einmal gegen die Sozialisten. An zwei Punkten jedoch ist zu spüren, daß es ausdrücklich auf Ideen der patristisch-scholastischen Überlieferung zurückgreift. Einmal erwähnt es, wenn auch indirekt,

---

[46] *F. Bastos de Ávila,* Igreja e propriedade: fundamentação doutrinal, in: M. Lenz u. a., A Igreja e a propriedade da terra no Brasil, São Paulo 1980, 64–65.

daß Gott die Güter der Erde für die ganze Menschheit bestimmt hat (7). So betrachtet, rangiert das Privateigentum, wiewohl von Leo XIII. als Institution des Naturrechts verkündet, zwangsläufig in der Reihe der untergeordneten Strukturen. Zum anderen erinnert das Dokument, was den Gebrauch der Güter anbelangt, daran, daß ›der Mensch . . . die äußeren Dinge nicht wie ein Eigentum, sondern wie gemeinsames Gut betrachten und behandeln (muß), insofern nämlich, als er sich zur Mitteilung derselben an Notleidende leicht verstehen soll‹ (19). Allerdings stehen beide Hinweise in einem Kontext ohne jede historische und soziologische Perspektive. Dieser Mangel nimmt ihnen ihre Dynamik und macht sie zu abstrakten und wirkungslosen Formeln . . .«[47].

Trotz der zeitbedingten Grenzen seines Schreibens müssen wir Leo XIII. zugute halten, daß er gewaltige Anstrengungen unternimmt, aus dem geistigen Milieu herauszufinden, in dem er gefangen ist. Er ist sich dessen bewußt, daß seine Gesellschaft nicht in Ordnung ist und daß sich etwas ändern muß. Das Wie jedoch trifft er nicht. Trotzdem öffnet er der Zukunft eine Bresche, wenn er sagt: »Der Staat muß . . . dahin wirken, daß möglichst viele . . . eine eigene Habe zu erwerben trachten« (35). Leo XIII. hat den Mut, das Problem anzufassen und Lösungen vorzuschlagen, die ihm offenstehen. Mit ihm beginnt ein neues Zeitalter in der Kirche.

Innerhalb dieses allgemeinen Rahmens lohnt es, ein paar Sätze hervorzuheben, in denen sich Leo XIII. ausdrücklich mit der Landproblematik befaßt. So sagt er in der Nr. 6: Der Mensch muß Rechte erwerben können »nicht bloß auf Eigentum an Erzeugnissen des Bodens, sondern auch auf Eigentum am Boden selbst; denn was dem Menschen sichere Aussicht auf künftigen Fortbestand seines Unterhalts verleiht, das ist nur der Boden mit seiner Produktionskraft«. Und in der Nr. 7 heißt es weiter: »Daß aber Gott der Herr die Erde dem ganzen Menschengeschlecht zum Gebrauch und zur Nutznießung übergeben hat, dies steht durchaus nicht dem Sonderbesitz entgegen. . .«

Der Ton der Polemik gegen den Sozialismus ist unüberhörbar. Heute brauchen wir uns von dieser Seite nicht mehr so heftig beunruhigen zu lassen. Gleichwohl kommt »Rerum novarum« angesichts der wachsenden Konzentration des Landes in den Händen einiger weniger und der zunehmenden Zahl besitzloser Bauern eine neue Aktualität zu.

---

[47] *E. Rubianes,* El dominio privado de los bienes según la doctrina de la Iglesia, Quito 1976, 51–54.

Vor dem Hintergrund der Gegebenheiten in Lateinamerika möchten wir zwei Stellen zitieren, an denen Leo XIII. von der Notwendigkeit des Eigentums spricht und die wir natürlich auf das Thema »Grund und Boden« beziehen: Es führt kein Weg daran vorbei, »daß das Recht auf persönlichen Besitz unbedingt hochgehalten werden muß. Der Staat muß dieses Recht in seiner Gesetzgebung begünstigen und nach Kräften dahin wirken, daß möglichst viele aus den Staatsangehörigen eine eigene Habe zu erwerben trachten« (35). Und im folgenden Abschnitt derselben Nummer lesen wir: Dabei würde »der Reichtum der Bodenerzeugnisse ohne Zweifel gewinnen. Denn bei dem Bewußtsein, auf Eigentum zu arbeiten, arbeitet man ohne Zweifel mit größerer Betriebsamkeit und Hingabe; man schätzt den Boden in demselben Maße, als man ihm Mühe opfert; man gewinnt ihn lieb, wenn man in ihm die versprechende Quelle eines kleinen Wohlstandes für sich und die Familie erblickt. Es liegt also auf der Hand, wie viel der Ertrag, wie viel der Gesamtwohlstand des Volkes gewinnen würde« (35).

b. Quadragesimo anno. – Vierzig Jahre später, am 15. Mai 1931, trägt Pius XI. die Früchte von »Rerum Novarum« in einer neuerlichen Enzyklika zur »Erneuerung und Vervollkommnung der gesellschaftlichen Ordnung nach Maßgabe des evangelischen Gesetzes« zusammen. Ihr Titel lautet »Quadragesimo anno«.

Was das Privateigentum angeht, »beginnen wir mit dem Recht auf Eigentum (44). Dabei kommt es darauf an, dessen beide Seiten herauszustellen: die individuelle und die soziale Seite. Das ›Rerum novarum‹ erstere klipp und klar lehrt, kann niemand übersehen; letztere dagegen tritt kaum oder überhaupt nicht zutage … Dieser doppelte Aspekt ergibt sich daraus, daß ›das Sondereigentumsrecht von der Natur …, ja vom Schöpfer selbst dem Menschen verliehen ist, einmal damit jeder für sich und die Seinen sorgen könne, zum anderenmal damit mittels dieser Institution die vom Schöpfer der ganzen Menschheitsfamilie gewidmeten Erdengüter diesen ihren Widmungszweck wirklich erfüllen‹ (45). Daraus folgt, daß jeder Mensch nicht nur seine eigenen Vorteile, sondern auch die der anderen berücksichtigen muß.«[48]

Pius XI. sieht ein, daß »in das ganze Wirtschaftsleben eine furchtbare, grausenerregende Härte« gekommen ist (109). Der Mißbrauch geht so weit, daß manche weder die Menschenwürde des Arbeiters noch den sozialen Charakter der Wirtschaft und schon lange nicht die soziale

---

[48] Ebd. 55–56.

Gerechtigkeit und das Gemeinwohl im Auge haben (101). Mit der Zusammenballung der Reichtümer in den Händen einiger weniger geht eine gemeinschaftsschädigende und tyrannische Wirtschaftsmacht einher, die über Blutkreislauf und Seele des ganzen Wirtschaftskörpers verfügt, so »daß niemand gegen ihr Geheiß auch nur zu atmen wagen kann« (106). So überleben allein die Mächtigsten, das heißt in der Regel die Gewalttätigsten und Gewissenlosesten (107). Auf politischer Ebene wirkt sich der Konflikt in den zwischenstaatlichen Beziehungen aus (109). Unmöglich also, die wirtschaftliche Ordnung den Prinzipien des verhängnisvollen Individualismus anheimzugeben. Ihre leitende Norm muß vielmehr die soziale Gerechtigkeit sein, die – damit sie ihre ganze Wirkkraft entfalten kann – von der Liebe beseelt sein muß (88). Nur so kann der allen zugute kommende Gemeinnutzen gewahrt bleiben (57) und der bei der Verteilung einem jeden zustehende Part auch verteilt werden, und nur so lassen sich die himmelschreienden Unterschiede zwischen »wenigen Überreichen und einer unübersehbaren Masse von Eigentumslosen« (58) beheben.[49]

Auch wenn Pius XI. an dieser Stelle nicht ausdrücklich die Landarbeiter behandelt, ist seine Lehre gleichwohl von größter Akualität für das Thema der Verteilung des Bodens. Allerdings kommt er im folgenden Abschnitt, nachdem er die Lage der Arbeiterschaft beschrieben hat, dann doch noch auf die Verhältnisse von damals auf dem Land zu sprechen. Er sagt: »Dazu kommt das Riesenheer des Landproletariats, auf die unterste Stufe der Lebenshaltung herabgedrückt und jeder Hoffnung bar, jemals ›ein Stückchen Erdboden‹ sein eigen zu nennen – daher, wenn nicht einseitige und zugleich durchgreifende Maßnahmen ergriffen werden, auf ewig der Proletarität verhaftet« (59).

c. Pius XII.: Eigentum für alle. – Mit seinem Lehrschreiben macht Pius XI. es der Theologie möglich, in Übereinstimmung mit der tausendjährigen Überlieferung der Kirche eine sachgerechte Zielbeschreibung für die Güter der Erde zu finden. Formuliert wird sie schließlich zehn Jahre nach »Quadragesimo anno« von Pius XII. in der Pfingstbotschaft vom 1. Juni 1941.

Was die »Nutzung der Erdengüter« angeht, erinnert Pius XII. an das, was er in seiner Enzyklika »Sertum laetitiae« vom 1. November 1938 den Bischöfen der USA geschrieben hatte. Hier hatte er das Augenmerk auf den »Grundsatz« gelenkt, der in der »unumstößlichen

[49] Ebd. 56–57.

Forderung« besteht, »daß die Güter, die Gott für die Menschen insgesamt schuf, im Ausmaß der Billigkeit nach den Grundsätzen der Gerechtigkeit und Liebe allen zuströmen« (12).

Weiter heißt es in derselben Rundfunkansprache: »In der Tat hat jeder Mensch als vernunftbegabtes Lebewesen von Natur aus grundsätzlich das Recht der Nutzung an den materiellen Gütern der Erde . . . Dieses grundsätzliche individuelle Nutzungsrecht kann durch nichts, auch nicht durch andere unbezweifelbare friedliche Rechte auf die äußeren Güter, aufgehoben werden. Denn zweifellos fordert zwar die gottgegebene Naturordnung das Privateigentum und den freien zwischenmenschlichen Güterverkehr durch Tauschen und Schenken sowie die Ordnungsbefugnis der öffentlichen Gewalt über diese beiden Einrichtungen. Trotz alledem aber bleibt doch dies alles dem natürlichen Zweck der Erdengüter unterstellt und darf keineswegs von jenem ursprünglichen Nutzungsrecht aller an ihnen losgelöst werden. Es hat vielmehr dazu zu dienen, eine zweckentsprechende Verwirklichung dieses Rechtes zu ermöglichen. So allein kann und so soll erreicht werden, daß Besitz und Gebrauch der materiellen Güter dem menschlichen Zusammenleben fruchtbaren Frieden und lebensvolle Festigkeit, nicht kampf- und neidgeladene, nur auf dem erbarmungslosen Spiel von Macht und Ohnmacht beruhende, stets schwankende Beziehungen geben« (13).

Der Schutz dieses naturgegebenen Rechts, der zu den wesensmäßigen Pflichten jeder öffentlichen Macht gehört, gewährleistet die »persönliche Würde« des Menschen und ermöglicht es ihm, »in rechtmäßiger Freiheit ein Bündel dauernder Obliegenheiten und Entscheidungen zu erfüllen, für die er unmittelbar dem Schöpfer verantwortlich ist« (14).

In einer Reihe weiterer Dokumente erläutert Pius XII., in welchem Sinn er die Notwendigkeit des Privateigentums versteht und welche Tragweite er ihr beimißt. Es sei eine Voraussetzung für die Würde eines jeden nach dem Bilde Gottes geschaffenen Menschen, insofern es Freiheit für alle ermögliche.[50] Weiter trage es zur ganzheitlichen menschlichen Förderung bei, insofern es zur Arbeit motiviere und sie belohne.[51] Ebenso öffne es die Türen für geistige und kulturelle Güter[52]

---

[50] Rundfunkbotschaft vom 1. 9. 1944, Nr. 28 (AAS 36 [1944] 249–258; dt.: Utz/Groner, Nr. 724–745).
[51] Rundfunkbotschaft vom 1. 9. 1944, Nr. 21. 28. 29 (a. a. O.).
[52] Brief vom 7. 7. 1952, Nr. 8 (AAS 44 [1952] 619–624; dt.: Utz/Groner, Nr. 3385–3397).

und stelle schließlich die Grundlage dar für die Sicherheit des einzelnen[53] wie auch seiner Familie,[54] wobei Sicherheit eine Bedingung sei, auf die der Mensch als Person ein Recht habe . . . »Die Lehre Pius' XII. ist alles andere als konservativ. Sie zwingt uns vielmehr, die Institution des Privateigentums, so wie sie sich jeweils in der Geschichte darstellt, zu überprüfen, soll sie dem Heilsplan Gottes wie auch den Forderungen der Natur entsprechen.«[55]

Angesichts der sich weiter öffnenden Spanne zwischen Minifundium und Latifundium kann niemand sagen, die Lehren des Papstes seien heute überholt. Sie sind höchst aktuell, machen sie doch deutlich, daß jeder Bauer Recht auf ein Stück eigenes Land hat, von dem er in Würde leben kann.

Pius XII. scheut sich nicht, konkret zu werden und einen »kapitalen Fehler in der wirtschaftlichen Entwicklung« anzuprangern: »In vollem Einklang mit der Gesellschaftslehre der Kirche kann man als kapitalen Fehler in der wirtschaftlichen Entwicklung seit der modernen Industrialisierung anprangern, daß die Landwirtschaft in ungebührlicher Weise zu einem bloßen Anhang der Industrie und vor allem des Marktes, will sagen: des Handels, verkommen ist.«[56]

Eine Folge, die sich aus der Unterordnung der ländlichen Produktivität unter die städtische Leistungskraft ergibt, ist die Verschlechterung der Preise in Land- und Viehwirtschaft gegenüber der Industrie. In einer Ansprache vor der Welternährungsorganisation im Jahre 1957 beklagt der Papst wörtlich, daß, »während die Preise für Industrieerzeugnisse ständig steigen, sie für landwirtschaftliche Produkte seit 1952 stetig gefallen sind«. Eine böse Folge aus dieser Disparität sei, daß »die Kaufkraft der Bauern Stück für Stück abnimmt, ihre Lage immer schwieriger wird und – was am schlimmsten ist – das Land zunehmend entvölkert wird . . .«[57]

Am 15. November 1946 hält Pius XII. eine Rede vor italienischen Bauern, in der er von der Würde der Feldarbeit spricht wie auch von den Gefahren, die der Landbevölkerung drohen. Seine anklagenden

[53] Weihnachtsradiobotschaft vom 24. 12. 1955, Nr. 17. 21 (AAS 48 [1956] 26–41; dt.: Utz/Groner, Nr. 6340–6374).

[54] Radiobotschaft vom 1. 6. 1941, Nr. 24 (AAS 33 [1941] 195–205; dt.: Utz/Groner, Nr. 493–522); Ansprache vom 3. 6. 1950, Nr. 5 (AAS 42 [1950] 485–488; dt.: Utz/Groner, Nr. 3258–3272).

[55] *E. Rubianes,* El dominio privado de los bienes, 60.

[56] 10. 6. 1953, zitiert nach: *C. Belaúnde,* Doctrina económico-social. De León XIII a Juan Pablo II, Bogota – Buenos Aires 1982, 258.

[57] Ansprache vor der Welternährungsorganisation am 10. 11. 1957, zitiert nach ebd.

Worte haben auch heute nichts von ihrer prophetischen Kraft eingebüßt: »Erweist euch als geschickte, sorgfältige und tätige Heger und
Pfleger der heimatlichen Scholle, die ihr bestellen sollt, die ihr aber niemals ausbeuten dürft ... Erweist euch als Menschen, die offen sind für
den Fortschritt ... Es gibt kein irrigeres Vorurteil als die Annahme,
Bauern brauchten keine ernsthafte, differenzierte Kultur. Wie sollen
sie denn sonst im Laufe des Jahres die Arbeit tun, die je nach Jahreszeit
eine völlig andere ist? ... Allen Schwierigkeiten zum Trotz stellt die
Landarbeit nach wie vor die natürliche, gottgewollte Ordnung dar. Mit
anderen Worten: Der Mensch auf dem Land soll die materiellen Dinge
mit seiner Arbeit beherrschen und sich nicht von ihnen beherrschen
lassen.«

Mit seiner Anklage rührt der Papst schon an das, was wir heute
Agrarkapitalismus nennen: »Immer häufiger ist gegenwärtig zu beobachten, daß nicht die menschlichen Bedürfnisse nach Maßgabe ihrer
natürlichen und objektiven Dringlichkeit Wirtschaftsleben und Ein-
satz des Kapitals regeln, sondern daß im Gegenteil reines Profitstreben
bestimmt, welchem Anliegen zuerst nachzugehen ist. So kommt es, daß
nicht die menschliche Arbeit, deren Ziel ja das Gemeinwohl ist, das
Kapital zu sich herholt und in ihren Dienst nimmt, sondern daß im
Gegenteil das Kapital den Menschen samt seiner Arbeit – wie einen
Ball – bald dahin, bald dorthin verschiebt. Das also ist der eigentliche
Grund dafür, daß heute Stadt und Land aufeinanderprallen ... Der
Schock ist um so größer, je mehr Kapital im Spiel ist ... und in die
bäuerliche Welt hinein gepumt wird und diese in sein Schema verwickelt. Verwundert meint der Bauer, das Leben sei fortan nur noch
Gold und Lust, und läßt sich bewegen, sein Land aufzugeben und in der
Stadt, die jedoch meistens nichts als Enttäuschung für ihn bereithält,
die mühsam erwirtschafteten Ersparnisse zu verschwenden – einschließlich nicht selten der Gesundheit, Kraft, Freude, Ehre und selbst
der Seele. Unterdessen greift das Kapital unversehens nach dem frei-
gewordenen Grund und Boden, nicht um ihm seine Liebe zuzuwenden,
sondern um ihn eiskalt auszubeuten. Die Erde, einstmals hochherzige
Ernährerin der Stadt wie des Landes, produziert nunmehr für nichts
anderes als für die Spekulation, und, während das Volk Hunger leidet,
geht der Bauer – den Buckel voller Schulden – langsam dem Ruin und
die Wirtschaft des Landes dem Bankrott entgegen, weil die notwendigen Waren teuer im Ausland eingekauft werden müssen.«

In Anbetracht dieser ganzen Problematik rät Pius XII. Landarbeitern und Bauern, sich zu organisieren: »Helfen müßt ihr euch an

erster Stelle selbst. Dazu müßt ihr euch zu Genossenschaften zusammenschließen, vor allem was Kreditprobleme anbetrifft. Möglicherweise geht dann vom Agrarbereich die Sanierung der ganzen Wirtschaft aus ...«[58]

d. Ein Bauer auf dem Papstthron: Johannes XXIII. – Nach dem Tod Pius' XII. im Jahre 1958 wird Angelo Roncalli Papst. Roncalli ist bäuerlicher Herkunft. Als Johannes XXIII. ist er der erste Papst unserer Zeit, der sich ausgiebig mit der Thematik »Land« und »Landbevölkerung« befaßt. Mit seinem Rundschreiben »Mater et magistra« vom 15. Mai 1961 tut er einen großen Schritt in Richtung Aktualisierung der kirchlichen Soziallehre. Ein langer Abschnitt handelt vom Land. Zunächst beschreibt der »Bauer auf dem Papstthron« Land und Landbevölkerung als einen unterdrückten Sektor der Gesellschaft, dessen Komplexität sorgfältig studiert und behandelt werden muß. Danach schlägt er eine Sozial- und Wirtschaftspolitik vor, in der alle diesbezüglichen Aspekte Berücksichtigung finden. Weiterhin habe der Bauer selbst die Initiative zu ergreifen, wenn er wolle, daß es ihm wirtschaftlich und gesellschaftlich besser gehe. Schließlich weist er nachdrücklich auf die Würde der Land- und Feldarbeit hin.

Im folgenden drucken wir eine Auswahl der für uns äußerst wichtigen Texte ab.

Landwirtschaft – ein benachteiligter Bereich: »Ohne Zweifel verläßt ... die Landbevölkerung auch deshalb die Scholle, weil sie sich fast überall hinter der Entwicklung zurückgeblieben sieht – sowohl was die Arbeitsproduktivität als auch ihre Lebenshaltung angeht« (124).

»Bei diesem wichtigen Problem, unter dem heute fast alle Länder leiden, ist zunächst zu untersuchen, was sich tun läßt, um die Produktivitätsunterschiede zwischen Landwirtschaft, Industrie und Dienstleistungen zu verringern; um die Lebenshaltung der bäuerlichen Bevölkerung an die Lebenshaltung derer anzugleichen, die ihr Einkommen aus Industrie und Dienstleistungen beziehen; schließlich was geschehen kann, um den Minderwertigkeitskomplex der in der Landwirtschaft Beschäftigten gegenüber anderen zu überwinden, sie vielmehr zu überzeugen, daß man auch durch die Landarbeit seine Persönlichkeit entfalten und den Wechselfällen der Zukunft zuversichtlich entgegensehen kann« (125).

---

[58] *P. Vila Creus,* Sociología pontificia, Barcelona 1952, 292–295.

Nachdem Johannes XXIII. dann von der angemessenen Entwicklung der öffentlichen Grunddienste wie der Wirtschaft insgesamt gesprochen hat (128-130), betont er die Notwendigkeit einer sachgerechten Agrarwirtschaft und Agrarpolitik: »Um ein ausgeglichenes Wachstum der verschiedenen Wirtschaftszweige zu sichern, müssen die staatlichen Stellen, was die Agrarpolitik angeht, in kluger Weise Bedacht nehmen auf Steuern und Abgaben, auf das Kreditwesen, die Sozialversicherung, die Preisbildung, die Förderung weiterverarbeitender Industrien, schließlich auf bessere Ausstattung der bäuerlichen Betriebe mit Inventar« (131). Jeder einzelne dieser Aspekte wird in dem Rundschreiben entwickelt (132-143).

Dazu, daß die Bauernschaft selbst Vorkämpferin ihres eigenen Aufstiegs sein muß, folgendes Zitat: »Bahnbrecher des wirtschaftlichen Aufstiegs, des kulturellen Fortschritts und der sozialen Hebung der Landwirtschaft sollten Unserer Meinung nach diejenigen sein, die es zunächst angeht, die Bauern selbst. Sie müßten von der Überzeugung durchdrungen sein: die Arbeit, die sie tun, hat ihre besondere Ehre; sie vollzieht sich im weiten Raum von Gottes freier Natur . . .« (144).

Geradezu begeistert spricht der »bäuerliche Papst« von der Würde der Landarbeit: »Diese Arbeit ist ausgezeichnet durch die Vielfalt der Leistungen.« Sie »hat ihren eigenen Adel, fordert sie doch vom Bauern klare Übersicht über den Gang der Zeit und bereitwilliges Mitgehen mit ihr: ruhigen Blick in die Zukunft, Wissen um die Bedeutung und Verantwortung des eigenen Standes, entschlossenen und aufgeschlossenen unternehmerischen Sinn« (145).

»In der Arbeit des Bauern findet sich alles vereint, was der Würde, der Entfaltung und vollkommenen Bildung der menschlichen Person dient. Darum muß sie als eine gottgegebene Sendung und Berufung aufgefaßt werden . . .« (149).

Zur Zusammenarbeit unter den Bauern lesen wir: »Hier darf der Hinweis nicht fehlen, daß sich die Landwirte, wie das in jedem anderen Wirtschaftszweig geschieht, organisieren müssen. Das gilt besonders für die landwirtschaftlichen Familienbetriebe. Die in der Landwirtschaft Tätigen müssen sich ihresgleichen solidarisch verbunden fühlen und gemeinsam darangehen, Hilfs- oder Förderungsgenossenschaften und Fachverbände ins Leben rufen. Diese sind dringend notwendig, um die Bauern in den Genuß der wirtschaftlichen und technischen Fortschritte zu bringen wie auch um auf die Preisbildung ihrer Erzeugnisse Einfluß zu nehmen« (146).

»An dieser Stelle möchten Wir unsere Anerkennung all denen unter Unsern Söhnen aussprechen, die sich wo immer in der Welt um die Gründung oder Ausbreitung von Selbsthilfeorganisationen und Genossenschaften der verschiedensten Art bemühen, mit dem Ziel, daß die Landwirtschaft in jedem Lande sich wirtschaftlichen Wohlstandes wie auch eines Lebens in Gerechtigkeit und Ehre erfreuen kann« (148).

e. II. Vaticanum: Pastoralkonstitution über die Welt von heute. – Paul VI. zieht die großen Linien der Erneuerung, zu denen Johannes XXIII. angesetzt hatte, weiter aus und führt das II. Vatikanische Konzil, das sein Vorgänger eröffnet hatte, zu Ende. Einer der großen Texte, die das Konzil verabschiedet, ist die Pastoralkonstitution »Die Kirche in der Welt von heute« (Dezember 1965). Hier bringt die Kirche ihr Mitgefühl mit den »Freuden und Ängsten« der Menschen von heute zum Ausdruck, bekundet ihren Willen, ihnen zu dienen, und zeigt sich entschlossen, auf der Grundlage des Evangeliums ihren Beitrag dazu zu leisten, daß die Menschheit die Fülle ihrer Möglichkeiten erreicht.

In dem Dokument werden verschiedene Aspekte der Landproblematik angesprochen. Auch hier möchten wir wieder ein paar Textauszüge zusammenstellen. Die Sätze bedürfen keiner Erläuterung.

Die Bauern wünschen mehr Mitsprache und Mitwirkung: »Die Arbeiter und Bauern wollen nicht bloß das zum Lebensunterhalt Notwendige erwerben können, sondern durch ihre Arbeit auch ihre Persönlichkeitswerte entfalten und überdies an der Gestaltung des wirtschaftlichen, gesellschaftlichen, politischen und kulturellen Lebens Anteil haben« (9).

Die Konstitution spricht vom Recht eines jeden, einer jeden auf Kultur und fährt fort: »Das gilt in besonderer Weise für Landbevölkerung und Arbeiter; diesen müssen Arbeitsbedingungen geboten werden, die ihre menschliche Kultur nicht beeinträchtigen, sondern fördern« (60).

Zu den sozioökonomischen Ungleichheiten: »Während einer ungeheueren Masse immer noch das absolut Notwendige fehlt, leben einige – auch in zurückgebliebenen Ländern – in Üppigkeit und treiben Verschwendung. Nebeneinander bestehen Luxus und Elend. Einige wenige erfreuen sich weitestgehender Entscheidungsfreiheit, während viele fast jeder Möglichkeit ermangeln, initiativ und eigenverantwortlich zu handeln, und sich oft in Lebens- und Arbeitsbedingungen befinden, die des Menschen unwürdig sind. Ähnliche Störungen des ökonomischen und sozialen Gleichgewichts bestehen zwischen Landwirtschaft, Industrie und Dienstleistungsgewerben wie auch zwischen verschiedenen Gebieten ein und derselben Nation« (63).

Zur Notwendigkeit technischer Förderung: In manchen Gegenden bedarf es »angesichts der besonderen Schwierigkeiten, denen die Landwirtschaft in bezug auf Gewinnung und Absatz ihrer Erzeugnisse unterliegt, besonderer Maßnahmen zugunsten der Bauern mit dem Ziel, ihre Produktion zu erhöhen oder günstiger abzusetzen oder erforderliche Entwicklungen und Neugestaltungen in die Wege zu leiten oder ihr Einkommen auf eine angemessene Höhe zu bringen und so zu verhüten, daß sie, wie es öfters vorkommt, auf die Dauer über die Lage von Staatsbürgern zweiter Klasse nicht hinauskommen. Sache der Bauern selbst, vor allem der jungen Generation, ist es, sich angelegentlich darum zu bemühen, ihr berufliches Können zu steigern, ohne das es keinen Fortschritt in der Landwirtschaft geben kann« (66).

Zur sozialen und privaten Funktion des Eigentums: »Eigentum und andere Formen privater Verfügung über äußere Güter tragen bei zur Selbstdarstellung der Person; überdies geben sie dem Menschen die Möglichkeit, seine Aufgabe in Gesellschaft und Wirtschaft zu erfüllen; darum liegt viel daran, den Zugang sowohl der Einzelnen als auch der Vergemeinschaftungen zu einem gewissen Maß von Verfügungsmacht über äußere Güter zu begünstigen. Privateigentum und ein gewisses Maß an Verfügungsmacht über äußere Güter vermitteln den unbedingt nötigen Raum für eigenverantwortliche Gestaltung des persönlichen Lebens jedes Einzelnen und seiner Familie; sie müssen als eine Art Verlängerung der menschlichen Freiheit betrachtet werden ... Sache der öffentlichen Gewalt ist es auch, Vorsorge zu treffen gegen einen Mißbrauch privaten Eigentums im Widerspruch zum Gemeinwohl. Aber auch das Privateigentum selbst hat eine ihm wesentliche soziale Seite; sie hat ihre Grundlage in der Widmung der Erdengüter an alle« (71).

Zum Problem des Großgrundbesitzes: »In manchen wirtschaftlich weniger entwickelten Ländern besteht großer, ja riesengroßer Landbesitz, der nur schwach genutzt oder gar in spekulativer Absicht völlig ungenutzt liegen gelassen wird, während die Mehrheit der Bevölkerung entweder überhaupt keinen Boden besitzt oder nur äußerst geringe landwirtschaftliche Nutzflächen in Bestellung hat, während auf der anderen Seite die Steigerung der landwirtschaftlichen Erträge unverkennbar dringlich ist. Nicht selten beziehen diejenigen, die von den Eigentümern als Arbeitskräfte gedungen werden oder Teile von deren Besitz als Pächter bewirtschaften, nur einen menschenunwürdigen

Lohn oder Ertragsanteil, ermangeln angemessener Unterkunft und werden von Mittelspersonen ausgebeutet. Ohne jede Daseinssicherung leben sie in einer Dienstbarkeit, die ihnen nahezu jede Möglichkeit raubt, aus eigenem Antrieb und in eigener Verantwortung etwas zu unternehmen, ihnen jeden kulturellen Fortschritt und jede Beteiligung am gesellschaftlichen und politischen Leben versagt« (71).

Um diese beiden Mißstände – den Gegensatz im Besitz von Grund und Boden und die unzulängliche Nutzung des Landes – zu beheben, fährt der Text fort: »Hier sind Reformen geboten mit dem Ziel, je nach Lage des Falls die Bezüge zu erhöhen, die Arbeitsbedingungen zu verbessern, das Beschäftigungsverhältnis zu sichern, Anreiz zu eigener Unternehmungslust zu bieten, schließlich auch die nicht hinreichend genutzten Besitzungen aufzuteilen unter diejenigen, die imstande sind, diese Flächen ertragbringend zu machen. In letzterem Falle müssen die nötigen Sachmittel und Hilfseinrichtungen beigestellt werden, insbesondere Ausbildungshilfe und organisatorischer Verbund echt genossenschaftlicher Art« (71).

Schließlich heißt es noch: »Manche Völker könnten ihre Lebensbedingungen sehr verbessern, wenn sie nach entsprechender Unterweisung von veralteten Methoden der landwirtschaftlichen Erzeugung zu neuen technischen Verfahren übergingen, die sie mit der notwendigen Klugheit ihren Verhältnissen anpassen müßten, und darüber hinaus eine bessere soziale Ordnung einführten sowie die Verteilung des Landbesitzes gerechter ordneten« (87).

6. Die Kirche in der Gegenwart

Dank der Tatsache, daß die Bevölkerung Lateinamerikas mehrheitlich aus Landarbeitern und Kleinbauern besteht und daß sich die Kirche seit dem Konzil mehr und mehr für die Probleme der Welt öffnet, stoßen wir heute allenthalben auf das Thema »Grund und Boden«. Seit der Zeit hat die Kirche zu den verschiedenen Herausforderungen wertvolle spezifische Beiträge geleistet. Sie sind inhaltlich so reich, daß wir sie thematisch ordnen müssen. Doch können wir hier leider nur eine Auswahl davon bieten.

a. Erde und Land – Gottes Gabe für alle Menschen. – Die in diesem Motto enthaltene Aussage über Erde und Land, über Grund und Boden ist in den verschiedenen Landbewegungen mittlerweile zu einem

Schlagwort geworden. Es beweist, daß die betreffenden Menschen wieder und wieder die Bibel studiert haben.

Schon die Medellíner Bischofskonferenz (1968) stellt im Rückgriff auf das II. Vaticanum fest, derselbe Gott, der den Menschen nach seinem Bild und Gleichnis schaffe, schaffe auch die Erde »zum Nutzen aller Menschen und Völker« (I,3).

Auf seinen Lateinamerikareisen und hier gerade bei seinen Begegnungen mit Indianern und Bauern prägt Johannes Paul II. den Satz: »Die Erde ist eine Gabe Gottes für alle Menschen.«

Seine erste große Rede zu diesem Thema hält er am 7. Juli 1980 in Recife. In der Hauptstadt des brasilianischen Nordostens führt er unter anderem aus: »Eine ernste und klare Betrachtung des Menschen und des menschlichen Zusammenlebens in der Gesellschaft, erleuchtet und gekräftigt durch das Wort Gottes und die Lehre der Kirche seit ihren Anfängen, sagt uns, daß die Erde Gabe Gottes ist, ein Geschenk, das er allen menschlichen Lebewesen, Männern und Frauen, macht, die eine Familie bilden und einander in brüderlicher Gesinnung begegnen sollen. Es ist also nicht erlaubt, weil nicht der Absicht Gottes entsprechend, diese Gabe in einer Weise zu verwalten, daß ihre Wohltaten nur einigen zugute kommen, die andern aber, die unermeßliche Mehrheit, davon ausgeschlossen bleiben. Noch schwerer wiegt das Ungleichgewicht und noch schreiender ist die zugehörige Ungerechtigkeit, wenn diese unermeßliche Mehrheit sich gerade dadurch in eine Situation der Not, der Armut und der Abseitsstellung verdammt sieht« (4).

»Die Erde gehört dem Menschen, weil Gott sie dem Menschen anvertraute, und der Mensch unterwirft sie durch seine Arbeit. Es ist folglich nicht zulässig, daß in der allgemeinen Entwicklung der Gesellschaft vom wirklichen, menschenwürdigen Fortschritt gerade die Männer und Frauen ausgeschlossen werden, die in der ländlichen Zone leben, jene, die bereit sind, durch ihrer Hände Arbeit die Erde produktiv zu machen, und die Land brauchen, um die Familie zu ernähren« (4).

Im weiteren Verlauf seiner Ansprache sagt der Papst: »Die Erde unterwerfen und beherrschen müßte das Prinzip sein, das alle Menschen immer bei der Verwaltung dieser Gabe Gottes beachten« (7). Und er schlußfolgert: »Bebaut und schützt euer geliebtes Brasilien! Nützt und beherrscht diese Hilfsquellen, macht, daß sie zum besten des Menschen mehr hergeben, zum besten des Menschen von heute und morgen. Hier muß man beim Gebrauch der Gabe Gottes, der Erde, sehr an die zukünftigen Generationen denken, muß man den Tribut der Einschränkung zahlen, um nicht die Lebensbedingungen zukünftiger Generationen zu schwächen, zu reduzieren oder, noch schlimmer, sie unerträglich zu machen. Gerechtigkeit und Menschlichkeit fordern das!« (7)[59]

Was Johannes Paul II. hier vorträgt, ist mit Sicherheit inspiriert von der Denkschrift, die die Brasilianische Bischofskonferenz einige Monate zuvor über die Problematik von Grund und Boden veröffentlicht hatte und deren theologischer Teil gerade überschrieben ist: »Die Erde ist ein Geschenk Gottes an alle Menschen.«[60]

Im kleinen aufgewühlten El Salvador fordert der Papst während seines Besuchs im März 1983, alle müßten Zugang zu den Gütern der Erde haben.[61] Und in Guatemala erklärt er: »Wir müssen bedenken, daß man den Bruder auch langsam, Tag für Tag, töten kann, wenn man ihm den Zutritt zu den Gütern verwehrt, die Gott zum Wohl aller und nicht nur für wenige geschaffen hat. Diese menschliche Förderung ist ein wesentlicher Bestandteil der Evangelisierung und des Glaubens.«[62]

Bei seinem Besuch in den Andenländern Anfang 1985 betont er, die einheimischen Kulturen hätten Zustimmung und Achtung verdient. In ihnen steckten Samenkörner des Wortes Gottes. Ja, er scheut sich nicht, konkret auch die Pachamama anzusprechen; und indem er Christus »Sonne der Gerechtigkeit« nennt, greift er auf Elemente der indianischen Kultur zurück. »Ohne eure geschichtlichen Wurzeln zu vergessen, stärkt sie im Licht Christi!« In Iquitos wendet er sich auch an die unter den Indianern tätigen Pastoralträger und bekräftigt die »Linie der Inkulturation, . . . die für ein Eindringen des Evangeliums nötig ist, das die Kulturen respektieren und stärken will«[63].

b. Würde des Bauern. – Wenn die Erde ein Geschenk Gottes an die Menschheit ist, damit alle zu leben haben, dann folgt logisch daraus, daß Gott die Land- und Feldarbeit mit einer besonderen Würde ausgestattet hat.

---

[59] Verlautbarungen des Apostolischen Stuhls 22. Predigten und Ansprachen von Papst Johannes II. bei seiner apostolischen Reise nach Brasilien, 30. 6.–11. 7. 1980, Bonn o. J., 153.

[60] missio-Informationen 3/1980, 3–24, hier 14.

[61] Verlautbarungen des Apostolischen Stuhls 46. Predigten und Ansprachen von Papst Johannes Paul II. bei seiner apostolischen Reise nach Mittelamerika, 2.–10. März 1983, Bonn o. J., 61.

[62] Ebd. 71–72.

[63] Verlautbarungen des Apostolischen Stuhls 61. Predigten und Ansprachen von Papst Johannes Paul II. bei seiner sechsten Pastoralreise nach Lateinamerika, 26. 1.–6. 2. 1985, 200.

Schon vor dem Konzil hatte Johannes XXIII. darauf hingewiesen, daß die Arbeit des Bauern »ihren eigenen Adel« hat (Mater et magistra, 145).

In seiner Enzyklika »Populorum progressio« (1967) stellt Paul VI. fest: »Die Bauern werden sich ihres unverdienten Elends bewußt« (9). Mit seiner Eröffnungsansprache vor lateinamerikanischen Landarbeitern und Kleinbauern am 23. August 1968 in San José de Mosquera anläßlich seines Kolumbienbesuchs eröffnet er dann ein neues Zeitalter im Verhalten der Kirche gegenüber der lateinamerikanischen Bauernschaft. Am Anfang dieser neuen Epoche steht ein hohes Lob: »Ihr seid Christus für Uns... Ihr seid ein Zeichen, ein Bild, ein Geheimnis der Gegenwart Christi... ein Sakrament, ein heiliges Bild des Herrn in der Welt, ein Spiegelbild, das sein menschliches und göttliches Antlitz nicht verbirgt, sondern darstellt.«[64] Deshalb darf sich niemand wundern über die Vorliebe und die Zärtlichkeit, die er im Namen der ganzen Kirche den Bauern gegenüber ausspricht und in denen der Kern eines ganzen Planes für die Grund- und Bodenpastoral steckt: »Wir möchten den leidenden und zu neuem Leben auferweckten Christus unter euch ausfindig machen... Wir sind hierher gekommen, um den Herrn in der Gestalt von euch allen zu ehren, um Uns somit vor euch zu verneigen und euch zu sagen, daß Wir jene Liebe, die der auferstandene Christus dreimal von Petrus forderte, ... ihm in euch, ja in euch entbieten. Wir lieben euch als Hirt. Das heißt: als Hirt, der sowohl eure Armut teilt als sich auch der Verantwortung bewußt ist, euch führen und sich für euer Wohl und Heil einsetzen zu müssen. Wir lieben euch mit inniger Vorliebe, und mit Uns – das solltet ihr bedenken und stets gegenwärtig haben! – liebt euch auch die heilige katholische Kirche.« Konkret bringt Paul VI. dann diese Liebe darin zum Ausdruck, daß er den Bauern eine besondere Würde zuspricht: »Auch in der Zukunft werden Wir für euer Anliegen eintreten. So können Wir die Prinzipien aufstellen und bekräftigen, von denen praktische Lösungen abhängen. Auch in der Zukunft werden Wir eure menschliche und christliche Würde verkünden. Daß es euch gibt, ist ein Wert von erstrangiger Wichtigkeit. Eure Person ist etwas Heiliges. Daß ihr Teil der menschlichen Familie seid, darf niemand in Frage ziehen. Ohne irgendwelche Diskriminierung sind wir alle Brüder und Schwestern.«[65]

---

[64] *CEAS (Comisión Episcopal de Acción Social),* (Hrsg.), Iglesia y campesinado, Lima 1982, 34.
[65] Ebd. 36.

Auch Johannes Paul II. wird nicht müde, die Würde des Bauern herauszustellen. Im mexikanischen Oaxaca sagt er 1979: »Das unterdrückte Landvolk, der Arbeiter, der mit seinem Schweiß auch seine Verzweiflung tränkt, kann nicht mehr als hoffen, daß seine Würde, die der der Menschen anderer Gesellschaftsschichten in nichts nachsteht, voll und nachhaltig anerkannt werde... Die Landwirtschaft hat große Bedeutung und Würde: sie ist es, die die Gesellschaft mit den für die Ernährung nötigen Gütern versorgt. Das ist eine Aufgabe, die den Dank und die Hochschätzung aller verdient; somit wird auch die Würde jener Menschen anerkennt, die sich der Landwirtschaft widmen.«[66]

In Recife kommt er im folgenden Jahr auf das Thema zurück: »Die Landarbeiter, wie die Arbeiter irgendeines anderen Produktionszweiges, sind und müssen immer, in ihren eigenen Augen und in den Augen der anderen, theoretisch und praktisch vor allem Menschen bleiben.« Großartige Worte findet er in derselben Ansprache auch für die Landarbeit: »Die Arbeit ist Produktionsfaktor, Quelle wirtschaftlicher Güter, Mittel, das Leben zu sichern usw. Aber sie muß auch als Pflicht, als Liebe, als Quelle der Ehre und als Gebet verstanden und gelebt werden. Das gilt natürlich für alle Arbeiter, aber besonders für euch Landarbeiter. Ihr seid berufen, einen Dienst an den Menschenbrüdern zu leisten, in Berührung mit der Natur und in direkter Zusammenarbeit mit Gott, dem Schöpfer und Vater, damit dieser Planet – die Erde – immer mehr seinen Absichten entspricht, als die ersehnte Umwelt für alle Formen des Lebens: des Lebens der Pflanzen, des Lebens der Tiere und vor allem des Lebens der Menschen.«[67]

In seinem Rundschreiben über die menschliche Arbeit »Laborem exercens« (September 1981) beschreibt Johannes Paul II. realistisch die Arbeitsbedingungen auf dem Land und kommt zu dem Schluß, daß »radikale Änderungen dringend notwendig« sind. Wir lesen: »Alles, was bisher über die Würde der Arbeit ... gesagt worden ist, läßt sich direkt auf den Bereich der Landarbeit und auf die Situation des Menschen anwenden, der in harter Feldarbeit die Erde bebaut... Die Landwirtschaft, die der Gesellschaft die für den täglichen Lebensunterhalt erforderlichen Güter bietet, ist von grundlegender Bedeutung ... Die

[66] Verlautbarungen des Apostolischen Stuhls 5. Predigten und Ansprachen von Papst Johannes Paul II. bei seiner Reise in die Dominikanische Republik und nach Mexiko, 26.1.–4.2.1979, 72–73.
[67] Verlautbarungen 22, 151. 153.

Landarbeit unterliegt starken Belastungen, wie die ständige körperliche Anstrengung, oft bis hin zur Erschöpfung, die geringe Achtung, die ihr in der Gesellschaft entgegengebracht wird und die in den Betroffenen den Eindruck hervorruft, an den Rand des sozialen Lebens gedrängt zu sein, und die hierdurch immer mehr provozierte Landflucht zu den Städten, die leider in noch entwürdigendere Lebensbedingungen führt. Dazu kommen das Fehlen einer entsprechenden Berufsausbildung und der erforderlichen Arbeitsgeräte, ein gewisser untergründiger Individualismus und auch objektiv ungerechte Situationen. In manchen Entwicklungsländern sind Millionen von Menschen gezwungen, die Felder anderer zu bebauen, und werden dabei von den Großgrundbesitzern ausgenützt, ohne jede Hoffnung, einmal auch nur ein kleines Stück Erde ihr eigen nennen zu können. Es fehlt an Formen eines gesetzlichen Schutzes für die Person des Landarbeiters und für seine Familie im Fall von Alter, Krankheit oder Arbeitslosigkeit. Lange Tagewerke harter Arbeit werden armselig bezahlt. Nutzbare Bodenflächen werden von den Besitzern brach liegengelassen. Rechtstitel für den Besitz eines kleinen Grundstücks, das der Landarbeiter seit Jahren für sich bebaute, werden übergangen oder sind schutzlos mächtigeren Personen oder Gruppen und ihrem ›Hunger nach Boden‹ ausgesetzt.«

Indessen – lesen wir weiter – »kann das Recht auf Arbeit verletzt werden, wenn man dem Landarbeiter die Möglichkeit verwehrt, an Entscheidungen bezüglich seiner Arbeitsleistung teilzunehmen, oder wenn ihm das Recht auf freie Vereinigung für einen berechtigten sozialen, kulturellen und wirtschaftlichen Fortschritt verweigert wird.«

Als Schlußfolgerung aus all dem ergibt sich für Johannes Paul II.: »Für zahlreiche solche Situationen sind also radikale Änderungen dringend notwendig, um der Landwirtschaft und den in ihr Tätigen wieder den wahren Wert zu geben, der ihnen als Grundlage einer gesunden Volkswirtschaft in der gesamten Entwicklung der Gesellschaft zukommt. Es gilt also, die Würde der Arbeit zu proklamieren und zu fördern – jeder Arbeit und besonders der Landarbeit, durch die sich der Mensch die von Gott als Geschenk empfangene Erde auf so anschauliche Weise ›untertan macht‹ und seine ›Herrschaft‹ über die sichtbare Welt ausübt« (Laborem exercens, 21).

Bei seiner Begegnung im März 1983 mit Landarbeitern in Panama verteidigt der Papst energisch die Würde und die Rechte der Landbevölkerung, wobei er sich wiederholte Male auf seine Enzyklika bezieht: »Ich komme nicht mit technischen oder materiellen Lösungen, die nicht in der Hand der Kirche liegen. Ich bringe die Nähe, die Sympathie, das Wort der Kirche mit, die solidarisch ist mit dem gerechten und edlen Grund eurer Würde als Menschen und als Kinder Gottes ... Ich weiß, daß die Landbevölkerung häufig auf einem niedrigen Lebensstandard belassen und nicht selten schlecht behandelt und schwer ausgebeutet wurde. Ich weiß, daß ihr euch eures niedrigen sozialen Standes bewußt seid und ungeduldig eine gerechte Verteilung der Güter zu erreichen sucht, ebenso wie mehr Anerkennung – die ihr verdient –, eurer Rolle und des Platzes, der euch in einer neuen Gesellschaft mit größerer Teilhabe gebührt.«[68]

In der Wallfahrtskirche Unserer Lieben Frau von Suyapa im honduranischen Tegucigalpa sagt er vor Tausenden von Bauern: »Man kann die Jungfrau nicht als Mutter anrufen, wenn man ihre Kinder verachtet und übel behandelt.«[69]

»Die ›Armen‹ aller Art müssen sich aufraffen und neue Hoffnung schöpfen«, betont er im verarmten Haiti.[70]

Mit einem schlichten, aber schönen Brief unter dem Titel »Furchen öffnen ... um Hoffnung zu säen« wendet sich die Chilenische Bischofskonferenz im Dezember 1984 an Kleinbauern und Landarbeiter. Die Bischöfe ermutigen die Menschen, »nicht das beste Werkzeug zu vernachlässigen, das sie besitzen: ihre Bildung« (4.1). Diese müsse auf den eigenen Werten gründen, und diesen Werten entspricht der ganze Text immer wieder mit einfühlsamen Worten.

Um noch in Chile zu bleiben: Hier sagt der Papst am 3. April 1987 in Maipú: »Liebe Bauern, eure Arbeit hat eine besondere Würde, weil sie ein unverzichtbarer Grunddienst für das ganze Gemeinwesen ist und weil ihr durch sie eure Berufung als Menschen in die Tat umsetzt: in Berührung mit der Natur Mitarbeiter Gottes zu sein.«

c. *Rechte der Landbevölkerung.* – Nach dem, was Gott mit der Erde vorhat, ergibt sich aus der Würde, die der Landbevölkerung eignet, eine Reihe von Rechten für jeden Landarbeiter und Kleinbauern. Die Kirche wird nicht müde, diese Rechte zu verkünden und zu verteidigen.

Papst Paul VI. will die menschliche Würde des Bauern dadurch konkretisiert sehen, daß wirklich ein Klima der Geschwisterlichkeit entsteht, und zwar sowohl unter wirtschaftlichem Gesichtspunkt

---

[68] Verlautbarungen 46, 53.
[69] Ebd. 94.
[70] Ebd. 110.

(gerechter Lohn, angemessene Wohnung, Grundbildung, ärztliche Versorgung) als auch unter dem Aspekt der bürgerlichen Rechte und der wachsenden Beteiligung an den Verbesserungen wie an Aufgaben in der sozialen Ordnung.[71]

Im Jahre 1978 verpflichtet sich die Peruanische Bischofskonferenz, »die bedrohten Rechte der Bauern zu verteidigen, insbesondere was das Land, die Vermarktung ihrer Erzeugnisse und die selbständige Leitung ihrer Betriebe anbelangt, wie auch für eine echte Bodenreform einzutreten, von der die Bauernschaft wirklichen Nutzen hat«[72].

Geradezu eine Liste von Rechten, die dem Bauern zustehen, stellt Johannes Paul II. in Oaxaca auf. Der Bauer »hat Recht auf Achtung; er hat das Recht, nicht – mit manchmal wahrhaft erniedrigenden Methoden – um seinen geringen Besitz gebracht zu werden, hat das Recht, frei nach einem selbstbewirkten Aufstieg zu streben. Er hat ein Recht auf den Abbruch aller Barrieren der Ausbeutung, die oft ein unannehmbarer Egoismus gegen jene errichtet, die ihre besten Kräfte dem Aufstieg opfern. Er hat ein Recht auf wirksame Hilfe, die weder ein Almosen noch die Brotkrume der Gerechtigkeit ist, sondern ihm vielmehr den Zutritt zu einer Entwicklung ermöglicht, wie er sie aufgrund seiner Würde als Mensch und Kind Gottes verdient.«[73]

Ein Jahr später unterstreicht er in Recife das Thema erneut: Landarbeiter und Kleinbauern »müssen die Möglichkeit haben, die in ihrem Wesen vorhandenen Fähigkeiten zu verwirklichen, die Möglichkeit, ›mehr Mensch zu sein‹ und gleichzeitig in Übereinstimmung mit ihrer menschlichen Würde behandelt zu werden. Weil ›die Arbeit für den Menschen und nicht der Mensch für die Arbeit‹ da ist, ist es eine wesentliche und seine Würde voll achtende Forderung, daß er aus seiner Arbeit die notwendigen und ausreichenden Mittel ziehen kann, um mit Anstand seine eigenen familiären und sozialen Verantwortlichkeiten zu erfüllen. Der Mensch ist niemals bloßes ›Instrument‹ der Produktion«. Deshalb beschließt er seine Rede mit der Mahnung, nach wirksamen Lösungen zu suchen: »Für euch und mit euch, liebe Landarbeiter, liebe Brüder und Schwestern, in eurem Namen und im Namen Gottes, bitte ich alle anderen Brüder und Schwestern ..., reale, geeignete und wirksame Mittel (zu) suchen und an(zu)wenden, um den Rechten des Menschen vom Land zu genügen, um ihm zu

[71] *CEAS*, Iglesia y campesinado, 36.
[72] Ebd. 98 f.
[73] Verlautbarungen 5, 72.

helfen. Dabei muß sich der, der mehr hat, zu mehr Mitarbeit verpflichtet fühlen.«[74]

d. Recht auf Eigentum. – Selbstverständlich hat der Bauer im Rahmen der ihm zustehenden Rechte einen elementaren Anspruch auf ein ausreichend großes Stück Land, von dem er in Würde leben kann. Wie wir bereits in verschiedenen Zitaten sahen, hat die Kirche dieses Recht stets anerkannt und erkennt es auch heute an. Die folgenden Belege sollen nun zeigen, daß diese Lehre seit dem Konzil immer klarer wird.

So beschreibt etwa der Episkopat von Honduras in einem hellsichtigen Pastoralschreiben aus dem Jahre 1970 die Lage auf dem Land und führt dann aus: »Die Anhäufung einmal der Produktionsgüter und zum anderen des Landes könnte – selbst wenn die Dinge nach außen hin juristisch unanfechtbar sind – einen echten Angriff auf das Recht auf Eigentum bedeuten, und zwar dann, wenn sich dadurch große Teile der Bevölkerung ihres Naturrechtes beraubt sehen, das ihr eigen zu nennen, was sie für sich und ihre Familien nötig haben... Gott hat die Erde mitsamt ihren Gütern zunächst für alle Menschen geschaffen... Das Recht auf Besitz, obwohl an sich heilig, hat seine von der sozialen Ordnung gesetzte Grenze; und die verläuft dort, wo es auf das Recht eines jeden Menschen stößt, auch sein Naturrecht auf Eigentum wahrzunehmen.«[75]

Auch zu diesem Thema findet Johannes Paul II. in seiner berühmten Rede in Oaxaca weichenstellende Worte: »Die Kirche verteidigt zwar den berechtigten Anspruch auf Privateigentum, lehrt jedoch ebenso unmißverständlich, daß jedes Privateigentum immer mit einer ›sozialen Hypothek‹ belastet ist, damit alle Güter der allgemein gültigen Bestimmung dienen, die Gott ihnen zugeteilt hat. Wenn es das Gemeinwohl erfordert, darf man auch von der in entsprechender Form durchgeführten Enteignung nicht zurückschrecken.«[76]

Einen Monat danach geht die Lehre des Papstes in das Dokument der Bischofsversammlung von Puebla ein: »Die Güter und Reichtümer der Welt sind nach dem Willen des Schöpfers aufgrund ihres Ursprungs und ihrer Natur dazu bestimmt, dem Nutzen und Wohl aller und jedes einzelnen Menschen und der Völker zu dienen. Daraus ergibt sich, daß allen und jedem einzelnen Menschen ein primäres, absolut unverletz-

[74] Verlautbarungen 22, 151.154.
[75] In: Los obispos latinoamericanos entre Medellín y Puebla, San Salvador 1978, 206–207.
[76] Verlautbarungen 5, 73.

liches Grundrecht zusteht, solidarisch diese Güter, in dem Maße, wie es erforderlich ist, für eine Verwirklichung der menschlichen Person in Würde zu verwenden. Alle übrigen Rechte (das des Besitzes und des freien Handels) sind diesem Recht untergeordnet. Wie Johannes Paul II. uns lehrt, ›lastet auf jedem Eigentum eine soziale Hypothek‹« (492).

In dem bereits erwähnten Hirtenschreiben vom Dezember 1984 sagen die chilenischen Bischöfe Landarbeitern und Kleinbauern: »Schon oft haben wir davon gesprochen, den Bauern stehe das Recht auf Eigentum an Grund und Boden zu. Die chilenische Kirche hat die Bodenreform im Land in Gang gebracht, indem sie ihre eigenen Ländereien an die Bauern verteilt hat.« Im folgenden beklagen sie sich darüber, daß der Prozeß der Agrarreform zur Zeit rückgängig gemacht werde. Den entsprechenden Teil ihrer Denkschrift schließen sie dann mit anerkennenden Worten für die Liebe der Landbevölkerung zu ihrer Scholle ab: »Sollten die Bauern eines Tages ihre Liebe zur Scholle verlieren, würde das Schicksal des Landes völlig ungewiß. Derart edle Gefühle müssen gepflegt und angeregt werden. Ja, es müssen geregelte Formen geschaffen werden, damit bäuerliche Familien, die dazu imstande sind, die Chance bekommen, Land zu erwerben... Wenn die Bauern Land in der Hand haben, wird Chile über ausreichend Nahrungsmittel verfügen, daß sich jede Familie ernähren kann, und das Eigentum an Grund und Boden wird seine soziale Funktion erfüllt haben« (2.2).[77]

Ein Blick nach Paraguay. Hier veröffentlichen die Bischöfe im Juni 1983 ein Pastoralschreiben, in dem sie zunächst die Folgen der damaligen Agrarpolitik anprangern und dann das Recht des Bauern auf eigenen Grund und Boden hervorheben. »Der Bauer hat das tiefe Gefühl, das Land gehöre ihm, wie er dem Land, das er bestellt« (1.5). »Der Mensch, jeder Mensch, ist Herr der Erde. Dank eigenem Recht, das freilich dem Recht Gottes untergeordnet ist, kann er sich mit der Erkenntnis der Vernunft und mit der Kraft seiner Hände ihrer bemächtigen« (2.3). Gegen den in diesen Schichten vorherrschenden Pessimismus machen die Bischöfe Kleinbauern und Landarbeitern Mut und stellen fest: »Die Gnade Christi befähigt euch, die Güter der Erde in Gerechtigkeit und geschwisterlicher Heiligkeit zu begehren, zu besitzen und zu benutzen« (2.3).[78]

---

[77] Pastoralschreiben vom Dezember 1984.
[78] El campesino paraguayo y la tierra, Asunción 1983.

e. Bodenreform. – Eine Folge, die sich aus der Lehre vom Eigentum ergibt, ist der Nachdruck, mit dem die Kirche auf eine Bodenreform drängt, die den Namen auch verdient.

Nur wenige Monate nach dem Konzil sagt Paul VI. in einer Rede vor der Weltkonferenz für Bodenreform: »Sollen Hunger und Armut auf dem Land weltweit überwunden werden, kommt der Agrarreform eine entscheidende Rolle zu.«[79] Und noch einmal ein paar Jahre später, diesmal vor der Welternährungsorganisation: »Die weltweite Nahrungskrise ist ohne Beteiligung und Mitwirkung der Bauern nicht zu lösen; und beide werden nur dann zufriedenstellend und erfolgreich sein, wenn sich das geringe Prestige der Landwirtschaft in der Welt von heute radikal verbessert.«[80]

Wie sich der Kampf um die Bodenreform abspielt, ist beispielhaft am Fall Perus abzulesen. Schon in den sechziger Jahren liegt das Problem den Bischöfen am Herzen.[81]

Kurz vor Inkrafttreten des Gesetzes zur Bodenreform im Juni 1969 veröffentlichen Priester der ONIS[82] eine Erklärung, in der sie eine umfassende Bodenreform fordern: Diese müsse mehr sein als ein einfaches Verteilen von Land oder ein bloßes Plus an landwirtschaftlicher Leistung. Die Förderung der ländlichen Bevölkerung habe in der Perspektive einer organisierten Mobilisierung zu erfolgen, so daß die Bauern selbst die »treibende Kraft der Revolution sind, die der Prozeß der Agrarreform nun mal bedeutet«.[83] Im folgenden Monat stellt die Bischofskonferenz ihrerseits das Thema heraus.[84]

In ihrer Denkschrift »Gerechtigkeit in der Welt von heute« vom August 1971 ersuchen die peruanischen Bischöfe darum, »daß man schöpferisch nach neuen Eigentumsformen sucht, die einen größtmöglichen Teil der Campesinos begünstigen.«[85] Ein Jahr darauf gibt die »Bischöfliche Kommission für Soziale Aktion« (CEAS) ihrer Freunde darüber Ausdruck, daß sie ein neues Projekt sozialen Eigentums auf den Weg gebracht hat. Als jedoch das Ganze 1978 scheitert, kritisiert sie den Prozeß der Agrarreform.[86]

---

[79] Zitiert nach: *C. Belaúnde,* Doctrina económico-social, 128.

[80] Zitiert nach ebd. 263.

[81] *CEAS,* Iglesia y campesinado, Texte 1, 2, 4, 6, 11, 12, 13.

[82] *ONIS:* Oficina Nacional de Investigación Social – Nationalbüro für Sozialforschung (Priesterbewegung in Peru).

[83] In: Iglesia latinoamericana – Protesta o profecía? Avellaneda 1969, 333–338.

[84] *CEAS,* Iglesia y campesinado, 48–51.

[85] In: Eine Kirche auf neuen Wegen (ADVENIAT Dokumente/Projekte 10), Essen 1972, 11–36, hier 28.

[86] *CEAS,* Iglesia y campesinado, 69–72. 83–84.

In den Medellín-Texten findet sich ein Absatz über die ganzheitliche menschliche Förderung der ländlichen und indianischen Bevölkerung. In dem Zusammenhang heißt es, diese Förderung sei zum Scheitern verurteilt, wenn es nicht zu einer »echten und dringenden Reform der Agrarstruktur und Agrarpolitik« komme. Die Bischöfe konkretisieren: »Dieser Strukturwandel und seine entsprechende Politik beschränken sich nicht auf eine bloße Landverteilung. Die Ländereien dürfen nur unter Bedingungen aberkannt werden, die ihre Inbesitznahme rechtfertigen und ihre Leistungskraft garantieren, und zwar sowohl zum Nutzen der bäuerlichen Familien als auch der Wirtschaft des Landes« (I,14).

Die Zweite Bischofssynode 1971 in Rom beklagt die weltweite Armut und sieht einen der Gründe in der »Rückständigkeit der Bodenbewirtschaftung und im Ausbleiben bodenrechtlicher Reformmaßnahmen« (10).

In der Dominikanischen Republik begrüßen die Bischöfe die Agrarreform in ihrem Land, möchten sie jedoch weitergefaßt sehen. Im Januar 1973 schreiben sie: »Jede gerechte Maßnahme, die zur Verminderung der Ungleichheiten in der Verteilung des Landbesitzes beiträgt, heißen wir von Herzen willkommen. Ja, wir wünschen, daß die Obergrenzen für weniger produktive Areale in der Zukunft herabgesetzt werden... Es war und ist ein Skandal, daß in der Dominikanischen Republik, die ein kleines Land mit beachtlicher Bevölkerungsdichte ist, der Grund und Boden in ganz wenigen Händen konzentriert ist und daß Hunderttausende von Landarbeitern nichts besitzen von diesen Gebieten, die überdies kaum oder überhaupt nicht bearbeitet werden. Diese Dinge müssen sich durch Anwendung und Weiterentwicklung der Agrargesetze ändern.«[87]

Häufig jedoch – so die guatemaltekischen Bischöfe im Juli 1976 – werden Bodenreformen zunichte gemacht, »weil die Gebiete in diskriminierender Weise je nach politischer, gesellschaftlicher oder beruflicher Affinität der Begünstigten verteilt werden oder weil es an ausreichendem technischen Beistand fehlt, so daß das Land nicht rationell bearbeitet werden kann«[88].

Auch Johannes Paul II. wird zur Weltkonferenz für Bodenreform eingeladen. Hier sagt er im Juli 1979: »Beim gegenwärtigen Stand der

[87] Reflexiones y sugerencias pastorales sobre las leyes agrarias, in: J. Marins u. a. (Hrsg.), Praxis de los Padres de América Latina, Bogotá 1978, 518–528, hier 522.
[88] Signos de lucha e esperanza. Testimonios de la Iglesia en América Latina 1973–1978, Lima 1978, 83.

Dinge muß in jedem Land eine Bodenreform ins Auge gefaßt werden –
eine Bodenreform, die zu einer Umorganisierung des Grundbesitzes
und zu einer Umverteilung des produktiven Landes an die Bauern
führt, wobei Stabilität und direkte Nutzung entscheidende Kriterien
sind...« Mit einem Wort: »Die Landwirtschaft muß auf der Wichtig-
keitsskala wieder auf den Platz kommen, der ihr im Rahmen der nationalen und internationalen Entwicklung gebührt. Dazu jedoch muß die
Tendenz abgestellt werden, der zufolge im Zuge des – auch noch jüng-
sten – Industrialisierungsprozesses der Sekundär- und Tertiärbereich
bevorzugt werden.«[89]

Ende 1981 veröffentlicht eine Gruppe evangelischer Pastoren eine
Reihe von Bibelarbeiten unter dem Thema »Bodenreform ist Liebe«.
Mit ihrer Schrift wollen sie die Agrarreform in Nikaragua unter-
stützen.

Die Lutherische Kirche in Brasilien, die in verschiedenen Bundes-
staaten mit der »Pastoralkommission für Grund- und Bodenfragen«
(CPT) wie mit dem »Indianischen Missionsrat« (CIMI) – beides mit der
katholischen Bischofskonferenz liierte Organe – zusammenarbeitet,
gibt sich 1983 als pastorales Thema das Motto »Erde Gottes – Land für
alle« und als Bibelspruch den Satz aus dem Psalter »Dem Herrn gehört
die Erde und was sie erfüllt« (24,1).

Im Februar 1986 erklären die Bischöfe des östlichen Ekuador in
einem Schreiben, Indianer und Kolonisten hätten einen Anspruch auf
Rechtstitel über die Gebiete, auf denen sie leben. »Das erste, was vor
allen anderen Bedürfnissen des Volkes im Amazonasraum hervorzuheben ist, ist die Frage von Grund und Boden« (24). »Wir sind Zeugen
der unglaublichen Leiden, die das Verlangen nach einem eigenen Stück
Land den Bauern bringt; und dieser unermeßliche moralische Preis
muß in Rechnung gestellt werden, wenn sie so nachdrücklich ihre Forderungen vortragen« (26). Eine weitere Forderung der Bischöfe lautet:
»Die Gefahr der Zerstörung des Ökosystems muß soweit wie möglich
vermieden werden« (32). Die beiden genannten Probleme – Rechtstitel
von Grundbesitz und ökologische Zerstörung – sind im gesamten
Amazonasraum virulent, welches Land man auch nimmt.

Über Landarbeiter und Kleinbauern sagt Johannes Paul II. im Juli
1986 in Kolumbien: »Aufgrund ihrer Würde als menschliche Personen
und aufgrund der Arbeit, die sie leisten, verdienen sie, daß ihre legiti-
men Rechte geachtet und die legalen Formen des Zugangs zum Eigen-

---

[89] *C. Belaúnde,* Doctrina económico-social, 128. 263.

tum an Grund und Boden gewährleistet werden. Die objektiv ungerechten Situationen, denen viele von ihnen ausgesetzt sind, müssen
geändert werden.«[90]

f. Die Bauern organisieren sich. – In den letzten zwanzig Jahren hat die
Kirche immer wieder betont, die Bauern müßten sich organisieren.
Nun ist in den letzten zehn Jahren etwa die Forderung ein Stück weit in
Erfüllung gegangen, hauptsächlich durch Gründung und Entfaltung
der Kirchlichen Basisgemeinden. Gleichwohl beschränken wir uns im
folgenden Abschnitt auf Texte, die ausdrücklich von der Organisation
der Bauern handeln.

Schon Paul VI. schließt, als er wenige Jahre nach dem Konzil in
Kolumbien war, seine Rede vor Bauern mit den ermutigenden Worten:
»Versucht, zusammenzustehen und euch unter christlichem Vor-
zeichen zu organisieren. Seht zu, daß ihr eure Methode der Landarbeit
modernisiert. Liebt eure Scholle und wißt eure menschliche, wirtschaftliche und staatsbürgerliche Funktion als Landarbeiter, der ihr
nachgeht, zu schätzen.«[91]

Bezogen auf die konkrete Situation in Lateinamerika, macht
Medellín endgültig klar, daß es »eine höchst christliche Aufgabe« ist
und folglich auf der pastoralen Linie des lateinamerikanischen Episko-
pats liegt, »alle Anstrengungen des Volkes zur Schaffung und Entwicklung seiner eigenen Basisorganisationen, zur Geltungmachung und
Festigung seiner Rechte sowie zur Suche nach wirklicher Gerechtigkeit
mitzutragen und zu unterstützen« (II, 20.27).

Auch die honduranischen Bischöfe ermutigen in ihrem Schreiben
vom 8. Januar 1970 die Bauernschaft dazu, sich zu organisieren: »Für
den Fall, daß der Landarbeiter seine Augen nicht vor der gegenwärtigen Situation des Umbruchs verschließen und aus der gegebenen
Unterentwicklung heraus will, muß er selbst zum Motor seines Lebens
sowohl als Mensch auf dem Land wie auch als Arbeiter werden. Aus
diesem Grund müssen Landarbeiter wie Arbeiter insgesamt anfangen,
sich zu vereinigen, und organische Formen entwickeln, in denen jeder
das Recht hat, seine Meinung über die Probleme der Landwirtschaft
wie der Produktion zum Ausdruck zu bringen, und in denen Entscheidungen gemeinschaftlich getroffen werden... Die Hauptinitiatoren

[90] L'Osservatore Romano (13.6.1986), 8: Rede in Chiquinquirá.
[91] *CEAS*, Iglesia y campesinado, 38.

der gemeinschaftlichen Entwicklung müssen die Landarbeiter und Kleinbauern selbst sein.«[92]

Der Episkopat der Dominikanischen Republik äußert sich im Januar 1973 wie folgt: »Echte menschliche Entwicklung ist immer auch ein gemeinschaftlicher Prozeß. Es ist nicht damit getan, daß jeder Bauer, einzeln genommen, seine wirtschaftliche, kulturelle und religiöse Lage verbessert sieht. Die Bauern müssen sich gegenseitig in ihrem Bemühen unterstützen, mit den Problemen fertig zu werden, müssen sich aus eigener Initiative zusammenschließen und selbst ihre Vertreter in gemeinschaftlichen, gewerkschaftlichen und wirtschaftlichen Organisationen – wie zum Beispiel in Genossenschaften – wählen. Landarbeiter und Kleinbauern daran hindern oder es ihnen gar unmöglich machen, sich mit lauterer Absicht um freie bäuerliche Organisationen zu bemühen, kann nur, wer den sozialen Charakter verkennt, den Gott der Menschheit mitgegeben hat.«[93]

Bahnbrecherin auf diesem Gebiet ist die Chilenische Bischofskonferenz mit ihren zahlreichen Texten zur Bauernfrage. Im Jahre 1975 insistieren die Bischöfe von Los Angeles, Chillán und Talca auf der Notwendigkeit, bäuerliche Organisationen »zu unterstützen, zu verbessern und zu vervollkommnen«[94].

Im Juli 1977 schreiben alle chilenischen Bischöfe einen Hirtenbrief mit dem Titel »Hoffnung, die uns eint«. Unter anderem sagen sie: »Heute wie immer müssen die Bauern für ihre Einheit etwas tun. Individualisten, die leben wollen, ohne an die anderen zu denken, begeben sich in die Gefahr des Selbstmords. Einheit bedarf des kraftvollen Engagements, des Hinhörens und des Teilens. So müssen wir also nach Wegen suchen, das Land in Zusammenschlüssen, seien es Genossenschaften oder andere Formen – zu bearbeiten... Bauern, die zusammenhalten, haben es leichter, für Wahrheit und Gerechtigkeit zu arbeiten.«[95]

In einem ausgezeichneten Gemeinschaftsbrief über »Kirche und politische Volksorganisationen« vom 6. August 1978 treten Erzbischof Oscar Arnulfo Romero und Bischof Arturo Rivera y Damas in El Salvador entschieden dafür ein, daß sich die Bauern organisieren können, und stellen einige damit zusammenhängende Begriffe

[92] In: Los obispos latinoamericans entre Medellín y Puebla, 208.
[93] In: *J. Marins,* Praxis de los Padres, 523.
[94] *INPRU* (Hrsg.), Presencia de la Iglesia en el movimiento sindical campesino, Santiago 1984, 25.
[95] Ebd. 27.

klar.[96] »Niemand darf den Menschen und erst recht nicht den Armen das Recht streitig machen, sich zusammenzuschließen...« (41). »Aus diesem Grund unterstreichen wir, daß Landarbeitern wie Kleinbauern das Recht auf Organisation zusteht; immerhin haben sie heute die größten Schwierigkeiten, dieses Recht in Anspruch zu nehmen« (42). »Geschichtlich betrachtet, ist die Landbevölkerung der Teil der Gesellschaft, der immer am weitesten abseits stand...« (43). »Deshalb legte Medellín ein so großes Gewicht auf dieses Recht, und seither haben verschiedene lateinamerikanische Episkopate es immer wieder herausgestellt ... In konsequenter Übereinstimmung mit dieser Linie ... behaupten wir erneut und ohne jeden Anflug von Zweifel, daß die Männer und Frauen auf dem Land das Recht haben, sich zu organisieren, und möchten allen bereits existierenden Organisationen dieser Art Mut machen. Wenn wir uns als Bischöfe in dieser Weise äußern, dann verfolgen wir keine bestimmte politische Linie damit. Wir sprechen aus christlicher Sicht, der zufolge die Armen stark genug sein müssen, um nicht den Interessen einiger weniger geopfert zu werden, wie es Beispiele genug in der Geschichte gibt« (44).

Was das Verhältnis zwischen Kirche und Volksorganisationen angeht, machen die beiden Bischöfe klar, »was die Organisationen von der Kirche erwarten und auch fordern«, aber »auch was sie nicht erwarten« können (77). Gegen manche anderslautende Auskunft erklären sie, daß »Glauben und Politik im Christentum Hand in Hand gehen müssen; das Christentum hat zwar eine politische Berufung, ist aber nicht ein und dasselbe wie Politik. Der Glaube hat das politische Handeln des Christen zu inspirieren, darf aber nicht in ihm aufgehen« (81). »So müssen sich die Gläubigen des Spezifikums des christlichen Glaubens wie der Besonderheit der politischen Dimension gewahr sein und die Autonomie des einen wie des anderen achten« (83).

Nachdem Puebla 1979 die Landarbeiter als »belebende Kraft beim Aufbau einer Gesellschaft mit mehr Mitsprache und Mitbestimmung« (1245) anerkannt hat, entschließen sich zahlreiche Diözesen in Lateinamerika, sie mit ihren Organsiationen zu unterstützen. Als Beispiel möchten wir die Kirche in Ekuador zitieren. In ihren »Pastoralen Optionen«, mit denen sie die Beschlüsse von Puebla im eigenen Land in die Tat umsetzen will, verpflichtet sie sich, »dem Volk, wo immer es sich zusammenschließt, Beistand zu leisten, die Organisationen der

---

[96] Eine deutsche Übersetzung des Schreibens findet sich in: Oscar Arnulfo Romero - Blutzeuge für das Volk Gottes, Olten - Freiburg i. Br. 1986, 45–90.

Bauern und anderer Gruppen des Volkes zu unterstützen und zu begleiten und sich mit ihren berechtigten Forderungen wie auch mit allem zu solidarisieren, was an Gutem und Gerechtem in gewerkschaftlichen Gruppen steckt und womit diese zur umfassenden Befreiung des Volkes beitragen« (107).[97] Als Antwort auf diesen Aufruf nehmen verschiedene Bistümer wie Machala, Riobamba, Lago Agrio und Cuenca dieses Ziel in ihre Pastoralpläne auf. So heißt es etwa in Cuenca: »Unser unmittelbares Ziel ... ist die Schaffung und Stärkung der kleinen Christlichen Gemeinden sowie die Unterstützung aus dem Geist des Evangeliums für die Volksorganisationen in Stadt und Land.«[98]

In seiner bereits zitierten Rede in Recife läßt Johannes Paul II. es nicht an Deutlichkeit fehlen: »Landarbeitern, wie auch den übrigen Arbeitern, darf unter keinem Vorwand das Recht auf Mitsprache und verantwortliche Mitbeteiligung im Leben der Betriebe und Organisationen, die dazu berufen sind, ihre Interessen zu bestimmen und zu schützen, verwehrt werden, und auch nicht auf dem harten und gefährlichen Weg in Richtung auf die unerläßliche Veränderung der Strukturen des wirtschaftlichen Lebens zum Vorteil des Menschen« (6).[99]

In einem hellsichtigen Schreiben vom Juni 1983 über »Den paraguayischen Bauern und die Grund- und Bodenfrage« stellen die Bischöfe des Landes fest: »Die Bauern haben nur ganz geringe, wenn nicht überhaupt keine Möglichkeit, mit ihren Erzeugnissen und mit ihren berechtigten Preisvorstellungen gegenüber dem gutorganisierten Netz von Zwischenhändlern und Ausbeutern jeder Art zu konkurrieren. Deshalb erweisen sich Organisationen, welche Landarbeiter und Kleinbauern bei Arbeitsplanung, Produktion und Vermarktung schützen, als etwas fundamental Wichtiges« (1.6).

Im Dezember 1984 kommen die chilenischen Bischöfe noch einmal auf das Thema zurück: »Bauern, organisiert euch, um die Natur, die Gott euch geschenkt hat, zu schützen! Verhindert, daß schäbige Interessenvertreter versuchen, sie für sich zu nutzen und zu zerstören! Früher gingen die Bauern mit dem Land voller Hingabe um und umhegten es wie eine Mutter, die liebevoll ihr Kind stillt. Ihnen haben wir es zu verdanken, daß ihr es heute bestellen könnt. Behandelt diese Erde, die Gott allen zum Geschenk gegeben hat, also mit Behutsamkeit« (4,2).

[97] *Bischofskonferenz von Ekuador,* Opciones pastorales. Aplicación del documento de Puebla para la evangelización en el Ecuador, Quito 1980; deutsche Übersetzung teilweise in: *E. Rosner,* Kirche und Evangelisierung in Ecuador, Miesbach 1984, 29–32. 85–95.

[98] Plan de Pastoral, Arquidiócesis de Cuenca, Cuenca 1983, 3.

[99] Verlautbarungen 22, 152.

»Liebe Schwestern und Brüder! Wir sind der Ansicht, daß ihr nicht umhin kommt, euch zu organisieren, wollt ihr, daß man euch hört. Ihr dürft nicht in Vereinzelung, Zerstreuung oder Stillschweigen verharren. Eure Macht besteht darin, daß ihr euch, so wie eure Interessen es gebieten, frei organisiert. Landarbeiter, Arbeitslose, Pächter, kleine Eigentümer und Saisonarbeiter könnten ihre Rechte besser verteidigen, wenn sie zusammenhielten und sich organisierten. Tretet also Gewerkschaften, Genossenschaften und sonstigen Verbänden bei, wo immer es so etwas gibt! Und wo es das nicht gibt, helft, es zu schaffen! Ja, wenn nötig, schafft neue Organisationen, die für bessere Lebensbedingungen und mehr Arbeitsmöglichkeiten kämpfen ... Wir wissen um die Schwierigkeiten, die bäuerliche Verbände und deren Leiter haben. Doch wir glauben, daß es an der Zeit ist, daß ihr euch vereinigt und euch unerschrocken gegenseitig unterstützt. Hütet euch vor Spaltung; sie schwächt euch! Tut etwas an euch, daß ihr fähig werdet, aktiv bei der Gestaltung eurer Zukunft mitzumachen! Laßt euch nicht von Interessen und Ideologien unter Druck setzen, die keine wahrheitsgemäße Vorstellung vom Bauern haben oder ihn für ihre Belange benutzen wollen. Bewahrt eure Unabhängigkeit, um urteilen, und eure Einheit, um handeln zu können« (4.3).

Auf seiner Reise nach Ekuador und Peru findet Papst Johannes Paul II. anerkennende Worte vor allem für den Solidaritätssinn der Andenbewohner. So sagt er in Cusco: »Oft habe ich reden hören von eurem Sinn für Gastfreundschaft, von eurer Bereitschaft, den Waisen zu helfen, von eurer Hochherzigkeit, trotz eurer eigenen Bedürftigkeit mit dem zu teilen, der noch weniger hat; von eurer Fürsorge für den Notleidenden! Ich möchte euch ermutigen in diesen beneidenswerten menschlichen und christlichen Tugenden, die ihr habt und auf die ihr stolz sein könnt. Wißt, daß jeder Fortschritt im Sinn der Zusammenarbeit, um dadurch die Organisation eurer Landarbeit zu verbessern und zu erweitern, euch nicht wenig in eurer sozialen Situation helfen wird. So werdet ihr einander beistehen, die schwierige Situation der Unsicherheit, der Not, des Nahrungsmangels, des Fehlens an Heilmitteln für eure Gesundheit und die eurer Kinder zu erleichtern, und ihr werdet euch gegenseitig helfen, euer Recht auf den notwendigen und dringend erforderlichen menschlichen Fortschritt zu verteidigen.«[100]

Und im ekuadorianischen Latacunga sagt er: »Dieser Geist solidarischer Verbundenheit äußert sich noch in vielen Formen: in der Freude

[100] Verlautbarungen 61, 157.

und Begeisterung eurer Nachbarschaftshilfen, in euren schönen Festen, in der Freigebigkeit, mit der ihr Fremde aufnehmt, in der Liebe, mit der ihr eure Nachbarn in ihren Sorgen begleitet.«[101]

Nicht übersehen werden sollte die Hochachtung, mit welcher der Papst in Ekuador den verschiedenen Formen begegnet, in denen die indianischen Gemeinwesen ihre Selbstverwaltung praktizieren.

Die Bischöfe des östlichen Ekuador sehen es in ihren pastoralen Richtlinien vom Februar 1986 als vorrangig an, »neue Formen der wirtschaftlichen Entwicklung zu programmieren und anzuregen; diese müssen den Organisationsprozeß der verschiedenen menschlichen Gruppe unterstützen wie auch ihre Kultur und Identität achten und fördern«.

Im März 1986 nehmen sich die Bischöfe des südperuanischen Andenraumes vor, die »Organisationsfähigkeit in den Gemeinschaften und zwischen den Gemeinschaften zu stärken«; und sie geben ihrer Freude darüber Ausdruck, daß »Frauen in zunehmend maßgeblicher und aktiver Form in den bäuerlichen Organisationen mitmachen«[102].

In Kolumbien geht Johannes Paul II. ein weiteres Mal auf das Thema ein: »Kraft eures Glaubens an Gott, eurer Rechtschaffenheit und eurer Arbeit und gestützt auf geeignete Formen des Zusammenschlusses, mit denen ihr eure Rechte schützen könnt, baut unermüdlich an einer umfassenden Entwicklung, die geprägt ist von eurer Menschlichkeit und eurer christlichen Lebensvorstellung.«[103]

[101] Ebd. 101.
[102] *Die Bischöfe der südlichen Anden,* La tierra, don de Dios, Nr. 29. 23.
[103] L'Osservatore Romano (13. 7. 1986), 8.

V. Pastoral des Landes und auf dem Land

Im Laufe dieses Buches haben wir bisher versucht, des Problemes des Landes in Lateinamerika gewahr zu werden (I.), haben gefragt, wie man in den verschiedenen Volkskulturen mit Erde und Land, mit Grund und Boden umgeht (II.), haben gesehen, wie sich das Thema in der Bibel des Alten und des Neuen Testaments darstellt (III.), und haben schließlich das Problem durch einige wichtige Etappen der Geschichte der Kirche bis in die Gegenwart hinein verfolgt (IV.). In diesem letzten Kapitel fragen wir nun, welche konkreten Folgen sich daraus für eine Pastoral des Landes und auf dem Land heute in Lateinamerika ergeben. Natürlich stellt sich die Herausforderung in den mehr als zwanzig Ländern unseres Erdteils sehr unterschiedlich dar. Dennoch gibt es Fakten, die allenthalben ähnlich sind.

1. Methoden der Landpastoral

a. Die Pastoral des Landes und auf dem Land ist – wie auch sonst jede wirklich volksbezogene »Seel«-sorge – eine Form des Engagements von Christen und Pastoralträgern an der Seite von Landarbeitern und Kleinbauern, die im Kampf stehen um den notwendigen Grund und Boden. So gesehen, ist sie keine Bewegung, kein Verband und keine Institution, der es um sich selbst ginge. Pastoral ist ein Dienst im Sinn von Unterstützung und Beistand. Aus diesem Grund findet sie ein erstes methodisches Kriterium darin, daß sie ausgeht von den Bedürfnissen, wie sie von den Bauern real erlebt und erfahren werden. Doch wie sollen Pastoralträger davon Kenntnis gewinnen und sich für die Sache der Landbevölkerung einsetzen können, wenn sie nicht mit ihr zusammenleben und sich nicht auf ihr Leben und ihren Kampf einlassen?

Zwei Tendenzen lassen sich durch die verschiedenen Volksbewegungen hindurch leicht erkennen. Einmal bemüht man sich, nicht in die Realität des Volkes einzugreifen. Dahinter steht die Überzeugung, mit der Art und Weise, wie die Menschen ihre Kultur gestalteten und mit den Dingen umgingen, hätten sie alle Voraussetzungen, aus eigener Kraft sich der Zusammenhänge bewußt zu werden und sich selbst organisieren und zu befreien. Pastoralträger brauchten das alles nur anzuerkennen und sich in die Kultur des Volkes hineinzubegeben. Anderen mißfällt diese Einstellung. Sie sei Basismus. Das Argument lautet, die Situation des Volkes sei nicht von Anfang an so gewesen, sondern sei das Ergebnis vielfältigen Drucks durch das System. Deshalb haben die Vertreter dieser Richtung keine Scheu, dem Volk Vorschläge zu machen und Beiständen und Pastoralträgern auf seinem Weg eine größere Bedeutung beizumessen. Natürlich gibt es auch in dieser Gruppe verschiedene Vorgehensweisen und Interpretationen, angefangen mit denen, die sich für die Vorhut des Volkes halten, bis hin zu den sogenannten organischen Intellektuellen. Unsere Meinung ist, daß Funktion und Aufgabe der Beistände je nach Entwicklungsstand und Situation der Arbeit bald mehr die Form aktiver Begleitung und bald mehr diskreten Dabeiseins annehmen können. Wir halten die Arbeit für desto fortgeschrittener und solider, je mehr das Volk selbst handelt und je besser es sich demokratisch zur Selbständigkeit entwickeln kann.

Die Landpastoral verfiele in Modelle einer Neochristenheit, wollte sie selbst Gewerkschaften aufbauen bzw. leiten oder gar selbst entscheiden, was die Bauern in ihrem Kampf zu tun oder zu lassen haben. Sie begleitet und unterstützt die Leute, das Problem möglichst scharf zu erfassen, darf sich aber keineswegs an ihre Stelle setzen.

Die Frage der Autonomie gilt es auch zu bedenken, wenn es um die Finanzen geht. Ein Unternehmen mag auf Befreiung abzielen; schafft es aber Abhängigkeiten, so ist es ein Mittel zur Unterdrückung. Paternalismus und Assistentialismus mögen kurzfristig dem Augenschein nach etwas bringen, längerfristig indes wirken sie sich lähmend und negativ aus.

b. Wenn die Bauern ihre Arbeit selbst in die Hand nehmen sollen, muß sich die Landpastoral hüten, ihnen die Leute von der Basis wegzunehmen. Ja, sie hat der Bauernbewegung behilflich zu sein, ihre Kader aufzubauen. Und falls notwendig, muß sie selbst einen Bauern freistellen, damit sich dieser nicht von seiner Basis zu entfernen braucht.

c. Das Geheimnis gelungener Arbeit besteht in dem rechten Verhältnis zwischen Aktion und Reflexion, zwischen Theorie und Praxis. Weder purer und einfältiger Aktivismus noch eine Arbeit bloß auf der Grundlage von Kursen und Studien bildet Menschen und führt zu guten Ergebnissen.

Schon in der alten spezialisierten Pastoral waren gemeinsame Planung und Auswertung nach jedem Unternehmen ganz wichtig. Die Methode Sehen – Urteilen – Handeln, nicht mechanisch und mit konsequentem Bezug auf die Geschichte geübt, brachte für die Arbeit positive Beiträge.

d. In verschiedenen Ländern mißt die Pastoral des Landes bestimmten Elementen der bäuerlichen Kultur – Liedern und Geschichten, Riten und Heilverfahren – neuen Wert bei. Mit Taktik zur Gewinnung von Anerkennung oder mit Verteilen von Sympathie hat das nichts zu tun. Vielmehr hat man erkannt, wie reich diese Kultur ursprünglich ist und daß die Bauern ohne sie nie zu sich selbst werden finden und sich werden befreien können.

e. In der Volkspastoral hat man auch wieder die Bedeutung der Pastoral mit großen Volksmengen erkannt. Die Vertiefung der Arbeit geschieht zwar in der Regel in Gruppen; aber daß Menschen ermutigt und daß Bezüge zur Geschichte hergestellt werden, das hat mit der kollektiven Erfahrung zu tun, daß man Teil einer Menge ist.

In den letzten Jahren haben die Pastoralträger gute Arbeit mit Gruppentechniken geleistet; was jedoch den Umgang mit großen Volksmassen angeht, so verschmähen sie diese entweder oder sind nicht dazu ausgebildet. Im Sinne einer sachgerechten Arbeitsmethode muß hier dringend etwas getan werden.

f. Schließlich möchten wir daran erinnern, daß die Landpastoral ein kirchlicher Dienst ist und daß die Landbevölkerung ein Recht darauf hat, von ihr Unterstützung für ihren Glauben zu erwarten, so daß wachsendes politisches Engagement Hand in Hand geht mit reifer werdendem Glauben.

Da und dort ist die Pastoral des Landes das »ländliche Antlitz der Kirche« genannt worden. Als Arbeitsmethode legt sie deshalb großen Wert darauf, daß die Daten, die sie liefert, stimmen. Aus diesem Grund lehnt sie es ab, Mißstände anzuprangern, die – so wichtig das Ganze auch sein mag – nicht hieb- und stichfest bewiesen sind. So erklärt sich ihr großes Ansehen in der öffentlichen Meinung wie auch in anderen Kreisen der Kirche.

2. Kirchlichkeit der Landpastoral und Politik

Der Einsatz der Kirche an der Seite von Kleinbauern und Landarbeitern mit ihren Kämpfen ist allerorten in Lateinamerika ausgelöst worden einmal durch die schrecklichen Verhältnisse auf dem Land und zum anderen durch die Mobilisierung des Volkes selbst. Organsierte Gestalt nahm er dann aber im Verbund mit anderen kirchlichen Erneuerungsbewegungen an. Wir denken dabei an ein neues Bibelverständnis vor dem Hintergrund der Realität, an eine neue Sicht von der Sendung der Kirche und, damit zusammenhängend, an das Erstarken der kirchlichen Volksgemeinden in Stadt und Land.

»In der Geschichte Lateinamerikas dieser letzten Jahre sind die christlichen Kirchen nach und nach sensibler geworden für ein schärferes Augenmerk und ein gründlicheres Verständnis der allgemeinen Situation der Ausbeutung wie auch vor allem für deren geschichtliche, politische und wirtschaftliche Wurzeln. So wurde den Christen klar, daß sich die Probleme der Armut nicht allein dadurch lösen lassen, daß man die Armen mit Fürsorge bedenkt. Der Glaube brachte sie dazu, sich die Sache der Unterdrückten zu Herzen zu nehmen und sich mehr und mehr selbst in ihre Situation hineinzubegeben. Andererseits wollten die Unterdrückten nicht mehr bloß Empfänger von Wohltaten sein. Schritt für Schritt traten sie in Gesellschaft und Kirche als Klasse auf, die Vorschläge zu machen hat und selbst Initiativen ergreift.«[1]

Es geht um gesellschaftliche und politische Praxis der Liebe, einer Liebe, die als Dienst der Kirchen an Gesellschaft und Geschichte zu verstehen ist. »Dadurch, daß sie die Unterdrückten und Entrechteten ebenso wie alle, die sich mit ihnen solidarisieren, organisiert, führt sie zur Veränderung der Strukturen. Diese Liebe ist befreiende Liebe.«[2]

In der großen Mehrzahl der lateinamerikanischen Staaten liegt die Politik – verstanden als Kunst, die Gesellschaft zu gestalten – weder in Händen der Mehrheit des Volkes, noch erweist sie sich als befreiende Liebe. Im Gegenteil. Politik ist Ausübung von Macht gegen die Interessen des armen Volkes. So muß sich also dieser soziale Dienst, soll er denn gesellschaftlich etwas bewirken, tragfähige Basen schaffen und die erwiesenermaßen richtigen Methoden finden. Das heißt: (1) Die Wirklichkeit unseres Erdteils muß wissenschaftlich analysiert und seine Geschichte aus der Sicht der Unterdrückten interpretiert werden. (2) Wollen wir das Volk auf seinem Weg zur Befreiung wirksam unterstützen und begleiten, so brauchen wir die richtigen Instrumente. Christen, die in der Landpastoral engagiert sind, gehen in autonome Volksbewegungen, in politische Organisationen des unterdrückten

---

[1] *CPT,* Comissão Pastoral da Terra, seu compromisso eclesial e político, Goiânia 1987, 6.
[2] Ebd. 8.

Volkes und nicht selten in Parteien, die die Interessen der Arbeiter formulieren und vertreten.

Natürlich bringen solche konkreten Forderungen Probleme für die Pastoral mit sich. Doch die treibende Kraft ist die Erfahrung des Kampfes um Grund und Boden. Wen wundert es da, daß sie nicht von jedermann verstanden und von gewissen hierarchischen Stellen der Kirche auch nicht nachvollzogen werden?

In der Vergangenheit haben kirchliche Leitungsebenen den Glauben oft genug in Verbindung gebracht mit bestimmten politischen und gesellschaftlichen Systemen. Christentum und expansionistische Imperien waren für sie identisch. Auch heute noch fehlt es nicht an Stimmen, welche den Glauben im Sinn konservativer Parteien und ekklesiologischer Vorstellungen nach Art der Christenheit interpretieren. Und wenn es darum geht, den Glauben samt seinen Forderungen auf dem Weg des unterdrückten Volkes konkret werden zu lassen, dann empfindet mancher Bischof und Hirt Angst und macht Schwierigkeiten.

Zwischen Skylla und Charybdis von politischer Verkürzung und ekklesiastischer Verengung, diesem zweifachen Reduktionismus, kommen wir nur auf dem Weg konkreten Handelns ans Ziel, Klarheit in diese Fragen zu bringen. So versuchen wir im folgenden, ein paar Elemente zu entwickeln, die sowohl die Kirchlichkeit als auch die politische Dimension unserer Pastoral etwas gründlicher beleuchten.

a. Kirchlichkeit. – Die Landpastoral versteht ihren Auftrag als Dienst am Volk, den sie mit sozialen und politischen Instrumenten in der Welt auszuführen hat.

»Ihre Kirchlichkeit ist nichts anderes als der Glaube, den wir in Auseinandersetzung mit schwierigen Situationen und mit der Unerschütterlichkeit unserer Überzeugung praktizieren«, erklärt ein Kreis von Landarbeitern und Pastoralträgern auf der VI. Nationalversammlung der brasilianischen »Kommission für Grund- und Bodenpastoral« (CPT).

»In Nikaragua sind die Momente von Tod und Auferstehung auch die Momente dichtesten Glaubens. Übergabe des Landes, Ernte, Niederlage des Feindes ebenso wie die Feste der sandinistischen Revolution sind Hoch-Zeiten des Glaubens. Wir erfahren den Glauben als Kraft, im Kampf nicht zu ermüden« (Ricardo Zúñiga, Zentrum für Evangelisierung und Landpastoral – CEPA –, Managua).

»Was wir in Peru Tag für Tag erfahren, sind Gewalt, Menschen, die verschwinden, und tiefe Einsamkeit. Persönlich, gesellschaftlich bzw.

politisch stellen sich die Dinge so dar, daß Gott uns zu entschwinden scheint. Von Menschlichkeit ist nichts mehr zu spüren« (Edmundo León, Bischöfliche Kommission für Soziale Aktion – CEAS).

Die sozialen Konflikte und die Leiden der Landbevölkerung sind so groß, daß sich die Landpastoral gezwungen sieht, den Glauben und das Verhältnis zum Gott Jesu Christi neuzuinterpretieren und den Gottesdienst zur Darstellung des kollektiven Martyriums der Kleinbauern und Landarbeiter zu machen. Traditionsbewußte Kreise in den Kirchen verstehen das nicht in jedem Fall richtig. So hat die Landpastoral ihrem Auftrag nicht nur an den Grenzen zur Gesellschaft nachzukommen, sondern nicht selten auch innerhalb der Organisation der Kirchen.

Aufgrund der Dringlichkeiten in ihrem Umfeld machten sich verschiedene Gruppen von Christen, einschließlich etlicher Diözesen, in den letzten Jahren die Anliegen und Vorschläge der Volksbewegungen zu eigen. Sie solidarisieren sich ganz allgemein mit dem Volk auf seinem Weg zur Befreiung. Ihre gottesdienstlichen Feiern und vor allem ihre Lieder haben Gesellschaftsbezug und sind überreich an Begriffen aus der Theologie der Befreiung. Doch an die paternalistische und machistische Struktur der Kirche selbst mit ihrer herrscherlichen Art des Umgangs mit dem Volk und mit ihrem sakralisierenden Verständnis von Welt und Politik rühren sie nicht. Sie kopieren mehr oder weniger die Sprache der Befreiung, entleeren sie aber ihrer Substanz, weil sie sie nicht verbinden mit der entsprechenden Praxis.

In letzter Zeit haben sich diese Gruppen und Kirchen um eine Aufwertung von Bibel, Liturgie und Spiritualität bemüht. Ohne Zweifel sind Bibel, Liturgie und Spiritualität drei Elemente, die für christliche Gemeinden unter dem einfachen Volk und deren Bewegungen fundamental sind. Doch leider werden sie von manchen Christen und Hirten als Vorwand oder Ausflucht benutzt, um sich nicht in Gesellschaft und Politik engagieren zu müssen. Aber was Bibel, Liturgie und christliche Spiritualität im tiefsten meinen, läßt sich nur erfassen und voll in die Tat umsetzen, wenn man sich aktiv auf den Weg der Gerechtigkeit und der Befreiung der Unterdrückten macht.

Im Gegensatz zum Vorgehen dieser Kreise in der Kirche wird die Pastoral des Landes mit ihrem Dienst an den Bauern (deren Situation sich in manchen Ländern wie Bolivien, Peru, Brasilien oder Mittelamerika in den letzten Jahren nur noch verschlechtert hat) für Leute, die an der Seite des Volkes kämpfen, aber keine Christen sind, immer interessanter. Die Pastoral versteht die Mitarbeit dieser Männer und Frauen als Zeichen für die Universalität unsres Auftrags und akzeptiert sie. Wirkung und Fruchtbarkeit des Dienstes werden dadurch noch gesteigert. Was dabei den Glauben betrifft, so haben die Christen unter den Aktiven die Aufgabe, ihn zu verdeutlichen.

Allerdings sind die hier angedeuteten Verhältnisse so schwierig, daß es nicht leicht ist, die Kirchlichkeit der Landpastoral in jedem Fall klar herauszustellen. Ja, es ist schon vorgekommen, daß der Glaube dieses oder jenes Vorkämpfers erschüttert wurde.

Das Problem besteht genauerhin darin, daß es angesichts der schrecklichen Härte des Kampfes und der mitunter fehlenden Unterstützung durch die Gesamtkirche für die in der Landpastoral engagierten Laien, Ordensleute und Priester fundamental wichtig ist, den Glauben nicht nur als Anfangsmotivation, sondern auch als Lebensimpuls für jeden Tag zu erfahren. Eine besitzlose Landarbeiterin sagte auf dem VI. Nationaltreffen der CPT: »Der Glaube ist der Treibstoff, der das Auto am Rollen hält.«

Der Einsatz der Landpastoral erwächst aus dem Glauben und ist geeignet, den Glauben zu stärken. Doch damit der Glaube an den Gott, der der Vater Jesu Christi ist, in all den Konflikten sichtbar werden kann, müssen wir ihn nicht nur in seinen sozialen Konsequenzen leben, sondern auch in seiner unverdienten Verdanktheit pflegen und feiern.

Männer und Frauen, die in der Pastoral des Landes und auf dem Land tätig sind, gewinnen viel dabei, wenn sie ihr Glaubensleben möglichst ernst nehmen, und zwar sowohl was seine innere Seite und seine Ungeschuldetheit anbelangt als auch was seine soziale Ebene betrifft. Je besser ihnen das gelingt, um so besser ist es für das Volk. Auch sie selbst fühlen sich effektiv und affektiv gestärkt und legen ein Zeugnis ab, das für gleichgültige bzw. gegnerisch eingestellte Christen eine Herausforderung ist.

Mit prophetischer Deutlichkeit darf und muß die Volkspastoral von den Kirchen größere Treue zum Volk und intensivere Beteiligung an seinen Kämpfen fordern. Allerdings werden derlei Forderungen nachdrücklicher und überzeugender sein, wenn sie nicht wie bei einer Partei von außen nach innen vorgetragen werden. So kritisiert die Pastoral die Kirche nicht nur aus politischen Gründen, sondern aus ihrem inneren Mittelpunkt heraus, im Namen des Glaubens und des Evangeliums. Dies schließt nicht nur die Analyse der Verhältnisse mit ein, sondern geht noch tiefer und ist noch radikaler. Es verlangt Gehorsam gegenüber dem Willen des Herrn. Es hinterfragt die Kirche aus der Kraft, die sie definiert: aus dem Glauben.

Indes bedeutet die Kirchlichkeit der Landpastoral nicht, daß nicht-christliche Kollegen und Kolleginnen, die wir ja auch haben, damit irgendwelche Grenzen gezogen wären. Wohl aber bedeutet sie, daß Christen sich eindeutiger verhalten und deutlicher definieren müssen, soll ihre Glaubensentscheidung unterwegs nicht verwässert werden, wo dieses Unterwegssein den Glauben doch vielmehr bekunden und bestärken müßte und könnte.

Zu diesem Zweck muß, wer in der Landpastoral – an der Basis wie in den Koordinationsteams – tätig ist, die Gebetsdimension ihrer gottesdienstlichen Feiern ernsthaft überprüfen. Diese haben zwar stets vom Leben auszugehen und die Wirklichkeit des Kampfes und der revolutionären Hoffnung zum Ausdruck zu bringen, müssen aber auch immer kontemplativ, das heißt: getragen sein von einem echten und ausdrücklichen Bezug zu dem Gott, an den wir glauben und der uns in unserem Kampf zur Seite steht.

Immer wieder ist von der Mystik des Kampfes die Rede. Aber Mystik kann es in den Kämpfen, Wallfahrten und Gottesdiensten nur geben, wenn die Menschen sie im Alltag ihrer Kämpfe auch pflegen. Und da es christlichen Glauben nur in Gemeinschaft gibt, können die, die in der Pastoral des Landes und auf dem Land tätig sind, sich nicht dafür einsetzen und nicht verlangen, daß sich das Volk zu Gemeinschaften zusammenschließt, wenn sie nicht auch selbst eine Gemeinschaft bilden. Anderenfalls wären sie nichts weiter als technisches Hilfspersonal, von dem niemand erwartet, daß es ehrlichen Herzens Unterstützung und Bekräftigung für seinen Glauben braucht. Landpastoral ist dann unanfechtbar kirchlich, wenn die in ihr Tätigen Glauben und Kampf persönlich wie gemeinschaftlich als voll integriert erfahren. Dann trägt sie zur Verwirklichung von Geheimnis und Auftrag der Kirche bei.

b. Politische Dimension. – Christlicher Glaube hat sich in der Geschichte immer die eine oder andere politische Konkretion gegeben. Ob man es will oder nicht, auch heute wirkt er sich auf die Geschichte aus. Die Landpastoral gestaltet die politische Dimension des Glaubens, indem sie sich unter die Landarbeiter auf ihrem Weg zur Befreiung einreiht.

Aber auch wenn die Pastoral in die Volksbewegungen hineingeht, achtet sie gleichwohl deren Autonomie und weltlichen Charakter. Die Gemeinschaft der Kirche engagiert sich im Geist der Solidarität. Will sagen: Christliche Vorkämpfer arbeiten in Gewerkschaften, Basisbewegungen und Parteien mit.

Je nach Umständen haben sich die Christen wie auch die verschiedenen pastoralen Initiativen insgesamt in den einzelnen Ländern zu überlegen, wie sie politisch aktiv werden können. Dabei können sie sich weder allein von der Lehre der Kirche noch allein von ihrer Tradition beraten lassen. Die Kirche bietet ihnen die Kriterien, nämlich Gerechtigkeit und Dienst, aber nicht die Etappen und Handlungsstrategien. Diese sind gemäß den »Zeichen der Zeit« zu bestimmen.

Die Erfahrung lehrt uns, unser Vertrauen nicht weiter auf Parteien zu setzen, die sich »christlich« nennen, und der Versuchung einer neuen Christenheit nicht nachzugeben.

Höchst unklug handelten die Kirchen, wollten sie sich zufrieden gestellt sehen, sobald das Volk einen ersten Grad an Bewußtsein erreicht bzw. irgendwie in Richtung Gerechtigkeit mobil wird. Es wäre ein Verrat, wollten sie die Christen bis an den Rand der Gefahr führen und sie dann auf dem gewagten Weg des konkreten Engagements nicht weiter begleiten.

Das Kirchenbild, auf dem die pastorale Arbeit mit dem einfachen Volk gründet, überwindet jenes ekklesiastische Verständnis, nach dem die Ämter in sakrale und profane zu unterscheiden sind, das heißt: nach dem die Laien durch ihr politisches Engagement an der Veränderung der Welt zu arbeiten haben und den geweihten Amtsträgern die Dienste an Kirche und Altar obliegen. In der Volkspastoral fordert auch die Frau ihren aktiven Platz im kirchlichen Amt, und der Laie erwartet, daß der priesterliche Charakter seiner Berufung in Liturgie und Weltdienst entschiedener anerkannt wird, während die Amtsträger konkreter die Einheit zwischen Glauben und Veränderungsdienst an der Welt bezeugen wollen.

Jedesmal wenn die Kirche das Ansinnen hat, Rolle oder Ort von Amtsträgern oder Laien in der Politik mit Hilfe der Lehre zu definieren, kommen erfahrungsgemäß nur Verbote dabei heraus. Läßt sie sich dagegen auf die Einschätzung der Christen ein, die sich diese in Fühlung mit den Volksbewegungen von den Verhältnissen bilden, findet sie zunehmend angemessene Wege und Mittel des politischen Engagements.

So besteht die politische Dimension der Landpastoral darin, sich aktiv an der Befreiungsbewegung der Landbevölkerung zu beteiligen, ihre Autonomie zu achten und jedesmal, wenn nötig, ihren spezifischen Beitrag zu leisten.

Die Landpastoral hat kein eigenes politisches Programm und darf es auch nicht haben. Sie besitzt weder ein eigenes Modell von Bodenreform noch von der Art und Weise, wie die neue Gesellschaft zu erreichen ist.

Die Option der Landpastoral geht vielmehr dahin, sich das Projekt der Arbeiterklasse zu eigen zu machen und, falls notwendig, daraufhin zu wirken, daß es sichtbar wird. Konkret heißt das, daß sie anstehende Vorhaben der Bewußtmachung, Mobilisierung und Organsierung der Unterdrückten favorisiert und unterstützt, wie zum Beispiel, daß sie bei der theoretischen und praktischen Bildung ihrer Kader und Führungskreise hilft.

In Lateinamerika gelten Landarbeiter und Kleinbauern, städtische Landnutzer und Indianer als Menschen dritter und vierter Klasse. Keiner hört auf sie, und sie selbst haben keine Möglichkeit, sich Gehör zu verschaffen. Ja, sogar manche Kreise, die die Revolution auf ihre Fahnen geschrieben haben, behandeln die Unterdrückten, als wären sie irgendeine Sache oder Objekte ihres Handelns. Daß diese Menschen von Anfang an Handelnde und Subjekte ihres eigenen Weges sind, haben sie nicht deutlich genug im Blick. In diesem Sinn kann die Volkspastoral auf eine Erfahrung verweisen, die revolutionär neue Beziehungen in die Politik bringt. Danach sind Kleinbauern und Landarbeiter, städtische Landnutzer und Indianer im wesentlichen selbst die treibenden Kräfte ihres pastoralen und politischen Handelns. Bei ihren Versammlungen, Treffen und Veranstaltungen schafft die Pastoral so etwas wie ein Forum, auf dem sich die Mitglieder von der Basis und die Leiter ein Stück weit als Gleiche begegnen. Männer und Frauen von der Basis brauchen nicht mehr bloß vorher und von höherer Stelle gefaßte Entscheidungen zu wiederholen oder auszuführen. Sie selbst legen als verantwortliche Bürger und Christen den gemeinsamen Weg fest. Sie selbst sind die eigentlichen Sprecher und Vertreter ihrer Interessen als Klasse und Rasse. Sie selbst entscheiden, was zu tun ist und in welchen Schritten die Arbeit geschafft werden kann. So spüren sie, daß es ihnen nicht an der politischen Fähigkeit mangelt, ihre Vorstellungen durchzusetzen und auch heute schon eine Reihe von Instanzen zu besetzen, durch die sie als Volk bis zu einem gewissen Grad Macht ausüben.

Ein weiterer Aspekt der politischen Dimension in der Pastoral des Landes ergibt sich aus der neuen Art und Weise, den gemeinsamen Weg zu gestalten. Die Pastoral schafft in den christlichen Volksgemeinden einen neuen, bisher nichtgekannten Freiraum. Das V. Interekklesiale Treffen der Kirchlichen Basisgemeinden in Brasilien 1983 in Canindé stand unter dem Thema: »Kirchliche Basisgemeinden – Samenkorn einer neuen Gesellschaft«. Auf diesem Treffen entstand ein Lied, das seither überall in Brasilien gesungen wird:

> »Jung sind wir und wollen Gemeinschaft –
> Volk als Same einer neuen Nation!
> Jung sind wir und leben die Liebe,
> sind Gemeinde und Volk des Herrn...«[3]

Natürlich ist die Einstellung, die aus solch einem Lied klingt, nicht frei von einer gewissen Doppeldeutigkeit. Gegenüber dem einfachen Volk, das die herrschenden politischen Strukturen mittlerweile skeptisch betrachtet, wäre es nicht korrekt, die Basisgemeinden und Bewegungen der Volkspastoral in der Weise darzustellen, als seien sie hinreichende politische Werkzeuge und als ständen sie den Gruppen und Instrumenten gegenüber, mit denen die Arbeiter die Macht übernehmen wollen. Niemand darf sich dem Irrtum hingeben, die neue Gesellschaft komme allein von den kirchlichen Basisgemeinden. Die Basisgemeinschaften sind allenfalls ein mögliches Samenkorn unter anderen, aus denen die neue pluralistische und ökumenische Gesellschaft sprießt. Auf diesem Gebiet spüren wir eine Art Dialektik zwischen dem, was wir möchten, und dem, was im Augenblick möglich ist.

Dennoch sind die popularen Gemeinden im Rahmen der Instrumente und politischen Instanzen, die das System mit sich bringt und die von den Christen als Wirkmöglichkeiten genutzt werden müssen, nicht nur eine Herausforderung für alle, die gegenwärtig im Land die Macht innehaben, und für das Modell von politischem Regime, das wir im Augenblick haben, sondern sie sind geradezu ein Gegenbeweis gegen die Rechtmäßigkeit dieses Systems.

Im popularen Christentum ist seit den Urgemeinden des Neuen Testaments über bestimmte Gruppen von Märtyrern, die das Römische Reich herausforderten, und über christliche Mönchsbewegungen, die vor der konstantinischen Kirche in die Wüste flohen, beinahe durch die ganze Geschichte hindurch eine starke Strömung utopischer Hoffnung zu beobachten. Sie spiegelt eine gewisse anarchistische Tendenz wider, die auch schon in einigen Schichten der Evangelien anklingt (vgl. Lk 4,1–13; Mt 23,1–12; Lk 13,31–33; 22,24–30). Es geht um ein grundsätzliches Mißtrauen gegenüber der Macht schlechthin.

---

[3] Der ganze Text des Liedes, dem Rhythmus nach ein typisch brasilianischer Baião, findet sich in deutscher Übersetzung in: *H. Goldstein* (Hrsg.), Tage zwischen Tod und Auferstehung, 126 f. (Anm. des Übersetzers).

So erweisen sich die christlichen Volksgemeinden fast als eine Gegenmacht, als eine neue, radikale Erfahrung von Freiheit. In diesem Sinn gehen sie weiter als andere revolutionäre Gruppen, welche die etablierte Macht zwar in Frage ziehen, aber nicht die Rechtmäßigkeit hinterfragen, auf die sich die Macht beruft.

Was da die Gemeinden ebenso wie die Volkspastoral an radikalen politischen Dingen bieten, kann natürlich negativ und schädlich sein. Und das ist dann der Fall, wenn es die Menschen für den konkreten Kampf der Volksbewegung, der ja auch zwangsläufig den Kampf um die Macht beinhaltet, gleichgültig macht oder gar von ihm abbringt. Es kommt darauf an, sich der beiden Seiten des Problems bewußt zu sein: Zum einen müssen die Gemeinden mit ihrem politischen Einsatz eine Ebene antizipieren, die jenen übersteigt, zum anderen aber dürfen sie sich auf keinen Fall abbringen lassen vom unmittelbaren Engagement mittels angemessener Werkzeuge, die ihnen die Gesellschaft bietet.

So läßt sich die Pastoral des Landes und auf dem Land in dem einen Satz zusammenfassen: Es geht darum, gegenüber Landarbeitern und Kleinbauern das Reich Gottes und seine Gerechtigkeit (vgl. Mt 6,33) zu bezeugen und zu verkünden.

3. Spiritualität des Landes und der Erde

In den letzten Jahren ist allenthalben in christlichen Kreisen Lateinamerikas das Verlangen zu spüren, die spirituelle Dimension des Engagements bzw. das Verhältnis zwischen Glauben und Politik zu vertiefen. Auch die Theologie der Befreiung ist eine geistliche Theologie und bringt unwillkürlich eine Spiritualität der Befreiung mit sich. So möchten auch diejenigen, die mit Landarbeitern und Kleinbauern zu tun haben und sich auf ihren Kampf um Grund und Boden eingelassen haben, eine Spiritualität der Erde bzw. des Landes entwickeln und begründen.

a. Annäherung an eine Spiritualität des Landes. – Was wir meinen, ist »eine neue menschliche Grunderfahrung ..., die es vermag, das gesamte persönliche und kollektive Leben der Menschen von der Wurzel auf zu verändern und mit einem ganz tiefen Sinn zu bereichern. Wir sprechen von einer ›geistig-geistlichen‹ Erfahrung, und zwar sowohl im anthropologischen Sinn – berührt und bewegt sie doch den Menschen von seiner tiefsten Wurzel her, die wir ›Geist‹ nennen – als auch im theologischen Sinn – erkennen wir doch im Lichte des Glaubens in dieser ›Hoch-Zeit‹ der Geschichte unserer unterdrückten und gläubigen Völker das umgestaltende und neugründende Werke des ›Geistes‹ Jesu Christi.«[4]

»Für viele Christen in Lateinamerika hängt die Möglichkeit der Nachfolge Jesu gegenwärtig davon ab, ob sie es fertig bringen, sich in die geistliche Erfahrung des Volkes hineinzubegeben.«[5]

Unter »Spiritualität des Landes« verstehen wir hier die Erfahrung, in der Nachfolge Jesu und in Gemeinschaft mit dem lebendigen Gott auf dem Weg des Kampfes zu sein, den die Bewegung der Landarbeiter führt um Grund und Boden, um ihre Befreiung ebenso wie um das gottgegebene Recht, auf diesem Stück Lateinamerikas zu leben und daraus ihren Lebensunterhalt zu nehmen.

Für Landarbeiter, Indianer und Stadtrandbewohner ist dieser Erdteil zu einem »fremden Land« geworden. Sie erfahren es als feindselig, weil es »seine Bedeutung als Geschenk Gottes verloren« hat.[6]

Spiritualität der Erde und des Landes ist eine Sache von großer Dringlichkeit und Wichtigkeit. Denn angesichts des Völkermordes, den der Imperialismus samt seinen Bütteln allerorten in Lateinamerika praktizierte, betrachten viele Christen, die nach Gerechtigkeit hungern und dürsten, die Situation als Widerspruch zu dem, was Gott in der Bibel verheißen hat, und als Barriere für die von Gott inspirierte Hoffnung auf Befreiung. Die »institutionalisierte Ungerechtigkeit« mutet wie ein Dementi an, das das Wort unseres Glaubens in Abrede stellt. Sie leugnet den Gott des Lebens, an den wir glauben.

Wie also kann man in einer Wüste von Not und Elend auch weiterhin an diesen Gott glauben und sein Zeuge oder seine Zeugin sein?

b. Voraussetzungen für eine Spiritualität des Landes. – Grundlegende Voraussetzung ist Solidarität mit dem unterdrückten Volk. Konkret heißt das: Wer die Spiritualität des Landes leben will, darf sich nicht scheuen, im Getümmel des Kampfes um Grund und Boden den Brüdern und Schwestern auf dem Land zur Seite zu treten. Nicht minder fundamental ist, in unmittelbarer Berührung mit der Erde zu stehen. Auch wenn man kein Bauer ist – das Spüren der Erde humanisiert allemal.

[4] R. *Muñoz,* Der Gott der Christen (BThB), Düsseldorf 1987, 42.
[5] G. *Gutiérrez,* Aus der eigenen Quelle trinken. Spiritualität der Befreiung, München – Mainz 1986, 39.
[6] Ebd. 14. 16.

Sowohl die Arbeit auf dem Feld als auch die soziale Mitarbeit in einer Gewerkschaft oder in einer Partei hat eine geistig-geistliche Dimension. Das eine wie das andere ist nicht nur nicht gleichgültig für das Glaubensleben, sondern erweist sich sogar als mystischer Ausdruck der Gemeinschaft mit unserem Gott. So etwas mag leicht zu sagen und zu verstehen sein. Die Frage ist nur: Wie läßt es sich in einem Kampf, der die Kräfte eines Menschen übersteigt und ihn selbst bisweilen zerreißt, in die Tat umsetzen?

Dieser Weg geht sich in der Tat nicht einfach von selbst. Wer ihn geht, muß vielmehr Askese (griechisch: Anstrengung, gymnastische Übung, Training) üben und dabei auch die Entdeckungen von Christen früherer Zeiten vor Augen haben. Es kommt darauf an, die Reichtümer der Überlieferung in den christlichen Kirchen zu nutzen und im Licht unserer Wirklichkeit neuzuverstehen.

Mit dem Volk unterwegs, versucht die Landpastoral unentwegt, auf die Erinnerung, auf die Vergangenheit des Volkes zurückzugreifen. Die christliche Mystik gründet auf zahlreiche Erfahrungen vergangener Generationen. Viele von ihnen stammen aus dem Volk selbst, und andere, die anderswo entstanden sind, kann das christliche Volk leicht übernehmen. Manche Traditionen, die das katholische Volk in Lateinamerika so schätzt, haben mittelalterliche Wurzeln, die ihrerseits noch einmal auf spirituelle Erfahrungen der Antike zurückgehen. Wir sollten die Vergangenheit nicht abtun! Bilderstürmerei an der Tradition hat sich in der Pastoral mitunter auch schon als Repression gegenüber dem religiösen Volk ausgewirkt. Die Herausforderung ist, aus dem Blickwinkel unseres Befreiungsauftrags das Alte und das Neue klug und kritisch miteinander zu verbinden.

c. Elemente einer Spiritualität des Landes – Gemeinden. – Im zweiten Kapitel des vorliegenden Buches hatten wir bereits von der geistigen Einstellung der Landbevölkerung im allgemeinen gesprochen. Im Rückgriff darauf soll jetzt von der Spiritualität der Gemeinden die Rede sein.

Allenthalben in Lateinamerika haben sich heute Landarbeiter und Kleinbauern wie auch Indianer zu Kirchlichen Basisgemeinden zusammengeschlossen. Diese prägen inzwischen weithin das Antlitz der Kirche auf dem Land ebenso wie in der Stadt. Mit ihrer Spiritualität bereichern sie das ganze Leben der Kirche. Daß sie sich als Kirche verstehen, verändert und verwandelt einige weniger positive Elemente ihrer von altersher überlieferten Religion, wie etwa den Fatalismus und mancherorts den Individualismus.

Ein erstes Element dieser Spiritualität ist der Glaube als tragender Grund des gesamten Lebens und als Perspektive, aus der die Leute sich selbst, ihre Mitmenschen und alles, was ihnen widerfährt, zu betrachten sich bemühen. Dieser Glaube, der in der Vergangenheit zugegebenermaßen vor allem die Gottheit bzw. die Schutzheiligen des Ortes oder der Familie im Blick hatte, rückt allmählich – ohne den Aspekt der Heiligenverehrung zu verlieren – Christus und das Verhältnis zum lebendigen und befreienden Gott in den Mittelpunkt. Dank der sozialen Praxis nimmt er den Gemeinschaftsbezug und das Engagement ernster, wird bewußter und kritischer, ohne jedoch seine affektiven und geschichtlichen Wurzeln im lateinamerikanischen Volk einzubüßen. Wie jeder Glaube bringt auch er sich im Gebet zum Ausdruck. So beginnen die Bauern in vielen Gegenden Lateinamerikas eine Aktion, mit der sie sich verteidigen, wie etwa die Besetzung eines Gebietes, mit einem Gebet. Über Lagern, die sie zu diesem Zweck aufschlagen, ragt immer immer wieder das Kreuz empor. Dabei orientieren sich die Gebete und die Symbole dieser Spiritualität immer dichter an der Bibel.

Damit kommen wir zu einem zweiten Element, welches das geistige Leben der Landbevölkerung auf ihrem Weg auszeichnet. Die Leute haben eine große Liebe zur Bibel und beziehen sich fortwährend auf das Wort Gottes. In Nikaragua tragen die »Beauftragten des Wortes«, das heißt: die Leiter der Basisgemeinden, ständig die Bibel bei sich. Und es mutet beinahe folkloristisch an, wenn man in Mittelamerika in den Lagern der Guerilla neben dem Gewehr eine zerfetzte, weil täglich benutzte Bibel liegen sieht. Viele Bauern machen sich dadurch Mut, ihr Land zu schützen bzw. sich ein Stück Land zu erobern, daß sie dem Thema »Land« in der Bibel meditierend nachgehen und sich fragen, was das Wort Gottes dazu lehrt. Das Buch der Bibel, das in den Basisgemeinden am meisten gelesen wird, ist zweifelsfrei das Buch Exodus. Brasilianische Basisgemeinschaften zum Beispiel entdecken ihren Kampf heute in dem Kampf der Hebräer damals in Ägypten wieder. Immer wieder hört man auch das Volk sagen, gerade das Buch der Psalmen sei besonders gut für den Gebrauch in den Gemeinden geeignet. Aus den Psalmen nehmen die Leute eine unerschöpfliche Kraft für ihren Weg. In den Psalmen stecken das Klagen und das Vertrauen eines kämpfenden Volkes, der Dank für den errungenen Sieg und das Zeugnis davon, daß der Herr es und uns im Kampf führt.

Als drittes Element einer neuen Spiritualität des Landes können wir noch benennen, daß Ausdrucksformen und Gebräuche der alten Religion wieder verwendet, aber mit neuen, kritischen und kämpferischen Inhalten gefüllt werden. An verschiedenen traditionellen Wallfahrtsorten hat man die alte Pilgerpraxis wiederbelebt, die freilich jetzt den Charakter von Wallfahrten um Grund und Boden bekommen hat. Auch kennen wir Beispiele von Volksmissionen, aus denen nunmehr Missionen der Befreiung geworden sind. Und schließlich wird in diesem Sinn eine Reihe alter volkstümlicher Lieder gesungen, die aber jetzt im Kontext von Kampf und Engagement der Glaubenden für Gerechtigkeit stehen.

Ein weiterer wichtiger Aspekt dieser kämpferischen Spiritualität des Landes ist zweifelsohne der Widerstand oder die Geduld im Kampf, auch wenn die Frucht des Sieges nicht zu erkennen ist und man nur noch von Vertrauen und Hoffnung auf die Befreiung getragen wird. Auch die christliche Urgemeinden übten sich, wie den Apostelbriefen und der Offenbarung zu entnehmen ist, in ihren Anfechtungen in der Geduld. Man betrachtet die Bedrängnisse als Geburtswehen eines neuen Zustandes des Glücks (vgl. Röm 8,19f; 1 Thess 2,13–20 u. a.).

Als fünftes konstitutives Element der Spiritualität des Landes dürfen wir das Martyrium nicht übersehen. Dabei müssen wir uns immer vergegenwärtigen, daß der Märtyrertod nichts Entfremdendes ist, das das Volk die konkreten gesellschaftlichen und politischen Umstände des Mordes vergessen ließe. Dieser ist nie gewollt oder provoziert. Genauso war es auch in den ersten Jahrhunderten der Kirche, abgesehen von Ausnahmen, wie bei Ignatius von Antiochien, der auf diese Weise Zeugnis ablegen wollte für die Unabhängigkeit und Überlegenheit des christlichen Glaubens gegenüber der Ideologie des Reiches.

Kernstück der Spiritualität des Landes – und damit beleuchten wir eine letzte Komponente – ist die eschatologische Dimension. Aus der Geschichte wissen wir, daß auf dem Boden der Leiden von Landarbeitern und Kleinbauern an verschiedenen Orten messianische Bewegungen der Volkserhebung wuchsen. Immer handelt es sich dabei um geistige Bewegungen, die sich häufig auf die Geheime Offenbarung oder ähnliche, mündliche Überlieferungen beriefen, vor der Realität der bestehenden gesellschaftlichen Verhältnisse fliehen wollten und sich so zunehmend radikalisierten. Oft genug flüchteten sie sich in einen fanatisch anmutenden Glauben. Vielleicht ist das der Grund, weshalb sie stets besiegt worden sind. Auch heute nähren unsere populären Gemeinden die Hoffnung auf das Reich Gottes und sind erfüllt von dem Wunsch, daß es komme. Deshalb kämpfen sie darum, daß es hier und heute – anfanghaft – Wirklichkeit wird, wobei sie jedoch das Politische immer mit dem Glauben verbinden. So erinnern sie an die pfingstliche Sensibilität christlicher Volksbewegungen, die es in der Geschichte immer wieder gegeben hat; nur daß sie der Erwartung des Reiches Gottes und unserem Bemühen, sein Kommen vorzubereiten, eine geschichtsbezogene Dimension geben.

d. Anregungen für eine Spiritualität des Landes – Pastoralträger. – Die Erfahrung lehrt, daß die Begriffe der klassischen Spiritualität bisweilen ungeeignet oder unzureichend sind, um unmittelbar auf Leben und Wirken der in der Landpastoral Tätigen angewandt zu werden. Voller Bewunderung für die Treue, mit der sie sich ihrem Auftrag widmen, und um ihnen eine gewisse Hilfe zu bieten, erlauben wir uns, einige Anregungen zu geben.

Unter dem Stichwort »Voraussetzungen« hatten wir bereits auf die doppelte Notwendigkeit hingewiesen, sich ganz auf Leben und Kampf der Bauern einzulassen wie auch die positiven Elemente der Vergangenheit und der spirituellen Erfahrung und Experimente in der Kirche zu nutzen. Damit rühren wir erneut an die Frage der Kirchlichkeit.

Mit einem Ja zu äußeren Aspekten des Glaubens ist es nicht getan. In der Kirche zu sein aus ideologischen oder praktischen Gründen, aufgrund von Gewohnheit, wegen eines Bezugs zu einem Arbeitsprogramm, das in der Kirche läuft, oder weil es – warum auch immer – opportun erscheint, ist zuwenig. Einfach zur Institution Kirche zu gehören reicht nicht. Kirche sein, das ist die Herausforderung: sich also nicht bloß in die äußere Gewandung des Glaubens hüllen, sondern sich radikal auf den Weg einlassen, den christlicher Glaube erheischt und bedeutet – Umkehr des Lebens! Umkehr ist die Antwort, an der keiner vorbeikommt, der Jesus Christus begegnet ist und von ihm angesprochen wurde, sein Jünger bzw. seine Jüngerin zu werden und den Glauben als Weg der Gerechtigkeit zu gehen.

Wir sind nicht blind für die Sünden der Kirche, wir sagen auch nicht ja und amen zur Unterdrückung, nur weil nicht die Welt, sondern die Kirche die Verantwortung dafür trägt. Spritualität und Pastoral des Landes haben mit der Berufung zur Prophetie zu tun. Wir werden keine Nachsicht üben, nur um die eigene Haut zu retten oder in einem liberalen Individualismus leben zu können. Wir stehen an der Seite des Volkes, weil uns der Glaube zum befreienden Engagement treibt.

In diesem Sinn sind wir in die Pflicht genommen, uns stets aufs neue auf die Suche nach dem Gott der Bibel und nach der Gemeinschaft mit ihm zu machen.

Ausgangspunkt ist die Wurzel aller Spiritualität: das Verhältnis, das wir zu Gott haben. Und unser Gott – das besagt doch der Glaube – ist der Gott des Lebens, der alle mordenden Götzen, welches unterdrückerische System gestern und heute sie auch propagiert, bekämpft und zunichte macht.

In einem herrlichen, in die Form eines persönlichen Psalms gekleideten Gedicht drückt Frei Betto sich so aus: »Ich glaube weder an den Gott von Magistratsbeamten noch an den Gott von Generälen oder patriotischen Gebeten. . . Ich glaube weder an den Gott, der in Kirchengemäuern schläft, noch an den Gott, der in den Geldschränken der Kirchenbehörden eingesperrt ist. Ich glaube weder an den Gott des Weihnachtsrummels noch an den Gott der eingängigen Werbung. Ich glaube weder an den Gott all dieser Lügen, die wie Tongefäße zerbrechen, noch an den Gott der bestehenden Ordnung, die nichts weiter als etablierte Unordnung ist. Der Gott meines Glaubens wurde in einer Höhle geboren. . .«[7]

Den Gott des Lebens in Wahrheit anbeten kann nur, wer mit den falschen Göttern, die die Welt beherrschen, bricht. Umgekehrt sind biblischer Glaube und Spiritualität unentbehrliche Waffen im Kampf gegen die Ungerechtigkeit, die im Gewand von Vergötzung und Verabsolutierung von Kapital und Gewinn daherkommt.

Von altersher lehrt uns die Kirche, daß Glaube nicht ohne Gebet sein kann. Gebet ist Nahrung und Pflege für den Glauben. Das Gebet ist eine Lebenshaltung, die den Glaubenden immer und überall auszeichnet, weil er unentwegt ein Auge und ein Ohr für Gottes Vorhaben und Inspiration hat.

Da unser Gott nicht sichtbar ist, sich nicht aufdrängt und sich nirgends sonst als in der Geschichte zu erkennen gibt, müssen wir unser inneres Gehör verfeinern und unsere inneren Sinne schärfen, wollen wir ihn als in Leben und Kampf gegenwärtig und am Werk erfahren. Dazu aber steht eine große Aufgabe vor uns: »das Einswerden unseres Seins«. Doch das innere Einswerden hängt dialektisch zusammen mit dem Bemühen um eine neue, klassenlose und von Unterdrückung freie Gesellschaft, die wir allerdings in Ansätzen vorwegnehmen können.

---

[7] Der Text des Gebetes findet sich in deutscher Übersetzung in: *H. Goldstein* (Hrsg.), Tage zwischen Tod und Auferstehung, 330–331.

Sie kündet eine neue Seinsweise des Menschen an. Um sie zu erlangen, bedarf es des Gebetes, wie sie es andererseits ermöglicht, daß unser Gebet wahrhaftiger wird.

Gebet ist Lebenshaltung. Ununterbrochenes Beten setzt Üben voraus, Einüben in sowohl persönliches als auch liturgisches als auch gemeinschaftliches Beten. Das eine vervollkommnet das andere. Das liturgische Gebet gibt den Rahmen und den Inhalt der Zeichen (Sakramente) für die Gegenwart des Herrn in unserer Mitte. Es bietet die Gewähr für die Objektivität des Glaubens, damit wir uns nicht in religiösem Subjektivismus verirren.

Niemanden kann es überraschen, daß jemand, der zu einem neuen Bewußtsein gelangt und sozialrevolutionär engagiert ist, sich schwer tut mit einer traditionellen und formalistischen Religiosität, in der für seine Lebenswelt kein Raum ist. Da ist es nur normal, daß er sich nach einer Glaubensgemeinschaft umsieht, bei deren Feiern er sich wohler fühlt. Hauptsache jedoch ist, daß er nicht Schluß damit macht, Glauben, Wort Gottes und Gemeinschaft mit Christus zu feiern – als persönliche Freude, als inneres Bedürfnis und, schließlich, als Lebensmethode.

Nach und nach macht dann diese Methode »unser Herz aus Stein zu einem Herzen aus Fleisch« und gibt uns die Kraft, der religiösen Skepsis widerstehen zu können. Ein Pastoralträger oder ein Vorkämpfer, der sich der Versuchung der religiösen Skepsis oder des bloß politisch motivierten Mitkämpfens ohne die treibende Kraft des Glaubens anheim gibt, fällt leicht in übertriebenen Aktivismus, in persönliche Lustlosigkeit und – nicht auszuschließen – in eine gewisse Unmenschlichkeit in seinen Beziehungen zu den Kolleginnen und Kollegen. Spiritualität des Landes muß die Arbeit mit den Bauern humanisieren und einnehmend machen.

Was wir so als den Kern der Spiritualität beschrieben haben, läßt sich kaum in Worten und Gedankenschlüssen zum Ausdruck bringen. Wer dächte da nicht an Formulierungen wie »zärtliche Revolution«, wie wir sie aus Nikaragua kennen? Wer hat nicht schon Gedichte gelesen, die dafür werben, »mit Liebe zu kämpfen«? Und wem klingt nicht das allseits bekannte Wort von Che Guevara im Ohr, es gelte, Tapferkeit mit Zärtlichkeit zu verbinden?

So verstehen wir die Wahrheit des Satzes, gerade wenn der Kampf am härtesten sei, müsse sich der Mensch am innigsten geliebt fühlen und selbst am rückhaltlosesten lieben. Revolutionäre müssen den Mut haben, das Monopol der einfühlsamen Rede nicht Kreisen von Entfremdeten und Individualisten zu überlassen. Christen, die sozial und politisch engagiert sind, haben Zeugen dafür zu sein, daß Revolution Liebe ist. Unsere Berufung ist die Liebe. Spiritualität ist Offenheit für die Liebe. Fähig werden, zu lieben und geliebt zu werden, zu beweisen, daß Liebe stärker ist als jede Art von Unterdrückung, und zu bezeugen, daß die Liebe von Gott kommt, weil er ja die Quelle aller Liebe ist..., darauf kommt es an.

Alle alten Mystiker bedienen sich der Sprache der Liebe, wenn sie von Kontemplation sprechen. Theresia von Ávila hat das Wort geprägt: »Beten heißt weder viel reden noch viel denken, es heißt viel lieben.«

Der Unterschied zwischen der Spiritualität des Landes und der Spiritualität der Mystiker und bestimmter geistlicher Bewegungen heute besteht darin, daß die Liebe für uns eine Lebenshaltung ist: politische und geschichtliche Solidarität und nicht bloß eine individuelle Angelegenheit. Sie ist deshalb Spiritualität, weil sie von Gott kommt und Gott in den Auseinandersetzungen um Grund und Boden bezeugt.

Im Neuen Testament heißt diese Liebe »agape«. In der Tradition der Kirche wurde der Begriff mit »caritas«, Nächstenliebe, wiedergegeben. In Lateinamerika stimmen wir heute darin überein, daß man das Wort am besten mit »Solidarität« übersetzt. Agape umfaßt bei uns praktische Imperative und geschichtliche Erfordernisse. So sagt zum Beispiel auch Johannes Paul II. am 2. Oktober 1979 vor der UNO: Man muß das Gleichnis vom reichen Mann und vom armen Lazarus »in unsere heutige Sprache übersetzen, in die Begriffe der Wirtschaft und der Politik«, in die Terminologie »der Menschenrechte, der Beziehungen zwischen der ›Ersten‹, ›Zweiten‹ und ›Dritten‹ Welt«[8].

In diesem Sinn hat die Spiritualität des Landes ihre tragende Achse in Caritas und Dienst an den Bauern. Sie ist Liebesdienst und Schutz des Lebens. Landpastoral ist Liebespastoral.

»Im Namen politischer Caritas, mit der sich die Kirche im Dienst an Gesellschaft und Geschicht weiß, setzt sich die ›Kommission für Grund- und Bodenpastoral‹ für Kleinbauern und Landarbeiter ein und gibt ihnen Kraft...«[9] Das Grundlagenpapier der brasilianischen »Kampagne der Brüderlichkeit« 1986 spricht von »befreiender Caritas«, von »befreiender Nächstenliebe«.[10]

[8] *C. Boff/J. Pixley,* Die Option für die Armen, 135 Anm. 1.

[9] *E. Allegri,* Comissão Pastoral da Terra, seu compromisso eclesial e político, 1987.

[10] *Brasilianische Bischofskonferenz,* Land Gottes – Land der Brüder, Nr. 163.

Die Spiritualität des Landes hat ihren Ort in einer Ekklesiologie, der an einer besseren und anerkannteren Mitwirkung des Laien und der Frau im Leben und in den Vollzügen der Kirche liegt. Daß sich Laien, Männer wie Frauen, in den Volksbewegungen Gott weihen, vollziehen sie im Zeugnis politischer Liebe und kämpferischen Engagements. So üben sie Caritas und Nächstenliebe im Rahmen soziopolitischer Arbeit. Das Leben wird aufgewertet, und der Nächste – auch der Feind! – wird geachtet.

e. Eine besondere Herausforderung – Märtyrer im Kampf um Grund und Boden.

– In den letzten Jahren hat die Gewalt auf dem Land in erschreckendem Maße zugenommen. Niemand weiß die Zahl der Bauern und ihrer Verbündeten, die bei der Verteidigung von Land und Leben ermordet wurden. Dabei sind sie nur ein Teil des unübersehbaren Heeres von Märtyrern, die allerorten in Lateinamerika das neue Antlitz der Kirchen darstellen.

Bei allen Problemen, die wir haben: Stadt-Land-Verhältnis, Ökologie, alternative Landwirtschaft, Organisation der landlosen Bauern, Klassenkampf, um nur einige Themen zu nennen, ist das Morden auf dem Land die bedrückendste und drängendste Herausforderung. Eine Pastoral, die Leben und Befreiung will, provoziert Mord und Totschlag und kann ihre Früchte offenbar kaum nach Siegen und Errungenschaften, sondern nur nach Märtyrern zählen!

Die schwerwiegendste Anfrage ist: Wie können wir den Märtyrertod gebührend wertschätzen und feiern, ohne uns an das tägliche Morden zu gewöhnen oder gar darauf einzustellen? Wie das Martyrium feiern und gleichzeitig das Morden bekämpfen?

Auch theologisch gibt es ein Problem. Traditionell denkende Kreise in der Kirche erkennen unsere Brüder und Schwestern, die ihr Leben lassen mußten, nicht als Märtyrer an. Spräche dagegen die Kirche als ganze die Bestätigung aus, würde sie einmal die Verdienste der Toten für die Gerechtigkeit anerkennen und zum anderen offiziell klar Position gegen die Spirale der organisierten und systematischen Ungerechtigkeit beziehen.

Die traditionelle Lehre der Kirche lautet: Für Christus leidet nicht nur, wer für den Glauben an Christus leidet, sondern auch, wer für ein Werk der Gerechtigkeit aus Liebe zu Christus leidet.

In Lateinamerika haben wir Tausende von Märtyrern für das Reich Gottes. Männer und Frauen gaben und geben ihr Leben, damit das Reich Gottes wächst. Alle sind Märtyrer der Gerechtigkeit, die Jesus seligpreist. Innerhalb dieser riesigen Zahl haben wir dann jene Märtyrer, die speziell für Christus gestorben sind, weil sie als Christen ihr Leben gegeben haben, das heißt: im Bekenntnis zum Herrn, nicht als Wort und Lehre, sondern als Herrn des Lebens und der Gerechtigkeit.

Im März 1976 sagte Oberst Reyes in Guatemala vor zweihundert Lehrern der Quiché-Indianer: »Wenn ihr am Leben bleiben und nicht verhaftet und getötet werden wollt, dann trennt euch von der Kirche; denn die Armee hat sich entschlossen, diese Scheiße aus Guatemala hinauszufegen.«[11]

Ebenfalls aus Guatemala stammt das folgende Zeugnis eines Indianerkatechisten. Der Mann erzählt über das Vorgehen des Heeres bei einem Angriff auf Chinaltenango: »Da ist noch ein Katechet, den haben wir bei den anderen Genossen gefunden. . ., bei lebendigem Leib haben sie ihn gekreuzigt, mitten auf dem Weg . . . zwei Nägel durch die Hände, einen durch den nackten Bauch, einen durch die bloßen Füße und einen durch den Kopf.«[12]

»Bischöfe, Priester, Nonnen und Laien werden mittlerweile in ganz Lateinamerika als Agitatoren und Aufrührer verfolgt, ohne daß es dazu antireligiöser Erlasse bedürfte, so wie auch das jüdische und römische Gesetz nicht geändert, sondern nur mit Hinterlist benutzt zu werden brauchte, um Jesus hinzurichten.«[13]

Ein brasilianischer Märtyrer des Landes ist der Priester Josimo Moraes Tavares. Von ihm haben wir eine Äußerung zu seinem Tod. Zwölf Tage vor seiner Ermordung sagt er am 27. April 1986 vor Bischof, Priestern und Mitarbeitern in der Pastoral des Bistums Tocantinópolis (Goiás):

»Ihr sollt wissen, daß das, was da im Gang ist, nicht das Ergebnis irgendeiner Ideologie oder theologischen Strömung ist, und auch nicht geschieht, weil ich es so wollte. Ich bin davon überzeugt, daß der Grund des Ganzen in vier wesentlichen Punkten liegt:

1. Gott hat mich gerufen und mir das Geschenk des Priesterberufes anvertraut; ich habe es angenommen. 2. Bischof Cornélio hat mich zum Priester geweiht. 3. Das Volk und der damalige Pfarrer von Xambioá, João Caprioli, haben mich unterstützt, damit ich studieren konnte. 4. Die ganz vom Evangelium her motivierte Ausrichtung der

---

[11] *J. Hernández Pico,* Das Martyrium heute in Lateinamerika: Ärgernis, Wahnsinn und Kraft Gottes, in: Concilium 19 (1983) 199–204, hier 201.
[12] Ebd.
[13] Ebd.

Pastoral, die ich mir zu eigen gemacht habe, hat mich dazu gebracht, für die Sache der Armen, Unterdrückten und Entrechteten einzutreten.

Der Knecht ist nicht größer als der Meister . . . ›Wenn sie mich verfolgt haben, werden sie auch euch verfolgen‹.

Die Sache läßt mich nicht los. Ich komme nicht umhin, für die Sache der armen, schutzlosen Landarbeiter und Kleinbauern, für die Sache des in den Krallen des Großgrundbesitzes gefangenen Volkes zu kämpfen. Wenn ich den Mund halte, wer soll sie dann verteidigen? Wer für sie kämpfen? . . . Jetzt muß ich mich stellen. Ich sterbe für eine gerechte Sache. Mein Tod ist die logische Folge meiner Arbeit, meines Kampfes und meines Bemühens für die Armen im Sinne des Evangeliums. Und das Evangelium gibt mir die Kraft, auch die letzten Konsequenzen nicht zu scheuen. . .«[14]

Mögliche Schwierigkeiten, die jemand vielleicht spürt, in solch einem Zeugnis einen eucharistischen Akt der Selbsthingabe an Christus zu erkennen, können nur daher rühren, daß er seinen Ort in einem anderen kulturellen und gesellschaftlichen Zusammenhang hat als in dem Rahmen, in dem die Kirche ihre klassischen Märtyrer stehen sah. Die Landpastoral ist aus dem Modell einer Kirche ausgewandert, die mit der Macht Hand in Hand ging, einer Macht, die die Leute unterdrückte und dennoch gleichzeitig religiöse Werke und fürsorgerische Einrichtungen der Kirche unterstützte. Wie auch soll diese Art von Märtyrertod für Bischöfe verständlich sein, die 1977, als Somoza von einer Krankheit genesen war, in den Kirchen das Tedeum singen ließen, während derselbe Somoza die Repression noch verschärfte?

Nur der Glaube an das Ärgernis des Kreuzes ist imstande, Bischof Enrique Angelelli in Argentinien,[15] Luis Espinal in Bolivien,[16] Erzbischof Oscar Arnulfo Romero in El Salvador ebenso wie eine gewaltige »Wolke von Zeugen« in allen Ländern unseres Erdteils als Märtyrer anzuerkennen.

Aufgabe der Landpastoral ist es, den Gemeinden zu helfen, sich durch das Zeugnis dieser Märtyrer ermutigt und gestärkt zu fühlen, zugleich aber auch nach Verhaltens- und Vorgehensweisen zu suchen, die dazu beitragen, daß keiner mehr zu sterben braucht.

---

[14] Voz do Norte, Tocantinópolis, Sonderheft (1986), 17.

[15] Vgl.: *Instituto Histórico Centroamericano* (Hrsg.), Sie leben im Herzen des Volkes, 141; *H. Goldstein* (Hrsg.), Tage zwischen Tod und Auferstehung, 231-233.

[16] Vgl.: *Instituto Histórico Centroamericano*, Sie leben im Herzen des Volkes, 65; *H. Goldstein*, Tage zwischen Tod und Auferstehung, 131.

Anläßlich ihres VI. landesweiten Treffens 1986 in Trindade (Staat Goiás), auf dem das Thema die Landproblematik war, sprachen sich die brasilianischen kirchlichen Basisgemeinden dafür aus:

»mit allen nur möglichen Mitteln, vor allem mit Hilfe der Presse, Druck auf Justiz und Polizei auszuüben, damit allen – freiwilligen wie gedungenen – Urhebern von Verbrechen besonders gegen kleine Leute der Prozeß gemacht wird und die Urteile auch vollstreckt werden« und, an die Ortskirchen gewandt,

»unverzüglich all die Mitglieder von kirchlichen Basisgemeinden zu benennen, die – weil sie im Kampf für den Grund und Boden engagiert sind – ›sterben sollen‹, und ihnen jeden nur möglichen Schutz zu gewähren, sei es mit Hilfe gesetzlicher Mittel, sei es durch ständigen Personenschutz«.[17]

So bleibt uns die Hoffnung, daß der Märtyrertod unserer Brüder und Schwestern, unserer Weggefährten und Weggefährtinnen uns immer tiefer in das Evangelium einführt und auf dem Weg zum Herrn erstarken läßt.

Wir beschließen dieses Buch mit einem Gebet, das der im September 1973 brutal ermordete chilenische Volkssänger Víctor Jara einen Bauern sprechen läßt:

»Erhebe dich und blick empor zu den Bergen,
von woher der Wind kommt
und die Sonne und das Wasser.
Du, der du lenkst den Lauf der Flüsse
und säst den Flug deiner Seele.

Erhebe dich und betrachte deine Hände,
um zu erstarken, reich sie deinem Bruder.
Gemeinsam gehen wir, vereint im Blut,
jetzt und in der Stunde unseres Todes. Amen«.

[17] Weltkirche 1986, 221–225, hier 224–225.

Literatur

de Acosta, J., De procuranda indorum salute (Corpus Hispanorum de Pace), Madrid 1954

Aquiló, F., El hombre del Chimborazo, Quito 1985

Allegri, E., Comissão Pastoral da Terra, seu compromisso eclesial e político, Goíânia 1987

Antoncich, R./Munárriz, J.M., Die Soziallehre der Kirche (BThB), Düsseldorf 1988

Arroyo, G., La reforma agraria... pese a todo, in: Christus, Nr. 590 (1985) 24–27

Auzou, G., Le don d'une conquête, Étude du livre de Josué (Connaissance de la bible), Paris 1964

Barnadas, J.M., Charcas, orígenes históricas de una sociedad colonial, La Paz 1973

Barón, E., El final del campesinado, Madrid 1971

Barreda Laos, F., Vida intelectual del virreinato del Perú, Buenos Aires 1937

Barros Souza, M. de, Nossos pais nos contaram, Petrópolis 1984

Belaúnde, C. H., Doctrina económica-social. De León XIII a Juan Pablo II, Bogotá – Buenos Aires 1982

Belo, F., Das Markus-Evangelium materialistisch gelesen, Stuttgart 1980

Bergmann, M., Nasce um povo, Petrópolis 1977

Bischofskonferenz der Dominikanischen Republik, Reflexiones y sugerencias pastorales sobre las leyes agrarias (1973), in: Praxis de los Padres de América latina. Los documentos de las conferencias episcopales de Medellín a Puebla (1968–1978), hrsg. von J. Marins u. a., Bogotá 1978, 518–528

Bischofskonferenz von Brasilien, Igreja e problemas da terra, Petrópolis ²1983

–, Terra de Deus, terra de irmãos. Campanha da Fraternidade 1986; dt. Übers.: Gottes Land – Land der Brüder. Arbeitsgrundlage zur »Kampagne der Brüderlichkeit« 1986, Aachen 1986

Bischofskonferenz von Chile, Abrir surcos... para sembrar esperanza. Carta a los campesinos, Santiago de Chile 1984

Bischofskonferenz von Ekuador, Opciones pastorales. Aplicación del documento de Puebla para la evangelización en el Ecuador, Quito 1980; dt. Übers. teilweise in: E. Rosner, Kirche und Evangelisierung in Ecuador, Miesbach 1984, 29–32, 85–95

Bischofskonferenz von Ekuador (Ost), Tenencia de la tierra y proceso social en la Amazonia ecuatoriana. Mensaje de los obispos de las misiones católicas desde la fe y la solidaridad, Quito 1986

Bischofskonferenz von Guatemala, Unidos en la esperanza, in: Signos de lucha y esperanza. Testimonios de la Iglesia en América Latina 1973–1978 (CEP 25), Lima 1978, 78–86

Bischofskonferenz von Honduras, Sobre el desarrollo del campesinado en Honduras, in: Los obispos latinoamericanos entre Medellín y Puebla. Documentos episcopales 1969–1978 (La Iglesia en América Latina 3), San Salvador 1978, 206–207

233

Bischofskonferenz von Paraguay, El campesino paraguayo y la tierra, Asunción 1983

–, Una Iglesia al servicio del hombre, Asunción 1973

Bischofskonferenz von Peru, La justicia en el mundo (1971), in: Los obispos latino-americanos entre Medellín y Puebla. Documentos episcopales 1969–1978 (La Iglesia en América Latina 3), San Salvador 1978, 101–117; dt.: Gerechtigkeit in der Welt von heute, in: Eine Kirche auf neuen Wegen (Adveniat-Dokumente/ Projekte 10), Essen 1972, 11–36

Die Bischöfe der südlichen Anden, Carta pastoral: La tierra, don de Dios – Derecho del Pueblo, Cusco 1986

Boff, C./Pixley, J., Die Option für die Armen (BThB), Düsseldorf 1987

Boff, L., Und die Kirche ist Volk geworden. Ekklesiogenesis, Düsseldorf 1987

Bonhoeffer, D., Widerstand und Ergebung. Briefe und Aufzeichnungen aus der Haft, hrsg. von E. Bethge, München – Hamburg [12]1983

Bornstein, C. T., Reforma agrária na Nicarágua, São Paulo 1982

Brasil, para quién es la tierra? Solidaridad de la Iglesia con los sin tierra, Lima 1984

Brockman, J. R., The Word remains: A life of Oscar Romero, Maryknoll (N. Y.) 1982

Brueggemann, W., The land. Place as gift, promise, and challenge in Biblical Faith (Overtures to Biblical Theology), Philadelphia 1977

Caravias, J. L., En busca de la tierra sin mal. Movimientos campesinos en el Paraguay, Bogotá 1982

–, Religiosidad campesina y liberación, Bogotá 1978

Carreto, A., El pecado de ser pobre, Cómo se vive y cómo se muere en América Latina, Bogotá 1977

Castro, F., La historia me absolverá, Havanna 1983

CEAS (Hrsg.), Iglesia y campesinado, Lima 1982

CELAM (Hrsg.), La evangelización de los indígenas en vísperas del milenio del descubrimiento de América, Bogotá 1985

CEP (Hrsg.), Brasil, para quién es la tierra? Solidaridad de la Iglesia con los sin tierra, Lima 1984

–, Signos de liberación. Testimonios de la Iglesia en América Latina 1969–1973 (CEP 8), Lima 1973

–, Signos de lucha y esperanza. Testimonios de la Iglesia en América Latina 1973–1978 (CEP 25), Lima 1978

–, Signos de vida y fidelidad. Testimonios de la Iglesia en América Latina 1978–1982 (CEP 50), Lima 1983

CEPAR (Hrsg.), Población y planificación familiar, Quito 1985

Chouraqui, A., Un pacte neuf, Paris 1977

CIESE (Hrsg.), Quince años de reforma agraria en el Ecuador, Quito o. J.

CLAI (Hrsg.), Porque de ellos es la tierra. El derecho a la tierra de los pueblos aborígenes, Lima u. a. 1983 (Teile in deutscher Übersetzung hrsg. vom Ökumenischen Ausschuß für Indianerfragen, Mettingen 1982, 190–194)

Codina, V., De la modernidad a la solidaridad, Seguir a Jesús hoy (CEP 65), Lima 1984

Comblin, J., Das Bild vom Menschen (BThB), Düsseldorf 1987

–, Théologie de la révolution. Théorie (Encyclopédie universitaire), Paris 1970

234

CPT (Hrsg.), Pastoral e Compromisso, Petrópolis 1983
–, Pela vida do Nordeste, Goiânia 1984
Dalle, L., Antropoligía y evangelización desde el runa (CEP 53), Lima 1983
Díaz, J., Liberación campesina en América Latina, Bogotá 1977
Dussel, E. D., El episcopado latinoamericano y la liberación de los pobres 1504–1620
   (Ciencias sociales 1), Mexiko 1979
–, Geschichte der Kirche in Lateinamerika, Mainz 1988
EATWOT (Hrsg.), Herausgefordert durch die Armen. Dokumente der Ökume-
   nischen Vereinigung von Dritte-Welt-Theologen 1976–1983 (Theologie der Drit-
   ten Welt 4), Freiburg – Basel – Wien 1983
Erdozaín, P., San Romero de América. Das Volk hat dich heiliggesprochen. Die
   Geschichte des Bischofs Oscar A. Romero von San Salvador, Wuppertal 1981
Feder, E., Capital financiero y descomposición del campesinado, Bogotá 1978
–, Violencia y despojo del campesinado: latifundismo y explotación, Mexiko 1984
Ferro Medina, A., Fidelidad a la promesa en la búsqueda de una tierra libre, Rio de
   Janeiro 1981 (hektographiert)
Friede, J., Bartolomé de las Casas: Precursor del anticolonialismo, Mexiko 1974
Genfer Konferenz (Hrsg.), El indígena y la tierra, Quito 1983
Gnuse, R. K., You shall not steal. Community and property in the Biblical Tradition,
   Maryknoll (N.Y.) 1985
Goldstein, H. (Hrsg.), Tage zwischen Tod und Auferstehung. Geistliches Jahrbuch
   aus Lateinamerika, Düsseldorf 1984
González Lamadrid, A., La fuerza de la tierra. Geografía, historia y teología de
   Palestina (Biblioteca de estudios bíblicos 39), Salamanca 1981
Gottwald, N. K., The tribes of Yahweh: a sociology of the religion of Liberated
   Israel. 1250–1050 B.C.E., Maryknoll (N. Y.) 1979
Gutiérrez, G., Aus der eigenen Quelle trinken. Spiritualität der Befreiung (Funda-
   mentaltheologische Studien 12), München – Mainz 1986
Harris, O., Las múltiplas caras de Pachamama, La Paz o. J. (hektographiert)
Hauser, H., Études sur la Réforme Française, Paris 1909
Hernández Pico, J., Das Martyrium heute in Lateinamerika: Ärgernis, Wahnsinn
   und Kraft Gottes, in: Concilium 19 (1983) 199–204
Herrmann, S. Geschichte Israels in alttestamentlicher Zeit, München ²1980
Hörmann, K., Art. »Eigentum«, in Ders. (Hrsg.), Lexikon der christlichen Moral,
   Innsbruck – Wien – München 1976, 313–347
Hoornaert, E., Die Anfänge der Kirche in der Erinnerung des christlichen Volkes
   (BThB), Düsseldorf 1987
INPRU (Hrsg.), Presencia de la Iglesia en el movimiento sindical campesino,
   Santiago 1984
Instituto Histórico Centroamericano (Hrsg.), Pacificar o liberar a los campesinos?
   Puebla – Petrópolis 1984
–, Sie leben im Herzen des Volkes. Lateinamerikanisches Martyrologium, Düssel-
   dorf 1984
Johannes Paul II., Predigten und Ansprachen bei seiner Reise in die Dominikanische
   Republik und nach Mexiko (26. 1.–4. 2. 1979), hrsg. als: Verlautbarungen 5,
   Bonn o. J.
–, Predigten und Ansprachen bei seiner apostolischen Reise nach Brasilien
   (30. 6.–11. 7. 1980), hrsg. als: Verlautbarungen 22, Bonn o. J.

–, Predigten und Ansprachen bei seiner apostolischen Reise nach Mittelamerika (2. 3.–10. 3. 1983), hrsg. als: Verlautbarungen 46, Bonn o. J.

–, Predigten und Ansprachen bei seiner sechsten Pastoralreise nach Lateinamerika (26. 1.–6. 2. 1985), hrsg. als: Verlautbarungen 61, Bonn o. J.

Kaufmann, L., Oscar Romero oder die Bekehrung zu den Armen, in: Ders., Damit wir morgen Christ sein können. Vorläufer im Glauben, Freiburg – Basel – Wien 1984, 99–156

Kautsky, K., Die Agrarfrage, Stuttgart 1899

Kirst, N., Amós, textos selecionados, São Leopoldo 1981

Lange, M./Iblaker, R. (Hrsg.), Christenverfolgung in Südamerika. Zeugen der Hoffnung, Freiburg – Basel – Wien ²1981

Lapide, P., Exodus in der jüdischen Tradition, in: Concilium 23 (1987) 29–34

Las Casas, B. de, Kurzgefaßter Bericht von der Verwüstung der Westindischen Länder, hrsg. von H. M. Enzensberger (Insel TB 23), Frankfurt 1966

–, Historia de las Indias: Obras escogidas I–II (Biblioteca de autores españoles 95–96), Madrid 1957 f.

Lassègue Moleres, J. B., La larga marcha de las Casas. Selección y presentación de textos (CEP 11), Lima 1974

Lenz, M. u. a., A Igreja e a propriedade da terra no Brasil, São Paulo 1980

Leo XIII., Enzyklika »Rerum novarum« vom 15. Mai 1891, in: Acta Sanctae Sedis 23 (Rom 1890/91) 641–670; dt. in: Texte zur Katholischen Soziallehre, Bd. 1, hrsg. vom Bundesverband der KAB Deutschlands, Köln 1975, 31–68

Libânio, J. B./Lucchetti Bingemer, M. C., Christliche Eschatologie (BThB), Düsseldorf 1987

de Lomnitz, L. A., Cómo sobreviven los marginados, Mexiko 1985

Luther, M., Vermahnung zum Frieden auf die zwölf Artikel der Bauernschaft in Schwaben, übertragen von R. Schäfer, ebd., Bd. IV, 101–131 (vgl. Weimarer Ausgabe 18, 291–334)

Marins, J./Trevison, T. M./Chamona, C. (Hrsg.), Praxis de los Padres de América latina. Los documentos de las conferencias episcopales de Medellín a Puebla (1968–1978), Bogotá 1978

Martínez, M., Fray Bartolomé y sus contemporáneos, Mexiko 1980

Marzal, M. M., Estudios sobre religión campesina, Lima 1977

Mattai, G., Art. »Propiedad«, in: Diccionario Enciclopédico de Teología Moral, Madrid 1978

May, R. H., Los pobres de la tierra. Hacia una pastoral de la tierra (Colleción ecología-teología), San José (Costa Rica) 1986

Medellín, II. Generalversammlung des Lateinamerikanischen Episkopates (24. 8.– 6. 9. 1968): Die Kirche in der gegenwärtigen Umwandlung Lateinamerikas im Lichte des Konzils. Deutsche Übersetzung der Beschlüsse in: Stimmen der Weltkirche 8, Bonn o. J., 14–147

Mendenhall, G., The tenth Generation. The origin of the biblical tradition, Baltimore – London 1973

Mesters, C., Um projeto de Deus, São Paulo 1984

Michaud, R., Les patriarches. Histoire et théologie (Lire la Bible 42), Paris 1975

–, De l'entrée en Canaán à l'exil à Babylone. Histoire et théologie (Lire la Bible 57), Paris 1982

Muñoz, R., Der Gott der Christen (BThB), Düsseldorf 1987

Nascimento, E. L., Pan-Africanismo na América do Sul, Petrópolis 1981

Noth, M., Geschichte Israels, Göttingen [10]1986

Oscar Arnulfo Romero, Blutzeuge für das Volk Gottes (Repräsentanten der Befreiungstheologie), Olten – Freiburg/Br., 1986

Pikaza, X., La Biblia y la teología de la historia. Tierra y promesa de Dios, Madrid 1972

Pius XI., Enzyklika »Quadragesimo anno« vom 15. Mai 1931, in: Acta Apostolicae Sedis 23 (Rom 1931) 177–228; dt. in: Texte zur Katholischen Soziallehre I, hrsg. vom Bundesverband der KAB Deutschlands, Köln 1975, 91–150

Pius XII., Schriften und Verlautbarungen zu Aufbau und Entfaltung des gesellschaftlichen Lebens, 3 Bde., hrsg. von A.F. Utz/J.F. Groner, Freiburg/Schweiz 1954–1961

Pixley, J., Exodo, una lectura evangélica y popular, Mexiko 1983

Puebla, III. Generalkonferenz des Lateinamerikanischen Episkopates (26. 1.– 13.2.1979), Die Evangelisierung Lateinamerikas in Gegenwart und Zukunft, dt. Übers. des Dokumentes in: Stimmen der Weltkirche 8, 141–355

Quijano, A., Populismo, marginación y dependencia, San José 1976

von Rad, G., Theologie des Alten Testaments, 2 Bde., München [9]1987

Regalado García, A., Las luchas campesinas en Cuba, Havanna 1979

Romero, O. A., Cese la represión, Madrid 1980

–, Die notwendige Revolution (Gesellschaft und Theologie/Forum politische Theologie 5), München – Mainz 1982

Rubianes, E., El dominio privado de los bienes según la doctrina de la Iglesia, Quito 1976

de Sant'Ana, A. O., Discurso na celebração ecumênica por ocasião da visita do arcebispo Desmond Tutu a São Paulo, in: Conjuntura. Igreja e Sociedade 16 (1987)

de Santa Ana, J., Gute Nachricht für die Armen. Die Herausforderung der Armen in der Geschichte der Kirche, Wuppertal 1979

Schwantes, M., A cidade e a torre (Estudos teológicos 21), São Leopoldo 1981

–, As tribos de Javé, São Leopoldo o. J. (hektographiert)

–, E o verbo se fez carne e acampou entre nós, Belo Horizonte 1985

–, Gn 1–11, Belo Horizonte 1985

–, História de Israel, São Leopoldo o. J. (hektographiert)

Sicre, J. L., »Con los pobres de la tierra«. La justicia social en los profetas de Israel, Madrid 1984

Sivatte, R. de, Dios camina con su pueblo. Introducción al Antiguo Testamento (Teología latinoamericana 7), San Salvador 1985

Sparta, F., A dança dos orixás, São Paulo 1970

Stavenhagen, R., Las clases sociales en las sociedades agrarias, Mexiko 1984

Suess, P., Culturas indígenas y evangelización (CEP 59), Lima 1983

Sweeney, J. M., Un análisis socio-politico de los Estados Unidos, Caracas 1986

Tamayo Herrera, J., Algunos conceptos filosóficos de la cosmovisión del indígena quechua, in: El mundo sobrenatural del sur andino del Perú (Allpanchis – Phuturinga 2), Cusco 1970

Temple, D., La dialéctica del don. Ensayo sobre la economía de las comunidades indígenas, La Paz 1986

Theißen, G., Soziologie der Jesusbewegung. Ein Beitrag zur Entstehungsgeschichte des Urchristentums, München ⁵1988

Thomas von Aquin, Summa theolgiae, Pars II–II, q. 66: De furto et rapina (Diebstahl und Raub): Deutsche Thomas-Ausgabe 18, hrsg. von A. F. Utz, Heidelberg u. a. 1953, 193–218

UNAE (Hrsg.), Problemática indígena y colonización en el oriente ecuatoriano, Coca 1986

de Vaux, R., Histoire ancienne d'Israël, 2 Bde. (Études bibliques), Paris 1971–1973

Versch., Desarrollo agrario y la América Latina, Mexiko 1981

–, A Igreja e a propriedade da terra no Brasil, São Paulo 1980

–, Los obispos latinoamericanos entre Medellín y Puebla. Documentos episcopales 1969–1978 (La Iglesia en América Latina 3), San Salvador 1978

–, Práxis de martirio ayer y hoy, Bogotá 1977

–, Taller teológico del sur andino, Cusco 1982

Viera, O. T., La cooperativación de la tierra en el agro cubano, Havanna 1984

Vila Creus, P., Sociología pontificia, Barcelona 1952

Wolff, H. W., Die Stunde des Amos. Prophetie und Protest, München ⁶1986

Zweites Vatikanisches Konzil, Pastoralkonstitution »Gaudium et spes« über die Kirche in der Welt von heute, in: Acta Apostolicae Sedis 58 (1966) 1025–1115; zweispr. Ausg.: Lexikon für Theologie und Kirche, Ergänzungsband III, Freiburg – Basel – Wien 1968, 280–591

Personenregister

de Acosta, J. 165
Agrippinus 140
Aguiló, F. 49, 72
Allegri, E. 228
Amil y Feijóo, V. 176
Angelelli, E. 231
Antoncich, R. 161
de Araújo, M. 63
Aristoteles 80
Arroyo, G. 23
Augustinus 130
Auzou, G. 90

Baraclough, S. 17
Barnadas, J. M. 168, 175
Barón, E. 35
Barreda Laos, F. 176
de Barros Souza, M. 94
Bastos de Avila, F. 179
Bazaguchiascúa, J. M. 177
Belaúnde, C. 184, 202
Belo, F. 134
Benedikt von Nursia 160
Bergmann, M. 75
Betto, F. 26
Boff, C. 159, 228
Boff, L. 164
Bonhoeffer, D. 132
Bornkamm, K. 164
Bornstein, Cl. Th. 40
Botasso, J. 56
Brockman, J. 32
Brueggemann, W. 116

Caesarius von Arles 160
de Calatayud, M. 171
Caneca, J. 177
Caravias, J. L. 32, 70
Carreto, A. 33
Castro, F. 37
Chouraqui, A. 140
Cícero, Padre (= R. Batista) 63
Cienfuegos, J. I. 177
Cisneros, F. 172
Codina, V. 167, 175
Comblin, J. 128, 176
Cone, J. 77
Conselheiro, A. (= A. V. Mendes
    Maciel) 62 f.
de Córdoba, P. 170
Cortés, E. 172

de la Coruña, A. 171

Dalle, L. 49, 51
Díaz, J. 16, 26
Dominikus 161
Domitian 151
Durandus von Huesca 161
Dussel, E. 165 f., 171, 174

Ebeling, G. 164
Engels, F. 176
Erdozaín, P. 32
Espinal, L. 231

Feder, E. 15 f., 24, 27–29, 31, 33 f.,
    36
Ferdinand (= Fernando V.) 172
Ferro Medina, A. 96
Flavius Josephus 155
Franklin, P. 46, 56
Franziskus 161
Friede, J. 170–172

de Gante, P. 171
García, A. 22, 24
Gnuse, R. 95, 99
Goldstein, H. 53, 62, 74, 219, 226, 231
González Lamadrid, A. 139
Gottwald, N. K. 88, 95
Gregor XVI. 176
Groner, J. F. 183 f.
Guevara, Che (= Ernesto) 227
Gutiérrez, G. 166, 221

Harris, O. 50
Hauser, H. 164
Hernández Pico, J. 230
Herrmann, S. 101
Hillel 136
Hippolyt 154
Hörmann, K. 163
Hooernaert, E. 151

Iblacker, R. 33

Jara, V. 232
Joachim von Fiore 160
João Maria 63, 65
Johannes XXIII. 186–188, 193
Johannes Paul II. 45, 53, 57 f., 184,
    191 f., 194–199, 201 f., 206–208, 228

239

240